PROMETS-MOI, PAPA

Joe Biden

PROMETS-MOI, PAPA

traduit de l'anglais (États-Unis)
par Thierry Cruvellier
et Sebastian Danchin

l'Archipel

Ce livre a été publié sous le titre
Promise Me, Dad: A Year of Hope, Hardship and Purpose
par Flatiron Books, New York, 2017.

Notre catalogue est consultable à l'adresse suivante :
www.lisez.com/larchipel/45

Éditions de l'Archipel
92, avenue de France
75013 Paris

ISBN 978-2-8098-4157-2

À Natalie et Hunter

« Les règles du bonheur : de quoi s'occuper,
quelqu'un à aimer, et quelque chose à espérer. »

Emmanuel Kant

1

Thanksgiving chez les Biden

Les jours raccourcissaient et la lumière du ciel commençait à décliner lorsque le portail s'ouvrit et que notre cortège franchit l'enceinte de l'Observatoire naval des États-Unis, à Washington D.C. De notre résidence officielle à l'Observatoire nous nous rendions à la base aérienne d'Andrews, où mes enfants et petits-enfants étaient déjà en train de se rassembler. Jill et moi étions impatients d'être avec eux pour notre rendez-vous annuel de Thanksgiving.

J'étais vice-président des États-Unis depuis cinq ans et demi. La famille constituait pour moi une source d'évasion indispensable. Au milieu des miens, j'avais l'impression de m'échapper de l'œil d'un cyclone : cela me rappelait la facilité et le rythme naturel de notre vie d'antan, et ce calme qui reviendrait lorsque mon mandat serait terminé. Mon travail représentait une formidable aventure, mais tant de choses de la vie qui avait précédé la vice-présidence nous manquaient, à Jill et à moi. Notre maison à Wilmington nous manquait. Les longs voyages seuls en voiture, à bavarder avec insouciance, nous manquaient. Avoir la maîtrise de nos emplois du temps et de nos déplacements nous manquait. Les vacances et les fêtes en famille étaient donc devenues ces moments de répit qui nous permettaient de retrouver un certain équilibre. Et le reste de la famille semblait avoir besoin de ces coupures autant que Jill et moi.

Nous nous étions tous retrouvés quelques mois plus tôt pour le voyage estival que nous faisions chaque année dans l'un des parcs nationaux. Mais cinq jours de marche, de rafting en eau vive et de longs et bruyants dîners dans les monts Teton n'avaient apparemment pas suffi aux adultes. Jill et moi étions dans notre cabane, en train de plier nos bagages pour lever le camp, quand on frappa à la porte. C'était notre fils Hunter. Il savait que Jill et moi partions pour une pause de quatre jours en bord de mer. Et il se demandait si lui et son épouse, ayant du temps libre, pouvaient se joindre à nous. Bien sûr ! avons-nous répondu. Quelques minutes plus tard, notre autre fils, Beau, frappa lui aussi à la porte. Sa belle-famille avait accepté de s'occuper des enfants. Peut-être accepterions-nous que sa femme et lui nous rejoignent sur la plage de Long Island ? Bien sûr !

J'imagine que certains parents trouvent abusif qu'on leur demande de sacrifier les rares moments où ils sont seuls. Je considère au contraire de telles requêtes comme le fruit d'une vie bien vécue : nos enfants devenus adultes souhaitaient vraiment être avec nous. Ainsi avons-nous passé, en août, quatre merveilleuses journées supplémentaires ensemble au bord de la mer. Mais en novembre, cette nécessité d'être ensemble était devenue plus pressante. J'en étais pleinement conscient lorsque Jill et moi sommes partis pour notre escapade annuelle à Nantucket, pour un nouveau Thanksgiving de la famille Biden.

Une fois passé le portail de l'Observatoire, je sentis que la limousine blindée, exigée par nos autorités, prenait son traditionnel tournant vers l'avenue Massachusetts. Comme des milliers de fois depuis que nous avions emménagé dans la résidence officielle, je jetai un coup d'œil à l'horloge digitale carrée, plantée au bout de l'allée. Les chiffres rouges s'illuminaient, s'égrainant avec une perfection métronomique : 5:11:42, 5:11:43, 5:11:44, 5:11:45. Il s'agissait de l'heure exacte de la nation, générée par l'horloge centrale de l'Observatoire naval des États-Unis, à quelques centaines de mètres de là. Cette heure précise, synchronisée à la milliseconde, était considérée comme un impératif opérationnel par le ministère de la Défense, dont les troupes et les bases se trouvaient partout dans le monde. 5:11:46, 5:11:47, 5:11:48.

Notre limousine accélérait déjà au sortir du virage, avec une poussée si sèche qu'elle me colla au siège en cuir souple. L'horloge se trouva derrière nous en un éclair, désormais hors de vue et marquant pourtant toujours le temps qui s'écoulait. 5:11:58, 5:11:59, 5:12:00. Le convoi décrivit un arc en direction du sud-est, contournant l'Observatoire, et nous pûmes voir les lumières de la résidence officielle brillant à travers les arbres dépourvus de feuilles. J'étais heureux de quitter notre domicile pour quelques jours. Notre départ signifiait aussi que de nombreuses recrues de la marine chargées de notre protection seraient libres d'aller passer leurs vacances avec leurs familles.

Le cortège prit de la vitesse lorsqu'il atteignit la grande avenue, tandis que les motards nous escortant écartaient de notre passage les autres voitures. Le convoi poursuivit vers le sud de Washington, en vue des monuments et bâtiments publics du cimetière national d'Arlington, du Mémorial de Lincoln, du Washington Monument – avec au loin la Maison-Blanche, le Mémorial de Jefferson, le Capitole. J'ai vécu sans discontinuer dans cette ville depuis 1973, en tant qu'élu – trente-six ans comme sénateur et six ans comme vice-président –, mais la beauté et la signification de ces monuments imposants, maintenant nimbés d'une pâle lumière, n'ont cessé de me frapper. Je vois toujours ces robustes structures de marbre comme la représentation de nos idéaux, de nos espoirs et de nos rêves.

Ma vie professionnelle à Washington m'a donné un sentiment de fierté et d'accomplissement depuis le jour où j'y suis arrivé, et ce sentiment n'a toujours pas faibli quatre décennies plus tard. En vérité, ce 25 novembre 2014, j'étais aussi enthousiaste et rempli d'énergie par mon travail que je l'ai été tout au long de ma carrière, bien que ma fonction actuelle fût, il faut l'avouer, réellement hors du commun. Les responsabilités d'un vice-président sont d'une étrange et singulière élasticité. Sur un plan strictement constitutionnel, le ou la titulaire n'a que très peu de pouvoirs. Il ou elle peut départager un vote au Sénat – ce qui ne m'est jamais arrivé en presque six ans – et doit être en mesure de remplacer le président si celui-ci se trouvait en incapacité de gouverner. Dans un mot fameux, un de mes prédécesseurs a déclaré que ce poste « ne vaut pas mieux qu'un crachoir » (et il s'agit d'une version édulcorée). Le vrai pouvoir du poste agit comme un reflet : il dépend presque entièrement de la confiance du président.

Dès le début de son premier mandat, Barack Obama me confia de gros dossiers et, après m'avoir assigné la tâche de superviser la loi sur le redressement économique de 2009, les négociations budgétaires avec le sénateur Mitch McConnell, ou les relations diplomatiques avec l'Irak, il ne regarda pas par-dessus mon épaule. Je crois m'être acquitté de mon travail assez bien pour mériter et conserver sa confiance. Fin 2014, il chercha souvent conseil auprès de moi et sembla accorder de la valeur à mes avis, ce qui veut dire que j'eus quelquefois l'impression de contribuer à faire évoluer pour le meilleur le cours de l'histoire, même modestement.

Ce soir-là, quelque part dans le convoi, alors que nous filions dans les rues de Washington, un véhicule transportait le conseiller militaire pour la vice-présidence, en possession du « ballon nucléaire » qui devait se trouver à ma portée à tout moment. Je faisais partie de la poignée de personnes ayant accès aux codes qui peuvent déclencher une attaque nucléaire sur à peu près n'importe quelle cible de la planète. Ce rappel des lourdes responsabilités et de la confiance qui reposaient sur mes épaules était présent à chaque instant, vingt-quatre heures sur vingt-quatre, sept jours sur sept.

Pourtant, en dépit de tout cela, de ma position et de mon statut, j'étais incapable d'accomplir ce que je désirais vraiment en entamant cette semaine de vacances : ralentir cette horloge atomique au bout de mon allée et faire hésiter le tic-tac de ces chiffres rouges pour m'offrir, à moi, à ma famille et, surtout, à mon fils aîné, un peu plus de temps pour respirer. Je désirais avoir le pouvoir de déjouer le temps.

Chez les Biden, la tradition du Thanksgiving à Nantucket est née en 1975. J'avais entamé mon premier mandat de sénateur, j'étais un père célibataire avec deux enfants – Beau avait six ans et Hunter cinq –, et Jill Jacobs et moi avions commencé à sérieusement envisager un avenir commun. Thanksgiving se présentait comme les premières vacances que Jill et moi allions passer ensemble et nous avions trop d'invitations. Mes parents souhaitaient que nous passions la journée avec eux à Wilmington. Les parents de Jill nous voulaient à Wilson Grove, en Pennsylvanie. Les parents de ma première épouse, morte avec ma fille dans un accident de voiture quelques années plus tôt, désiraient que nous leur amenions leurs petits-enfants dans l'État de New York, pour passer le week-end avec eux. Peu importait la famille que nous aurions choisie, nous aurions blessé quelqu'un, ce qui était le dernier de nos souhaits. Un jour de cet automne-là, dans mon bureau au Sénat, j'expliquai ce dilemme à mon directeur de cabinet. Il me dit : « Vous devez organiser un Thanksgiving nucléaire. » C'est-à-dire avec le seul noyau de la famille.

Wes Barthelmes avait l'accent de Boston. Je n'étais pas sûr d'avoir exactement compris ce qu'il disait jusqu'à ce qu'il m'explique que le plus simple pour tout le monde serait que nous quatre – moi, Jill, Beau et Hunt – partions seuls. Il suggéra alors l'île de Nantucket, située à une heure de ferry au sud de Cape Cod. Ni Jill ni moi n'y étions jamais allés, mais l'idée nous plut et nous décidâmes de la transformer en aventure.

Une fois le plein de mon Jeep Wagoneer effectué, nous serrâmes les garçons et le chien sur les sièges arrière, pour un trajet de six heures jusqu'à Hyannis, dans le

Massachusetts, où nous prendrions le ferry. Six heures de voiture, c'est beaucoup pour deux jeunes garçons mais Jill se révélait déjà pleine de ressources. Elle embarqua tous les catalogues de jouets et de vêtements qu'elle put trouver et, quand Beau et Hunt commencèrent à s'agiter, elle les leur lança à l'arrière. Tous les trois passèrent des heures à les feuilleter, les garçons établissant avec détail la liste qu'ils pourraient envoyer au pôle Nord, chez le Père Noël. Jill leur dit de prendre leur temps et de s'assurer de ne pas commettre d'erreur. Rien ne pressait.

Une fois arrivés, après huit heures de voyage depuis notre maison de Wilmington, Nantucket se révéla une riche idée. Fin novembre, le temps y était frisquet mais on pouvait sentir l'air acidulé et salé de l'Atlantique. L'île s'était vidée en cette saison ; nous l'avions donc pour nous seuls. La plupart des restaurants et des magasins avaient fermé. Le centre-ville était petit, peut-être cinq pâtés de maisons, mais nous passâmes des heures à examiner les devantures et à visiter les magasins restés ouverts. Je dis aux garçons que je leur achèterai un cadeau à chacun au cours de ce séjour, ce qu'ils voulaient, dans les limites du raisonnable. Ils prirent leur temps. Beau aima particulièrement le Murray's Toggery Shop, où l'on vend les célèbres Nantucket Reds, des pantalons en coton fabriqués afin que leur rose devienne pâle et doux. Hunt craqua pour le Nobby Clothes Shop, dont le propriétaire s'était bien occupé de lui. Nous avons pris notre dîner de Thanksgiving à la Jared Coffin House, une auberge vieille de cent trente ans, construite lorsque Nantucket était un centre de l'industrie baleinière. Nous y avons traîné un moment au coin du feu, à jouer aux dames. Le lendemain, nous avons déjeuné dans un restaurant appelé La Confrérie des Brigands. Nous sommes allés au cinéma, avons joué au football sur la plage avant de revenir en ville pour regarder l'illumination annuelle du sapin de Noël. Nous avons fait des trajets de reconnaissance en voiture à travers l'île ; chaque fois que nous passions devant une station-relais de radiodiffusion avec une grosse lumière rouge à son sommet, je prévenais les garçons de se planquer à l'arrière pour que le « monstre aux yeux rouges » ne les voie pas. Nous en avons tellement profité que nous sommes allés jusqu'à visiter une petite maison « saltbox[1] » plantée sur les dunes de la plage de Sconset. Le prix demandé était trop élevé pour un salaire de sénateur en 1975, mais nous avons pris une photo de nous quatre sur le porche de cette maison, sous une pancarte en bois sculpté où il était écrit : « Sauvage pour toujours. » Sur le chemin du retour vers le Delaware, je pensais déjà à y retourner l'année suivante.

Jill et moi nous sommes mariés un an et demi plus tard et notre fille Ashley est née quatre ans après notre mariage. Le temps parut s'accélérer. Beau et Hunt achevèrent leurs études secondaires, puis l'université, puis le barreau. Hunt épousa Kathleen en 1993 ; ils ont eu trois filles. Beau se maria avec Hallie en 2002 et ils ont eu une fille et un garçon. Jill et moi n'étions plus seulement maman et papa ; nous étions « Nana » et « Pop ». Ashley termina ses études universitaires et épousa Howard. Chaque année, alors que la famille s'agrandissait, nous avons passé Thanksgiving à Nantucket

1. Maison typique de l'architecture coloniale américaine. *(Toutes les notes sont des traducteurs.)*

– « Nana-tucket » comme les petits-enfants allaient l'appeler, même après avoir grandi. Le petit voyage en Wagoneer céda la place à une caravane de deux ou trois voitures, les petits-enfants choisissant aux aires de repos tel ou tel véhicule de la flotte. Venaient alors la ruée finale pour attraper le ferry et le chocolat chaud ou la soupe de palourdes lors de la traversée. Nous avons eu des années fastes et d'autres plus mauvaises mais, quoi qu'il soit arrivé, quels qu'aient été les accidents et les blessures, nous avons mis tout cela de côté pour célébrer Thanksgiving à Nantucket. Ces vacances ont été une constante dans la vie de nos petits-enfants depuis qu'ils peuvent s'en souvenir et ils ont clairement exprimé combien ils y tenaient. Dès septembre, avant même que la couleur des feuilles ne vire, de petits messages se mettaient à apparaître dans notre maison, tous écrits de la main des petits-enfants : *plus que deux mois avant Nana-tucket, plus que cinq semaines avant Nana-tucket.* Certains étaient accompagnés d'un dessin de maisons où nous avions habité, ou de la plage.

Les promenades et les habitudes des premiers séjours devinrent des traditions familiales immuables : lèche-vitrine dans le centre-ville, déjeuner à La Confrérie, escapades sur la plage avec un ballon. Chaque année, nous nous rendions devant la « saltbox » pour une photo de famille sous la pancarte « Sauvage pour toujours ». Ces photographies devinrent les marqueurs de l'évolution de notre famille, comme les traits que les parents tracent au crayon dans l'encadrement d'une porte pour mesurer la croissance de leurs enfants. Nous n'étions que quatre au début, puis cinq, huit, onze ; quand le fils de Beau, Hunter, vint au monde en 2006 et que le mari d'Ashley,

Howard, rejoignit la famille quelques années plus tard, nous étions treize.

La grande tâche de ce rendez-vous de Thanksgiving, année après année, consistait à établir les listes de Noël ; c'est un travail sérieux, mûrement réfléchi et méticuleux. Personne ne s'y dérobe et personne ne se presse. Les catalogues sont en général sortis à mi-chemin, quelque part entre le pont Tappan Zee et Mystic, dans le Connecticut. Mais ce n'est que le début. De longues séances se tiennent après le dîner, quelle que soit l'auberge ou la maison où nous sommes. Et c'est le soir après Thanksgiving que chacun – enfants comme adultes – doit présenter sa liste de Noël, avec dix objets maximum. Au moment de clore, je suis systématiquement assailli par mes petits-enfants. *Pop n'en a que deux ! Encore une fois !*

Le seul moment où il y eut un petit problème dans cette grande entreprise des listes de Noël, c'est quand je fus nommé vice-président, en 2009. Cette année-là, tout le clan partit en avion sur Air Force Two. Cela me semblait être un heureux changement au regard des longues heures de conduite sur l'Interstate 95, au cours de l'une des semaines les plus chargées de l'année. Je pensais que les petits-enfants en seraient particulièrement ravis. Mais il faut à peine plus d'une heure pour se rendre de la base aérienne d'Andrews à l'aéroport Nantucket Memorial – un intermède insuffisant pour feuilleter les catalogues. Cependant, lors du vol retour, les vacances terminées et les listes de Noël entre les mains sûres de Jill, tous mes petits-enfants – de Naomi, quinze ans, à Hunter, trois ans – se pressèrent dans ma cabine privée. Ils en avaient discuté entre eux et leur conclusion était unanime : ce nouveau mode de transport ne leur convenait pas. « Pop, dit Naomi au nom de tous, peut-on à nouveau venir en voiture l'année prochaine ? »

Je soupçonnai que, lorsqu'il devrait considérer cet argument et les questions de sécurité, le chef de mon détachement des services secrets ne serait guère convaincu par l'importance des listes de Noël, quand bien même cela venait du fond du cœur.

En novembre 2014, toute la famille avait pris le pli. Ce voyage serait notre sixième vol vers Nantucket sur Air Force Two. Nous arrivions en général à Andrews dans des voitures séparées avant de nous retrouver sur le tarmac. Le reste de la famille était déjà là quand Jill et moi arrivâmes, après un trajet de trente-cinq minutes. Notre berger allemand sauta hors de la voiture et traversa la piste en courant. Pas de laisse. Pas de guide. Champ connaissait le truc. Il gravit directement la passerelle d'embarquement pour entrer dans l'avion. Cette passerelle est juste assez large pour deux personnes et elle compte environ une vingtaine de marches. Je gardai un œil sur Beau tandis qu'il la gravissait du côté gauche. Mon fils aîné était plus maigre que la dernière fois que je l'avais vu, mais je trouvai qu'il avait peut-être repris un peu des forces qu'il avait perdues à la jambe et au bras droits. Monter ces marches était un effort mais il insista pour y parvenir seul. Il disait toujours qu'il allait bien. En fait, je ne l'avais jamais entendu se plaindre une seule fois depuis le diagnostic, quinze mois plus tôt. « Tout va bien, disait-il sans cesse. Je vais mieux chaque jour. » J'avais l'ordre strict de ne paraître soucieux devant personne. « Papa, ne me regarde pas avec cet œil triste », m'admonesta une fois Beau, en surprenant mon regard. Il avait été clair : « Papa. Papa ! Tu m'entends ? Ne me regarde pas comme ça. »

Deux heures après avoir embarqué sur Air Force Two, nous étions sur l'île dans la résidence de nos amis, en train de nous répartir les chambres. En matière de logement, la primogéniture est une tradition familiale. Jill et moi avons la priorité du choix, suivis par Beau et Hallie, puis Hunt et Kathleen, Ashley et Howard, en terminant par les petits-enfants. L'équipe de communication de la Maison-Blanche avait déjà préempté une pièce dans la maison. Un vice-président peut sortir de son bureau mais son bureau ne le quitte jamais. Le personnel avait branché une ligne téléphonique sécurisée pour toute urgence ou appel international, et installé, au cas où, une liaison sûre par visioconférence avec la salle de crise de la Maison-Blanche.

Après le dîner ce mardi soir-là, deux jours avant Thanksgiving, nous nous assîmes avec les petits-enfants qui insistaient pour qu'on fasse une partie de Mafia, un jeu de société auquel on peut jouer autour de la table à manger. Une fois les plus jeunes couchés, nous continuâmes en nous racontant des histoires de famille. Beau et Hunt tinrent à me rappeler le jour où, presque quarante ans plus tôt, j'avais forcé Beau à manger une pomme couverte de sable qu'il avait laissée tomber alors qu'on lui avait dit de ne pas l'apporter à la plage. *Et tu te souviens quand Beau et Ashley ont pendu un pilon de poulet au-dessus du nez de Hunt, le jour où il avait trop mangé lors du festin de Thanksgiving, pour que ce soit la première chose qu'il voie en se réveillant ?*

Minuit avait sonné quand Jill et moi nous retirâmes. Nous étions heureux. La famille était réunie dans ce lieu qui ne nous avait procuré que de la joie depuis bientôt quarante ans. Mais avant de nous endormir, nous parlâmes d'en faire un peu moins durant ce séjour, de ralentir peut-être le rythme des activités à cause de Beau, même si nous savions qu'il insisterait pour que rien ne change. « Tout va bien, dirait-il. Tout va bien. »

Personne n'en a parlé, ce n'était pas utile, mais ce Thanksgiving a d'emblée paru différent, comme s'il était encore plus pressant de simplement être nous-mêmes. Nous avons scrupuleusement observé nos vieux rituels. Le mercredi, nous avons traîné au lit jusqu'à ce que Nana secoue tout le monde pour sortir. Nous sommes partis en voiture en ville et avons flâné dans les mêmes rues et les mêmes magasins que lors des quatre décennies précédentes. Chaque membre de la famille était en quête du gros lot. Comme chaque année, j'ai offert un cadeau à chacun. Comme toujours, nous sommes d'abord allés chez Nobby Clothes et lorsque Sammy, le propriétaire, a entendu que nous étions là, il a crié, comme toujours : « Où est Hunt ? » Ainsi qu'il le faisait lorsque mon plus jeune fils était encore un timide garçon de huit ans et non un adulte avec une fille à l'université. Puis nous sommes allés au magasin de montres de Spyder Wright, un surfeur de légende, concepteur de planches de surf, qui connaît Beau, Hunt et Ashley depuis toujours, au Sunken Ship, la boutique de souvenirs préférée des plus jeunes, et au Murray's Toggery Shop.

Nous marchions par petits groupes, nous séparant pour aller dans tel ou tel magasin. Les plus âgés des petits-enfants prenaient les plus jeunes dans leur sillage. J'ai souhaité m'arrêter au Hub pour boire un café et peut-être acheter un journal. Ashley et Jill ont voulu aller au Nantucket Cashmere. Champ vagabondait à sa guise, suivant le groupe qui lui témoignait le plus d'affection. Nous avons fureté ainsi dans les magasins pendant des heures, au son des téléphones portables.

Kevin O'Connor, mon médecin à la Maison-Blanche qui était du voyage depuis l'année précédente, hocha la tête devant une si invraisemblable flânerie. « On parle de quoi – quatre ou cinq pâtés de maisons ? demanda-t-il. Cela fait une heure que je suis ici et j'ai tout vu. Qu'avez-vous donc fabriqué pendant tout ce temps ? »

Mais c'est tellement bon d'être à nouveau au milieu des vacanciers, à faire ce que chacun trouve si naturel. Les hommes des services secrets se tiennent à distance quand nous sommes à Nantucket ; nous avons donc l'illusion de la vraie liberté. Pendant un moment, tout semble aller bien. Tout semble normal.

Notre balade était ralentie par des gens qui voulaient une poignée de main ou une accolade avec le vice-président des États-Unis – ou un selfie. Et je n'étais pas la seule cible. Beau était déjà une étoile montante du Parti démocrate. Il achevait son second mandat de procureur dans le Delaware et avait l'intention de se présenter au poste de gouverneur en 2016. Son annonce dégagea le terrain : personne n'était prêt à défier Beau pour la primaire démocrate dans le Delaware. On le regardait généralement comme l'homme politique le plus populaire de l'État, plus populaire encore que son père. Les habitants du Delaware voyaient en lui ce que j'avais accompli. À quarante-cinq ans, Beau Biden était un Joe Biden 2.0. Il tenait le meilleur de moi-même, sans les défauts et les failles. Il disposait de Hunt comme conseiller de confiance pour, entre autres, rédiger ses discours. J'étais quasiment certain que Beau pourrait un jour être candidat à la présidence et, avec l'aide de son frère, l'emporter. Lorsque Barack et moi fûmes réélus en 2012, je commençai à songer sérieusement à me retirer à l'issue du second mandat et à mettre la famille au service de la carrière politique de Beau.

Je ne saurais pas dire à partir de quand, mais j'avais commencé à avoir de l'estime pour mes propres fils. Ce sont deux hommes bons et honorables, ayant la même foi dans le service public et agissant en ce sens. Hunt avait passé l'été de sa troisième année universitaire au Jesuit Volunteer Corps, enseignant l'anglais à des enfants du Belize. Juste après l'université, son travail au JVC l'avait amené à Portland, dans l'Oregon, où il avait été responsable d'un centre de services d'urgence dans un quartier défavorisé. Une fois diplômé de la faculté de droit de Yale, son premier boulot avait été un poste de cadre dans une grande banque à Wilmington, où sa carrière promettait de décoller rapidement. Pourtant, un soir, au bout de quelques années, il vint me voir pour me dire qu'il avait besoin de s'engager dans quelque chose ayant plus de sens. Il quitta donc cet emploi fort bien rémunéré pour prendre un poste au service du gouvernement. En 2014, au moment de Thanksgiving, Hunt était, pour la troisième année, président du conseil d'administration de la branche américaine du Programme alimentaire mondial.

Beau suivit une voie comparable, mû par son propre sens inébranlable de l'honneur et du devoir. Il se porta volontaire – en tant que civil travaillant au parquet fédéral – pour se rendre dans une zone de guerre au Kosovo, afin d'aider cette république émergente à créer ses propres tribunaux et son système juridique. À trente-quatre ans, il intégra la Garde nationale dans le Delaware et, cinq ans plus tard, insista pour partir avec son unité lorsque celle-ci fut déployée en Irak. Non sans avoir dû promettre fermement au Pentagone qu'il se mettrait en congé de ses fonctions de procureur de l'État, afin de consacrer toute son énergie à ses responsabilités en Irak. Ce qu'il fit. Je ne peux pas dire que j'étais heureux de la détermination avec laquelle il se mettait en danger, mais je n'étais pas surpris. Je pensai lui rappeler qu'il était déjà monté au front et pourrait s'abstenir de le faire une seconde fois. Mais je le connaissais suffisamment pour savoir qu'il me répondrait: «Je me suis engagé, papa. Je ne peux pas laisser tomber ces gars. C'est mon devoir.»

Beau était également déterminé à être un bon père. Une anecdote circulait au sein de mon équipe, née d'un de nos voyages à Nantucket. Beau et son fils Hunter se rendaient à notre maison dans l'une des voitures du convoi quand Beau décida de s'arrêter brièvement à Murray's Toggery pour y acheter un nouveau Nantucket Reds. Son épouse, Hallie, aimait plaisanter sur le fait que Beau était trop conservateur pour vraiment porter ce pantalon flamboyant, mais il aimait savoir qu'il en conservait un dans sa penderie. Quand la voiture de Beau quitta le convoi ce matin-là pour faire un détour par Murray, le petit Hunter, assis sur le siège arrière, cria: «Hé, chauffeur, vous avez manqué le virage!»

C'est Ethan Rosenzweig qui conduisait. Ethan était le doyen en charge des admissions à la faculté de droit d'Emory, à Atlanta, mais il aimait travailler bénévolement pour nous pendant les vacances, lorsqu'il avait du temps libre. « S'il vous plaît, arrêtez la voiture », lui dit Beau. Ethan connaissait Beau depuis longtemps et il vit qu'il était contrarié. « Hé, Beau, ce n'est pas très grave, lui dit-il. Il n'y avait aucune mauvaise intention de sa part. » Mais Beau insista pour qu'il se gare. Il voulait que Hunter enregistre la leçon. Ethan s'arrêta sur le bas-côté, Beau sortit et ouvrit la portière arrière pour parler à son fils. « Écoute-moi bien, Hunter, lui dit-il d'un ton ferme, son nom est Ethan et c'est notre ami. Tu ne t'adresses jamais à quelqu'un en disant "chauffeur". Tu ne rabaisses pas quelqu'un à sa fonction. C'est impoli. D'accord ? Tu comprends ? Merci, mon grand. »

Le premier jour à Nantucket, Beau resta dans son coin. Les agents des services secrets qui lui étaient attachés étaient devenus vraiment opérationnels pour le protéger des autres. Il était facilement fatigué et de plus en plus prudent dans ses interactions avec les gens. Il perdait la sensibilité de sa main droite, qui n'était plus assez forte pour une ferme poignée de main. Il luttait contre ce qu'on appelle l'aphasie. Les rayons et la chimiothérapie avaient causé des dommages à la partie de son cerveau qui contrôle la faculté de nommer les choses. Beau conservait toutes ses fonctions cognitives mais il avait du mal à se souvenir des noms. Il travaillait comme un forcené pour retrouver sa force et inverser l'aphasie. Il se rendait presque tous les jours à Philadelphie pour une heure de physiothérapie et d'ergothérapie, puis une heure d'orthophonie, tout cela en plus de sa chimiothérapie. Ashley lui tenait compagnie lors des séances où il faisait de la musculation et des assouplissements, ou parcourait des planches d'images en nommant les objets. Elle l'emmenait manger avant qu'il parte pour sa journée de travail en tant que procureur. Il voulait prouver à tout le monde qu'il pouvait faire face à cette situation et qu'il progressait. Je le croyais.

Le cerveau humain est remarquablement agile et Beau était en train d'exercer d'autres zones proches du centre de la parole pour récupérer sa capacité à nommer les choses. C'était lent mais il ne laissait jamais paraître de frustration. Personne dans sa famille, ou parmi ses amis, ou au sein du personnel du parquet, ne le vit jamais en colère ou déprimé. Lorsqu'il ne pouvait se souvenir du mot « maire », il lui suffisait d'un peu de patience et de s'exprimer par périphrases. « Tu sais, le type qui dirige la ville. » Ou pour « petit pain » : « Passe-moi le... tu sais cette chose brune sur laquelle on étale le beurre. »

Une partie de la beauté des vacances familiales à Nantucket réside dans cet isolement contraint et magnifique. Durant toutes mes années au Sénat, ce fut une zone sans téléphone. Je n'y travaillais pas, sauf en cas d'extrême urgence, de sorte que mes enfants et mes petits-enfants m'avaient pour eux seuls. En 2014, cette tradition était toutefois un peu en miettes. En tant que vice-président, je n'étais jamais complètement libéré de mon travail, même pour Thanksgiving. Par exemple, j'avais dû m'éclipser au milieu de la balade en ville ce mercredi-là et retourner à la maison pour prendre un appel sur la ligne sécurisée d'Arseni Iatseniouk, Premier ministre d'Ukraine, qui était impatient de m'informer de ce qui s'était passé à Kiev ce jour-là. Je m'étais rendu dans cette ville quatre jours plus tôt et la situation y était très sensible. Le mouvement entamé par la révolution de la Dignité, une remarquable manifestation populaire sur la place de l'Indépendance, à Kiev, était en train de faiblir. Les Ukrainiens semblaient sur le point de perdre leur combat pour la démocratie et l'indépendance. Le président russe Vladimir Poutine avait profité de l'instabilité de la révolution en cours pour s'emparer *manu militari* d'une région d'Ukraine, la Crimée, et il maintenait la pression. Des chars et des soldats russes avaient traversé la frontière pour menacer d'autres provinces dans l'est du pays. Poutine menaçait de couper l'accès de l'Ukraine au gaz naturel, ce qui aurait gravement déstabilisé une économie déjà chancelante. Le gouvernement démocratique nouvellement élu courait un risque réel de sombrer sous le poids de la pression cynique du président russe.

Parallèlement à cela, le nouveau président et son Premier ministre avaient un problème de confiance réciproque. Petro Porochenko et Arseni Iatseniouk appartenaient à des partis concurrents, et les récentes élections avaient laissé des traces et des divisions. Leurs camps demeuraient plus soucieux de marquer des points politiques que de gouverner. Leurs deux factions dépensaient leur énergie à se disputer alors qu'ils auraient dû se consacrer à fonder des institutions et à entraîner des forces de sécurité capables de se défendre face à Poutine. Fin novembre, les Ukrainiens n'avaient toujours pas formé de coalition gouvernementale viable, six mois après l'élection de Porochenko. S'ils n'y parvenaient pas rapidement, cela signifiait de nouvelles élections. Et donc des troubles. Les agents de Poutine allaient assurément financer les campagnes des candidats prorusses et probablement mettre fin aux espoirs d'indépendance réelle de l'Ukraine. L'Union européenne et l'Otan abandonneraient sans doute l'Ukraine comme une cause désespérée et le pays retournerait dans l'orbite néfaste de la Russie. Le courage et le sacrifice de tant d'Ukrainiens lors de la révolution de la Dignité n'auraient servi à rien.

J'avais passé des mois à échanger au téléphone avec Porochenko et Iatseniouk, pour essayer de les convaincre, séparément, de mettre leur loyauté envers leur pays au-dessus de celle envers leur parti. La semaine précédente, à Kiev, j'avais consacré deux journées à leur répéter les dangers de leur entêtement à refuser de collaborer. Quatre jours plus tôt, le 22 novembre, je travaillais toujours sur ce sujet en quittant Kiev. Iatseniouk m'avait appelé alors que j'étais sur le départ et je l'avais invité à m'accompagner jusqu'à l'aéroport. Je l'appréciais beaucoup. Titulaire d'un doctorat en économie, c'était un universitaire intelligent et ouvert. Jeune dirigeant sérieux, il était soucieux que son pays soit une démocratie efficiente, avec des frontières sûres. Âgé d'une quarantaine d'années, il avait aussi une propension à l'idéalisme qui me plaisait et c'est à cette part de lui que j'en appelais lors du trajet en limousine jusqu'à l'aéroport. « Écoutez, lui dis-je, vous devez travailler avec Porochenko, vous devez former une équipe, vous ne pouvez pas partir dans des directions opposées. S'il y a de nouvelles élections, ce sera un désastre. Vous allez tout perdre. Je vous le dis, Arseni, vous devez prendre de la hauteur. Vous devez être ce grand homme. Vous pouvez y arriver. Ce sera dur mais vous le pouvez. »

Quand Iatseniouk m'appela sur la ligne sécurisée cet après-midi-là, à Nantucket, il avait des choses importantes à me dire et il voulait que j'en aie la primeur. Il m'informa que les partis rivaux venaient de former un gouvernement de coalition. Lui resterait Premier ministre, mais un allié crucial de Porochenko. Les deux hommes s'étaient également mis d'accord sur un programme. « Je tiens l'engagement que j'ai pris envers vous, monsieur le vice-président », me dit-il.

J'étais heureux au dîner ce soir-là, avec nous treize à table, étudiant nos listes de Noël, tout en sachant que les parties s'étaient entendues à Kiev.

Le matin de Thanksgiving, nous nous levâmes pour accomplir, comme chaque année, notre « course de la dinde » – un trajet d'une quinzaine de kilomètres jusqu'à l'autre bout de l'île (pour ceux qui en avaient envie). Je la fis à vélo avec quelques-uns des petits-enfants. Nous passâmes une partie de la journée à jouer au ballon sur la plage. Je montrai au jeune Hunter les promontoires d'où son père et son oncle avaient l'habitude de sauter pour attraper une balle lancée au-dessus du vide quand ils avaient à peu près son âge. Beau, Hallie et leurs enfants prirent de beaux clichés d'eux quatre sur la plage. Quand nous allâmes devant la petite « saltbox » pour la photo annuelle, le terrain était entouré d'un bandeau jaune de la police. La maison avait disparu, victime de la montée des océans qui, depuis vingt ans, emportait chaque année entre 0,90 et 1,20 mètre du Sconset Bluff. Les années de fortes tempêtes, certains endroits perdaient dix fois cette surface. « Sauvage pour toujours » avait fini par voir le sol et le temps se dérober sous elle ; la pancarte avait été emportée au large dans l'Atlantique. Il ne restait plus qu'une partie des fondations.

Le lendemain de Thanksgiving, nous retournâmes en ville, nous assurant d'être au bon endroit à la tombée du jour pour regarder l'illumination annuelle de l'arbre de Noël de Nantucket. En 2001, Beau avait demandé sa main à Hallie à cette occasion et ils s'étaient mariés à l'église St. Mary, au centre de Nantucket, l'année suivante. Hallie soupçonna toujours que c'était un moyen pour Beau de les lier à jamais aux Thanksgiving de la famille Biden. Cela fonctionna. Ils allaient fêter leurs douze ans de mariage à la fin de la semaine et Hallie n'avait jamais manqué un Thanksgiving. Même l'année où Beau était posté en Irak, elle avait insisté pour respecter la tradition et se rendre à Nantucket.

Pendant notre promenade, je me surpris à retourner dans ma tête une question qui commençait à me peser. Je recevais beaucoup de demandes, venues de milieux très divers, quant à ma candidature à la présidentielle de 2016. Même le président Obama m'avait étonné, quelques semaines auparavant, en me demandant directement quelles étaient mes intentions, au cours d'un de nos déjeuners réguliers. Il voulait savoir si j'avais pensé à tout ce que je pourrais réaliser si je n'étais pas candidat. Je pourrais avoir un impact malgré tout, m'avait-il assuré. Je pourrais créer une fondation ou un centre pour la politique étrangère. Je pourrais même accomplir certaines choses que je n'avais jamais pu faire, comme gagner de l'argent. « Mais avez-vous décidé d'être candidat ? » m'avait-il demandé, de but en blanc, de l'autre côté de la table, dans un petit espace privé juste à côté du Bureau ovale. « Non » avait été ma seule réponse.

Ce jour-là, dans les rues de Nantucket, j'abordai la question avec mes deux fils. Je leur dis qu'il me semblait qu'ils ne voulaient pas que j'entre dans la course. Beau me regarda et me dit : « Nous devons parler, papa. » Une fois rentrés à la maison, nous nous assîmes dans la cuisine pour discuter.

Je savais qu'il y avait de multiples bonnes raisons de ne pas être candidat et l'incertitude pesant sur la santé de Beau était la première d'entre elles. Je pensais aussi clairement que mes fils, dont j'avais appris à apprécier et chercher l'avis, ne voulaient pas que je fasse subir à la famille, à ce moment-là, la rude épreuve d'une campagne présidentielle. « Papa, tu te trompes complètement, me dit Beau en s'asseyant dans la cuisine. Tu dois entrer dans la course. Je veux que tu le fasses. » Hunter acquiesça. « Nous voulons que tu sois candidat. » Nous parlâmes pendant une heure. Ils voulaient savoir ce que je mettais en œuvre pour être prêt et quel serait le bon moment pour l'annoncer. Certains de mes conseillers politiques avançaient avec force que, si je devais me porter candidat, je devais le faire savoir immédiatement, début 2015. Mais je pense que tous trois nous voulions un petit peu plus de temps pour voir comment la situation évoluerait pour Beau. Le moment où je prendrais la décision n'était pas crucial, me dirent mes fils ; ils voulaient juste que je sache qu'ils y étaient favorables. Hunt répéta que, de tous les candidats potentiels, j'étais le mieux préparé et le plus capable de diriger le pays. Mais c'est la conviction et l'intensité dans la voix de Beau qui me décontenancèrent. À un moment, il me dit que je devais être candidat, que c'était mon devoir. *Devoir* n'était pas un mot que Beau Biden utilisait à la légère.

En montant dans Air Force Two ce dimanche-là pour le vol retour, tout le monde semblait heureux. Ces cinq jours avaient été une réussite à tous égards. Jill avait rangé dans un endroit sûr les listes de Noël dûment remplies. Nous arrivâmes tous deux à l'Observatoire naval dans l'après-midi et grimpâmes le majestueux escalier central jusqu'au premier étage, pour nous poser dans les appartements plus informels que nous utilisions quand nous étions seuls. Quoique petit et assez encombré, c'était notre chez-nous à l'intérieur d'une résidence largement destinée à un usage public. Dans le salon, nous avions installé des canapés en cuir qui ressemblaient à ceux de notre bibliothèque à Wilmington et rempli les étagères de nos livres et photos de famille préférés. Une petite table dans un coin accueillait nos repas en tête-à-tête ; nous y dînions à la bougie, même lors des longues soirées d'été.

Je m'assis sur le canapé, dans cet endroit dont on sentait qu'il nous appartenait vraiment, pour me détendre et réfléchir. Pourtant, une image ne quittait pas mon esprit. Je ne cessais de revoir la petite maison « sauvage pour toujours », sapée par la puissante indifférence de la nature et l'inéluctabilité du temps. Je pouvais presque entendre le craquement sec de ses amarres fuyantes, la tirant sans relâche et sans remords jusqu'à ce qu'elle soit emportée par l'eau, puis avalée par l'océan.

Thanksgiving ne serait plus jamais pareil. Je pris mon journal et me mis à écrire. J'avais formulé un nouveau vœu pour ma liste de Noël cette année-là, mais je le gardai pour moi : *ObsNav, 30 novembre 2014, 19h30. Juste rentré de Nantucket. Je prie pour que nous restions toute l'année ensemble en 2015. Beau. Beau. Beau. Beau.*

2

Avoir un but

Au cours de l'été 2013, lorsque Beau vit pour la première fois les scanners montrant une lésion à son cerveau, il fut en partie soulagé : il avait enfin une explication à ce qui lui arrivait. Trois ans plus tôt, il s'était réveillé un matin incapable de parler et le côté droit du corps paralysé. Il avait rapidement été transporté à l'hôpital, où un premier scanner avait dévoilé un caillot au cerveau. Quelques heures après qu'il eut intégré la salle des urgences, les symptômes classiques d'une attaque avaient pourtant disparu. « Papa, regarde », me dit-il au téléphone depuis un lit à roulettes dans la salle d'examen, en bougeant sa jambe et son bras droits de bas en haut. On aurait dit un miracle. Kevin O'Connor, mon médecin à la Maison-Blanche, pensa que Beau avait probablement subi ce qu'on appelle une paralysie de Todd, un effet secondaire courant lors d'une attaque cérébrale. Personne n'avait d'explication définitive mais tout signe d'un caillot avait disparu et Beau ne souffrait plus d'aucun handicap.

Pendant plusieurs années, mon fils se porta bien, jusqu'à ce qu'il commence à ressentir parfois des sensations étranges et des vertiges lorsqu'il courait longtemps. Il pensa à la déshydratation, mais les choses s'aggravèrent. Son équilibre n'était pas toujours sûr ; il avait des hallucinations auditives. Parfois, lorsqu'il courait, appris-je plus tard, le bruit d'un avion à réaction lui plongeant dessus lui paraissait si réel qu'il lui arrivait de courir à couvert sur le bord de la route. Il se demanda s'il s'agissait de crises d'anxiété, de stress post-traumatique découlant de ses mois passés en Irak, ou s'il perdait tout simplement la tête. Aussi déconcertant que cela paraisse, la découverte d'une grosse masse sur le côté gauche de son cerveau le rassura donc au moins sur le fait qu'il n'était pas en train de devenir fou.

La tumeur fut repérée lors d'un scanner à Chicago, après une autre crise ressemblant à une attaque alors que Beau passait vacances avec Hunt et leurs familles. On ramena alors Beau à l'hôpital universitaire Thomas Jefferson, à Philadelphie, où les médecins le connaissaient et où le mari d'Ashley, Howard, exerçait comme chirurgien de la tête et du cou. À Jefferson, les neurologues effectuèrent une batterie de tests et de scanners avant de nous présenter un choix de diagnostics allant d'une tumeur bénigne à un lymphome probablement guérissable, en passant par un glioblastome qui ne l'était sans doute pas. Quand les médecins nous dirent de nous préparer au pire, Beau réagit par la colère. Nom de Dieu ! Puis chacun retourna au travail.

Howard et Kevin O'Connor, que nous appelions tous Doc, communiquèrent avec des experts pour savoir où serait le meilleur lieu de traitement, quel que soit le diagnostic. Comme Beau, Doc était allé à l'armée et au front en tant que médecin de la Force Delta. Il gardait toujours son calme sous la pression. Pourtant, même lui était un peu secoué par l'éventualité d'un glioblastome. Quand Jill lui demanda où était le meilleur hôpital en cas de glioblastome, il lâcha spontanément, car il ne voulait pas croire au pire : « Si nous sommes en présente du Monstre, peu importe l'hôpital. » Jill fondit en larmes.

Doc était attentionné avec Beau qui, les premiers jours, cherchait encore à retrouver le nord. La peur s'insinuait. Parfois, Beau le prenait à part pour avoir son opinion la plus honnête.

« En tout état de cause, c'est mauvais, dit-il à Beau, mais on va trouver ce que c'est. Et une fois que c'est clair, nous établirons un plan.

— Promis ? demanda Beau.

— Promis. Ça va aller. On survit à cela et tous ceux qui y survivent te ressemblent. Ils sont jeunes, en forme et en bonne santé. Nous aurons un plan.

— Merci, Doc. Vous savez que j'aime l'armée. »

Quand Beau fut emmené, quelques jours plus tard, au Centre de cancérologie MD Anderson, à Houston, tous les diagnostics penchaient pour un glioblastome, mais on n'en était pas certain. En regardant Beau – bronzé, séduisant, en forme, avec une inhabituelle barbe d'une semaine –, il était difficile d'imaginer qu'il eût le moindre souci. Il semblait en aussi bonne santé et vif qu'il l'avait été depuis l'enfance. Il pouvait courir quinze kilomètres par jour et semblait tourner à plein régime. À Anderson, l'anesthésiste prit une heure pour lui expliquer l'opération chirurgicale très compliquée et risquée qu'il allait subir le lendemain pour ôter la tumeur et déterminer s'il s'agissait vraiment d'un glioblastome. Après trente minutes, Beau lui donna congé. « J'ai compris, dit-il. Allons-y ! » Nous trouvâmes un restaurant italien, ce soir-là, et personne n'aurait pu soupçonner la situation à laquelle nous faisions face. Nous mangeâmes, rîmes et exprimâmes nos espoirs. Nous étions tous ensemble : Beau et Hallie, Jill et moi, Hunt et Kathleen, Ashley et Howard.

Beau ne se mentait pas à lui-même sur la gravité de la tumeur. Un nouveau scanner au Centre MD Anderson montrait une grosse masse grise sur le lobe temporal gauche, signifiant qu'elle s'étendait sans doute vers les zones du cerveau contrôlant la parole, la cognition et la motricité. Pourtant, il semblait davantage soucieux pour le reste de la famille que pour lui-même. Il s'inquiétait pour sa femme et ses enfants, son frère et sa sœur, sa mère, et même pour moi. Lorsqu'on l'emmena dans une chaise roulante vers le plateau d'intervention cérébrale pour cette longue et délicate opération, Howard et Doc étaient avec lui. Beau saisit la main de Doc et lui dit :

« Doc, promettez-moi de bien vous occuper de papa.

— Beau, vous serez là pour vous occuper de votre papa.

— Je suis sérieux, Doc. Quoi qu'il arrive. Prenez soin de papa. Vraiment. Promettez-moi. »

Tandis que Beau était préparé dans la salle d'opération, nous fûmes escortés vers une salle de conférences que le personnel de l'hôpital nous avait réservée. Il y avait suffisamment de place pour les agents des services secrets et je disposais d'une ligne téléphonique sécurisée. L'équipe d'Anderson s'appliquait à préserver une intimité que nous désirions ardemment, mais le chemin à parcourir pour rejoindre notre salle d'attente ajouta au côté irréel de la situation. Nous traversâmes un labyrinthe de couloirs, tous silencieux, beiges et paraissant sans fin. Les néons au-dessus de nos têtes étaient d'un blanc fluorescent cru. Toute la famille eut l'impression d'être dans un endroit qui nous était inconnu. Une masse d'informations nous arrivait rapidement. Je songeai encore à tout ce que je devais apprendre sur cette maladie. Aurais-je le temps d'apprendre tout ce que je devais savoir ? Je pus sentir que le contrôle m'échappait tandis que nous suivions nos guides dans les longs couloirs. Aucune fenêtre, aucune vue sur l'horizon, aucune option menant à un quelconque futur envisageable. Personne ne dit un mot.

Nous pénétrâmes enfin dans la salle de conférences et nous assîmes pour une longue attente.

C'est la réputation du Dr Raymond Sawaya, un neurochirurgien considéré comme l'un des meilleurs au monde sur une procédure appelée la craniectomie éveillée, qui nous avait attirés au Centre de cancérologie MD Anderson. Cette opération permet au chirurgien d'ôter l'essentiel de la tumeur au cerveau sans endommager les fonctions de la parole, les facultés cognitives et motrices. Le patient est, en fait, conscient pendant la plus grande part de l'intervention, nommant des objets simples présentés sur des fiches ou au cours d'une conversation informelle avec l'anesthésiste, pendant que Dr Sawaya sonde les contours de la tumeur avec de petites électrodes. Si soudain Beau ne parvenait pas à identifier l'image d'un éléphant ou d'une voiture, ressentait une perte de sa force ou ne pouvait pas du tout parler, le chirurgien savait qu'il ne pouvait pas intervenir à cet endroit sans causer de graves dommages. Beau devait être suffisamment robuste pendant les heures que durait cette procédure très déconcertante. Le Dr Sawaya et son anesthésiste avaient autorisé Howard et le Dr O'Connor à être présents dans le bloc opératoire pour aider à apaiser Beau. Ils maintinrent manifestement une atmosphère légère, détendue et enjouée. « Souvenez-vous, dit un membre du corps médical, ce qui se passe sur le plateau d'intervention cérébrale ne sort pas d'ici. »

En même temps que le Dr Sawaya explorait la zone autour de la tumeur de Beau pour savoir où sectionner, il envoya une biopsie au laboratoire. Il avait besoin d'attendre les résultats avant de commencer à exciser. Si le cancer s'avérait un lymphome, il pourrait intervenir sans excès. Le lymphome peut disparaître sous l'effet des rayons et de la chimiothérapie, tandis que le glioblastome y demeure presque totalement insensible, même à fortes doses. Si le labo confirmait le glioblastome, il s'efforcerait de couper le plus possible. Sur les trente dernières années, le Dr Sawaya comptait plus de soixante-dix patients ayant survécu longtemps et ce qui distinguait ceux-ci des autres était la fraction de la tumeur extirpée lors de l'intervention initiale. Lorsqu'il pouvait enlever 98 % ou plus de la tumeur, les chances étaient bien plus grandes que le patient déjoue les pronostics. En dessous, la bataille était plus difficile.

Nous étions tous épuisés et silencieux quand le Dr Sawaya entra dans notre salle d'attente privée, un peu après 13 heures, plus de sept heures après que Beau eut intégré le bloc. C'était un homme grand et élégant, avec le léger accent montrant qu'il avait vécu en Syrie et au Liban. Il émanait de lui une confiance et un réconfort constants. Il était à l'évidence satisfait de la façon dont l'opération s'était déroulée. Il avait retiré une tumeur légèrement plus grosse qu'une balle de golf, expliqua-t-il, et Beau en était ressorti sans aucune complication. Hormis une cicatrice sur la tempe gauche, il serait comme avant. Sa parole et ses fonctions cognitives et motrices n'avaient pas été endommagées. Mais il n'y avait pas que de bonnes nouvelles. La tumeur s'était un peu répandue et le Dr Sawaya n'avait pas été en mesure de tout retirer. Il avait repéré des cellules cancéreuses microscopiques contre la paroi d'une artère et il savait que, s'il les ôtait, Beau aurait eu des séquelles irréversibles. Les informations empirèrent alors. Les résultats du laboratoire, expliqua le chirurgien, confirmaient les craintes de l'équipe médicale : la tumeur de Beau était clairement un glioblastome. Stade 4. J'étais au fond de la pièce, vers le coin, quand le chirurgien nous apprit la nouvelle et je fus heureux qu'aucun membre de la famille ne m'ait vu. Je baissai la tête et fixai le sol. J'avais l'impression d'être terrassé. Je saisis mon rosaire et demandai à Dieu de me donner la force de traverser cette épreuve.

Plus tard dans l'après-midi, Beau était éveillé et alerte. Il mangea copieusement, ce soir-là. Le lendemain matin, il quitta son lit et fit quelques pas, impatient de rentrer chez lui. Mais il y avait beaucoup de choses à digérer et de nombreuses décisions à prendre. Nous étions désormais entre les mains du Dr W. K. Alfred Yung, principal neuro-oncologue du Centre MD Anderson, qui allait superviser le traitement de Beau. Le Dr Yung avait grandi à Hong Kong avant de venir étudier la médecine aux États-Unis. Il avait perdu sa mère et deux frères suite à un cancer et avait lui-même survécu à cette maladie. C'était donc un combattant déterminé et quelqu'un qui comprenait la situation qui était la nôtre.

Le Dr Yung avait à la main tous les derniers rapports de pathologie. Des tests génétiques montraient que Beau offrait le pire des cas : il était dénué d'une mutation décisive qui ralentit la croissance de la tumeur mais possédait deux mutations distinctes qui l'accéléraient. Yung était délicat mais honnête et direct avec Beau. « Nous allons définir un plan de traitement agressif et je pense que vous pouvez le supporter, dit-il. Vous êtes jeune et en bonne santé. Nous savons que ce sont de bons présages. Mais la bataille va être dure, Beau. Vous avez une longue bataille devant vous. »

Beau ne demanda pas son opinion au Dr Yung, ni combien de temps il lui restait. Personne ne le demanda. Nous avions tous déjà connaissance du pronostic en cas de glioblastome. La tumeur revenait généralement six ou sept mois après l'opération chirurgicale et l'espérance de vie moyenne après le diagnostic initial était de douze à quatorze mois. Seuls 2 % des patients obtenaient une rémission à long terme. Cela signifiait que certains remportaient la bataille. Pourquoi pas Beau ?

Nous connaissions aussi les formidables avancées en cours dans le traitement des glioblastomes et savions que le Dr Yung et l'équipe du Centre MD Anderson étaient à la pointe des traitements expérimentaux. J'étais certain d'avoir accès aux meilleurs experts dans le domaine. L'expérience m'avait appris qu'un vice-président peut sans doute persuader presque n'importe quel médecin ou chercheur dans le pays de répondre à son appel. Et je n'allais pas me restreindre dans mes demandes d'aide et de conseil. Beau bénéficierait d'un soutien exemplaire. Hallie était un roc. Elle allait s'assurer que la vie continue et que leurs enfants soient en sécurité. Je savais que Beau pourrait s'appuyer sur elle et qu'elle lui insufflerait de l'espoir. Jill garderait sur Beau son œil exercé et vigilant de mère. Si quelque chose lui causait gêne ou douleur, elle le saurait avant même qu'il ne le dise et ferait tout pour améliorer la situation. Ashley serait à ses côtés quand il serait traité à Philadelphie ; elle lui offrirait l'amour et l'adoration inconditionnels d'une petite sœur. Quant à Hunt, il était l'arme secrète de Beau. La mission de sa vie avait été de protéger son frère ; il s'y tiendrait. Quel qu'en soit le coût. Beau savait que Hunt serait présent à tout moment. Il n'était pas même utile de le préciser. Ils avaient toujours été là l'un pour l'autre, depuis leur plus tendre enfance, et cela ne changerait pas. C'était juste désormais plus intense. « Beau, tu sais que, si je le pouvais, j'échangerais ma place contre la tienne », dit Hunt le jour où son frère se fit opérer. Nous savions qu'il le pensait vraiment. Hunt serait le dernier à rester pour aider Beau à prendre une décision difficile sur la prise risquée d'un traitement prometteur mais encore incertain. S'il y avait quelqu'un à qui Beau se fierait, c'était lui. Tandis qu'il me disait, ainsi qu'au reste du monde, qu'il allait bien – « Tout va bien, je vais très bien » –, il pouvait confier à Hunt ses véritables peurs sans les masquer.

Pour nous tous, c'était Beau qui donnait le signal. Il était déterminé à mener le combat – au diable les prévisions. « Ne laissez personne me dire le pourcentage de chances, me dit-il ainsi qu'à Hunt. D'accord ? Je vais vaincre ce truc, bon sang ! Nous allons vaincre ce truc. Je ne veux rien entendre sur les pourcentages. »

Alors que nous nous apprêtions à quitter l'hôpital, deux jours après l'opération, le Dr Sawaya rendit visite à Beau dans sa chambre pour lui souhaiter bonne chance. Les deux hommes se donnèrent l'accolade. Tous deux savaient clairement la nature de cette bataille. Lorsque le Dr Yung vint nous voir un peu plus tard, je le pris à part et lui posai une question que n'importe quel père aurait posée : « Qu'est-ce que mon fils devrait faire maintenant ? Comment devrait-il vivre ? »

Il répondit que Beau devait rester positif et garder espoir. Il devait rentrer chez lui et se remettre à tout ce qu'il faisait avant le diagnostic. Je lui dis que Beau avait envisagé de se présenter au poste de gouverneur de l'État du Delaware. « Alors dites-lui de rentrer et d'être candidat, me dit-il. Il doit vivre comme s'il allait vivre. »

Je voulais que chacun entende ces propos. Je rassemblai donc tout le monde dans le petit couloir devant la chambre de Beau et le Dr Yung répéta que, si la bataille s'annonçait rude, il y avait néanmoins de l'espoir. Je crois qu'il regarda Beau en le disant mais le message s'adressait à chacun d'entre nous. Nous ne devions pas laisser cette maladie envahir entièrement nos vies. Il dit à Beau de rentrer chez lui et de vivre comme si l'avenir était devant lui : « Soyez candidat au poste de gouverneur. Ayez un but. »

Par la suite, chaque jour, j'eus le sentiment d'agir avec le sentiment d'avoir un but. Peu importe ce qui se présente, je m'accroche à mon propre but. C'est une question de survie. Si j'y renonçais et laissais la bataille de Beau me consumer, j'avais peur que tout mon monde s'écroule. Je ne voulais pas abandonner le pays, le gouvernement Obama, ma famille, moi-même et, plus que tout, mon fils Beau.

3

Le réconfort

La Maison-Blanche pensa que je devrais représenter le président Obama aux obsèques d'un des deux policiers tués le samedi précédant Noël 2014, à New York. Le président se trouvait avec Michelle et leurs filles pour leurs vacances annuelles à Hawaï, où il a grandi, et son équipe ne trouvait pas raisonnable qu'il fasse onze heures de vol, qui plus est pour plonger dans une controverse majeure. J'acceptai. Je savais que je devais le faire, même si prononcer des éloges funèbres a toujours réveillé le souvenir de mes propres malheurs et si cela apparaissait comme un pressentiment depuis le diagnostic de Beau. Je passai donc les jours qui précédaient Noël à préparer mon discours. Je savais que je devais trouver les mots pour permettre à la ville de New York de s'apaiser. Le meurtre des policiers en uniforme Rafael Ramos et Wenjian Liu s'inscrivait dans une série de soudains et violents déchirements au sein de la relation très détériorée entre la police et la communauté noire. Les deux hommes avaient été exécutés par un bandit armé solitaire alors qu'ils étaient assis tranquillement dans leur véhicule de patrouille, à Brooklyn, en train d'accomplir leur travail. « Ils ont, tout simplement, été assassinés – visés à cause de leur uniforme, déclara Bill Bratton, le commissaire en charge de la police de New York, en annonçant la mort des deux agents. Ils ont été pris en embuscade et assassinés. »

La nouvelle de cet acte insensé était tombée au milieu de deux semaines de manifestations contre les violences policières dans cette ville. Elles avaient été déclenchées par la décision d'un grand jury de ne pas mettre en accusation un policier qui avait étouffé à mort Eric Garner, un Afro-Américain de quarante-trois ans, alors même que l'intégralité de l'incident avait été filmée par un téléphone portable. Bill de Blasio, le maire de New York, s'était gardé de critiquer le grand jury, tout en exprimant sa sympathie pour la famille Garner et pour chaque parent qui frémit chaque fois que son enfant croise le chemin d'un policier. Le maire avait décrit les précautions particulières que lui et son épouse avaient inculquées à leur fils métis au sujet de ses interactions avec la police : obéir à tout ce qu'ils disent, ne pas faire de geste brusque, ne pas chercher à prendre son téléphone portable. « Je me suis inquiété, au gré des années, expliqua-t-il. Est-ce que Dante est en sécurité chaque soir ?… Pas seulement à cause de la pénible réalité du crime et de la violence dans certains de nos quartiers mais à cause des gens mêmes en qui nous voulons avoir foi pour les protéger. » Le chef du principal syndicat de policiers à New York, Patrick Lynch, accusa immédiatement le maire de jeter la police « aux lions ».

Quand de Blasio apprit le piège tendu à Ramos et Liu, il se précipita à l'hôpital pour réconforter leurs familles et amis. Il condamna avec fermeté les meurtres, sans hésitation, tout comme le président Obama. « Les policiers qui servent et protègent nos communautés prennent des risques pour nous chaque jour et ils méritent notre respect et notre reconnaissance chaque jour, dit le président. Je demande à chacun de rejeter la violence et les paroles qui blessent au profit de paroles qui apaisent, de la prière, d'un dialogue patient et de la compassion pour les amis et la famille de ceux qui sont tombés au champ d'honneur. » Pourtant, les choses étaient en train de déraper.

Lorsqu'il s'adressa à la télévision, quelques heures après l'exécution, le parlementaire Peter King était manifestement troublé. King est un député raisonnable et dévoué, mais sa colère face à l'abominable meurtre a paru le submerger. Les déclarations du président et du maire étaient de pure forme et manquaient de sincérité, clama-t-il. « Il est temps que les élus soutiennent les membres des forces de l'ordre et cessent d'humilier la police et les grands jurys », déclara-t-il, insinuant que le président et le maire représentaient une partie du problème. Dès les premières heures qui suivirent les assassinats, l'ancien maire de New York Rudy Giuliani se montra odieux. Il savait que certains médias lui permettraient de s'exprimer impunément. Il affirma que le président avait donné son autorisation au tueur, dont on découvrit qu'il avait annoncé sur les réseaux sociaux son intention de pourchasser et de tuer des policiers pour venger Garner et d'autres, tués lors de récentes interactions avec les forces de l'ordre. « Depuis quatre mois, une certaine propagande nous dit, à commencer par le président, que nous devons haïr la police », dit Giuliani, dans une déclaration à la fois pernicieuse et manifestement fausse. Patrick Lynch fut encore plus théâtral. « Nombreux sont ceux qui ont du sang sur les mains, ce soir », assena-t-il. Il accusa tous « ceux qui ont incité à la violence dans la rue, sous couvert de manifestations qui essaient de détruire ce que les agents de la police new-yorkaise construisent au quotidien... Ce sang est répandu sur les marches de la mairie, dans le bureau du maire ».

Giuliani, Lynch et quelques autres poursuivirent ainsi leurs calomnies, insensibles aux nombreux et généreux New-Yorkais qui avaient manifesté contre la mort injustifiée d'Eric Garner et étaient également venus se recueillir devant un mémorial improvisé sur le trottoir pour les policiers Ramos et Liu – y compris la propre fille de Garner, venue offrir la compassion de celle qui savait vraiment de quoi elle parlait. « Je devais venir et faire savoir à leurs familles que nous étions à leurs côtés, dit Emerald Snipes-Garner, 22 ans, se comportant d'une manière qui aurait dû faire la fierté de tout le pays. Et j'envoie mes prières et condoléances à toutes les familles qui souffrent à cause de cette tragédie. »

Quand je me rendis à New York pour les funérailles de l'agent Ramos, ce samedi 27 décembre, l'atmosphère dans la ville était explosive. Des centaines de New-Yorkais avaient refusé de suspendre leurs manifestations en signe de respect pour les policiers tués. « Il ne s'agit pas de manquer de respect envers qui que ce soit, expliqua un organisateur sous une pancarte qui disait POLICE RACISTE TERREUR. Mais nous sommes ici pour dire que c'est ridicule, scandaleux et insultant qu'on nous demande d'arrêter de manifester. » Au même moment, des policiers de tout le pays étaient venus à New York pour assister à la cérémonie en l'honneur de Ramos, afin de témoigner leur solidarité envers un frère d'armes et envers ses collègues. Pas moins de 25 000 membres des forces de l'ordre étaient rassemblés dans le Queens pour les funérailles et certains responsables politiques locaux leur répétaient qu'ils étaient « en grave danger » et qu'ils avaient « une cible dans le dos ». Des gens comme Lynch et Giuliani continuaient de les persuader que le problème, c'était le maire de Blasio et le président Obama.

De Blasio semblait content que je vienne représenter le gouvernement car il connaissait les relations étroites que j'entretenais avec la police et avec la communauté des droits civils. Quelques jours après la fusillade, il m'appela pour solliciter de l'aide face au gouffre de méfiance grandissant entre les forces de l'ordre et la communauté noire. Et même si cela pouvait sembler impossible, je croyais en vérité savoir comment endiguer ce phénomène. J'y étais parvenu chez moi, dans le Delaware, et à travers le pays. De chaque côté, il y a toujours les démagogues, c'est inévitable, mais je sais qu'ils ne représentent pas la grande majorité des gens. J'ai toujours cru qu'on pouvait résoudre le problème, car il y a bien un problème. Des peurs réelles et légitimes existent de part et d'autre. Et si le problème est la peur, la réponse est la connaissance. Chaque camp doit être prêt à essayer de comprendre les inquiétudes de l'autre camp.

C'est la raison pour laquelle, à la fin des années 1980, quand la criminalité explosa, je commençai à appliquer une méthode à la fois nouvelle et très ancienne d'assurer l'ordre. Il s'agissait de renvoyer les policiers dans la rue afin qu'ils connaissent les commerçants, les enfants du quartier et le quartier lui-même. De sorte que ceux-ci connaissent également les policiers et aient confiance en eux. Nous nous sommes éloignés de ce modèle ; le nouveau modèle est celui d'un policier solitaire circulant dans son véhicule balisé au lieu de parcourir à pied le terrain. Les meilleurs criminologues vantèrent cette vieille idée sous un nouveau nom : la police de proximité. Pourtant, à la fin des années 1980 et au début des années 1990, il fallut se battre pour l'imposer car le Parti républicain commença à parler de déléguer les pouvoirs : tout ce qui était local devait être payé avec des fonds locaux et non grâce aux impôts fédéraux. Ils arguèrent que le crime était strictement local. Je dus rappeler à mes collègues que l'essentiel de la criminalité locale était causé par le trafic de drogue et que la drogue relève de la responsabilité fédérale. Cela me prit du temps mais je finis par obtenir que de vrais fonds soient inscrits dans le projet de loi que j'avais déposé en 1994 et qui prévoyait 100 000 policiers locaux supplémentaires. Et cela fonctionna.

Le nombre de crimes de sang diminua rapidement, passant de presque 2 millions en 1994 à 1,4 million en 2000. Le nombre de meurtres fut divisé par deux sur le plan national. Les relations entre la police et la communauté noire s'améliorèrent, même si elles n'étaient pas parfaites.

Pourtant, la police de proximité fut victime de son succès. Le crime diminuant, la pression de l'opinion publique tomba également. Les sondages montrèrent que la criminalité n'était plus le souci numéro un que les Américains voulaient voir traité par le gouvernement. Du coup, quand l'administration Bush arriva aux affaires et reprit son appel idéologique à une délégation des pouvoirs, on ne s'opposa plus guère à son allégation selon laquelle la criminalité est une question strictement locale. Pourquoi dépenser des fonds fédéraux dans la police locale si, au lieu de cela, on peut baisser les impôts des riches ?

Je me sentis parfois seul pendant ces années-là, mettant constamment en garde sur le fait qu'assurer la sécurité des communautés, c'est comme tondre le gazon. Si vous tondez votre gazon par une magnifique journée d'été, il est très beau. Après une semaine, il est moins beau. Après un mois, il est laid. Et si vous laissez passer l'été, vous héritez d'un désastre.

C'est exactement ce qui se passa. Il y eut de moins en moins de policiers sur le terrain, avec comme conséquence prévisible l'aggravation des tensions entre la police et la communauté noire. Les policiers ne sortaient plus autant de leurs véhicules pour aller à la rencontre des gens. Ils patrouillaient de plus en plus seuls, avec une peur compréhensible dans les quartiers les plus durs, parés parfois d'un équipement militaire ou paramilitaire qui les faisait ressembler à des envahisseurs plutôt qu'à des protecteurs. De spectaculaires vidéos de crimes perpétrés par des policiers passaient en continu sur les chaînes de télévision et se répandirent comme des feux de brousse sur les réseaux sociaux. Les horribles histoires d'Eric Garner à New York, de Michael Brown à Ferguson, de Tamir Rice, douze ans, à Cleveland, et des agents Ramos et Liu firent les gros titres et il devint de plus en plus difficile, pour chacune des parties, de reconnaître l'humanité élémentaire de l'autre.

Le policier local dans son véhicule de patrouille regarde le garçon de quinze ans sous sa capuche à un coin de rue comme un criminel à l'entraînement plutôt que comme un futur écrivain qui pourrait un jour remporter un prix en poésie et qui mérite d'avoir sa chance dans la vie. Les gens du quartier voient dans la policière en voiture une menace et non une mère, une entraîneuse de basket-ball, ou une enseignante à l'école du dimanche qui ne souhaite rien de plus au monde que de rentrer chez elle en sécurité pour border ses trois enfants, et qui mérite cette tranquillité d'esprit.

Je pensais qu'il était temps de revenir à cette politique éprouvée d'investir dans un plus grand nombre d'hommes et de femmes sur le terrain, mieux formés. Quelques jours avant les funérailles de Ramos, je dis à de Blasio que je lui enverrais les statistiques sur la police de proximité et me tiendrais disponible pour en discuter après le jour de l'An, quand les derniers orages se seraient calmés.

Le président Obama travailla beaucoup pour trouver les moyens d'améliorer les relations entre la police et *toutes* les communautés. Il élabora des propositions spécifiques. Mais trop de gens veulent marquer des points sur un plan politique au lieu de résoudre le problème. Des attaques contre le président comme celles de Lynch et Giuliani bloquent toute tentative.

J'ai assez d'expérience pour savoir qu'une bonne politique est toujours nécessaire mais rarement suffisante. Depuis de longues années, je me suis efforcé sans relâche de tisser des relations personnelles et de gagner la confiance dans chaque camp, de sorte que je puisse raisonner la police aussi bien que la communauté dans les circonstances les plus enflammées. J'ai toujours essayé de comprendre le point de vue de chacun. «Joe, tu es le seul à pouvoir accomplir cela, me dit notre ministre de l'Éducation, Arne Duncan, au lendemain du crime à New York. Les deux communautés te respectent. » Arne me donnait peut-être plus de crédit que je ne le méritais, mais ses encouragements me rappelèrent les raisons qui m'ont conduit à mener une si longue carrière publique. Je crois que le premier devoir d'un serviteur de l'État est d'aider les gens à s'unir, notamment par temps de crise, notamment lorsque les divisions sont vives, de témoigner du respect à chacun et de contribuer à trouver une issue durable. Après quarante-cinq ans de carrière, cette conviction fondamentale continue de m'animer.

En cette radieuse matinée d'hiver, Jill et moi étions à bord d'Air Force Two, entre Washington et New York, et j'effectuais des corrections de dernière minute à mon discours. Les funérailles sont pour les vivants et la tâche de celui qui prononce l'éloge funèbre est de reconnaître l'importance de la perte qu'ils ont subie et de les aider à comprendre que les accomplissements et l'héritage de l'être qu'ils ont aimé ne meurent pas avec lui. Je leur assure au mieux qu'ils ne sont pas seuls. Je l'ai d'abord fait pour la famille Rames, mais aussi pour la famille policière au sens large, qui allait écouter mon discours. En ville comme à travers le pays, la police était en colère et en deuil. Certains policiers étaient sincèrement blessés du fait que tant de gens semblaient être dressés contre eux. Ils avaient besoin qu'on leur dise combien leur dévouement méritait notre respect et nos honneurs. J'ai toujours dit qu'être policier, ce n'est pas seulement bien faire mais bien se comporter. À l'école primaire, j'aurais pu deviner qui, parmi mes camarades, deviendrait policier. C'étaient ceux qui prenaient votre défense lorsqu'on vous cherchait des noises dans le voisinage. Ceux qui intervenaient quand vous étiez malmené par une brute. Ceux qui voulaient protéger les autres.

Avec mon stylo, j'ai brièvement noté là où je devais observer une pause, sur quels mots je devais mettre l'accent. « D'après mon expérience, et je suis certain que cela s'applique à tous les hommes et femmes en uniforme qui m'entendent ici, chaque policier intègre les rangs pour cette même raison : le sens du devoir. Vous pensez que vous pouvez aider. Je crois que ce facteur traverse l'ensemble des forces de l'ordre américaines. Et lorsqu'un événement comme celui-ci arrive, la nation se souvient toujours de votre courage. » Je parcourais une dernière fois mon discours quand nous avons débouché sur l'église du Christ Tabernacle, dans le Queens, à environ 9 h 30 ce samedi matin. Cette église ressemble à la devanture d'un magasin reconverti ; elle était bien trop exiguë pour accueillir l'énorme foule qui attendait dehors. Plus de 20 000 hommes et femmes, presque tous en uniforme, se tenaient debout, en silence, dans les rues et parkings avoisinants, prêts à regarder le service retransmis par liaison satellite sur grand écran.

En sortant de la voiture dans l'air vif de l'hiver, je sentis la tension qui régnait. Il faisait environ 4 °C mais le ressenti était froid et on aurait dit que le ciel, d'un bleu cristallin, allait se briser en mille morceaux. Notre escorte nous fit entrer rapidement, Jill et moi, dans le sanctuaire avant de nous emmener vers nos sièges au premier rang, tandis que ma vue s'adaptait à l'intérieur sombre de cette église évangélique. Pour Rafael Ramos, l'église avait été un domicile spirituel et un guide. Quand il avait été tué, il lui manquait seulement quelques heures pour achever une formation d'aumônier bénévole. Une fois assis, mes genoux touchaient presque son cercueil, qui reposait sur des brancards devant l'estrade. Les autres orateurs principaux avaient déjà pris leurs places. Le maire était là, ainsi que le commissaire de police Bratton et Andrew Cuomo, le gouverneur de l'État de New York. Je ressentis un léger serrement de cœur en voyant ce dernier. Il me fit penser à Beau, qui était en train de terminer son mandat de responsable des forces de l'ordre dans l'État du Delaware. De son poste de substitut du procureur à Philadelphie à celui de procureur général dans le Delaware, Beau travaillait quotidiennement sur les questions de criminalité et œuvrait dur à l'amélioration des relations entre la police et la communauté, afin que de telles tragédies soient évitées. Il avait ardemment souhaité venir avec moi rendre cet hommage mais il commençait à payer son invalidité physique. « Je vais attendre d'aller mieux, papa », m'avait-il dit.

Je fus le premier à être appelé au pupitre. Tandis que je m'avançais sur l'estrade, l'assistance gardait le silence. Je me tournai d'abord vers la famille Ramos pour lui offrir l'expression simple et sincère de mes condoléances et mon mouvement s'arrêta sur l'image des deux fils adolescents de la victime assis devant moi. Ils étaient bien trop jeunes pour perdre un parent. J'étais incapable de détacher mon regard de ces garçons. C'était presque comme si je regardais Beau et Hunt et qu'ils me fixaient du regard, et cela me rappela leur dévastation face à la perte de leur mère et ce que cela avait signifié pour moi qu'ils aient survécu à l'accident. Cela me rappela aussi que, au-delà des enjeux publics et politiques, le cœur de ma mission ici était personnel. Si j'avais laissé la perte de Ramos être éclipsée par la politique, j'aurais failli. « Que ces garçons sont beaux, fis-je, oubliant déjà le texte que j'avais soigneusement préparé. Je me souviens d'une situation comparable, il y a longtemps. Madame, je vous l'assure, dis-je à Maritza Ramos, ces garçons se remettront de tout cela. Je sais que je parle au nom de toute la nation en vous disant que nos cœurs souffrent avec vous. Je sais, par expérience personnelle, qu'il n'y a pas grand-chose que quelqu'un puisse vous dire ou vous apporter à cet instant pour alléger votre douleur, ce sentiment de perte, ce sentiment de solitude. Mais j'espère que vous trouvez un réconfort dans le fait que, selon ce que la presse rapporte, plus de vingt-cinq mille – vingt-cinq mille – membres de la même corporation que votre mari sont là à vos côtés, et seront là avec vous pour le restant de votre vie. C'est une confrérie hors du commun. »

Celui qui m'avait aidé à écrire ce discours était le fils d'un policier new-yorkais à la retraite qui avait pris le temps de comprendre la vie de Rafael et ce que ses fils signifiaient pour lui. « Justin et Jayden, leur dis-je, il était tellement, tellement fier de vous et sachez – aussi difficile qu'il soit pour vous de le croire – qu'il fera partie de votre vie, tout au long de celle-ci. » Je me tournai alors vers la jeune veuve pour lui assurer ce que j'avais assuré à tant d'autres survivants au fil des années. « Je sais aussi, par expérience, que le temps viendra – le temps viendra – où le souvenir de Rafael déposera un sourire sur vos lèvres avant de gonfler une larme dans vos yeux. C'est le moment où l'on sait que ça va aller. Je sais que cela est difficile à croire mais je vous le promets, je vous promets que ce moment viendra. Et je prie pour qu'il vienne assez tôt. »

Je ne suivais pas mon texte mais je n'avais aucune incertitude sur ce que je voulais dire. « J'ai pris la parole à trop de funérailles d'agents de la paix, de femmes et d'hommes courageux qui assurent notre sécurité. Et vu leurs familles dans le chagrin. Malheureusement, ce n'est que lors de telles tragédies que les amis, les voisins et tous ceux qui ne les connaissaient même pas prennent conscience et se souviennent des sacrifices qu'ils consentent chaque jour, seuls, pour notre bien-être… Les policiers et les familles de policiers sont une espèce à part. Que Dieu les bénisse. Qu'ils soient bénis de Dieu. Votre mari, madame Ramos, et son partenaire faisaient partie de la fine fleur de New York. Et ce n'est pas une formule creuse. Il s'agit probablement du meilleur département de police au monde. Le meilleur au monde. Ils ont mérité cette formule… Quand on patrouille dans les rues de New York, on fait le tour de la planète. Les immeubles à trois étages sans ascenseur, les condominiums, les parfums d'un million de cuisines qui observent mille traditions. Les rues parfaitement silencieuses et celles qui bouillonnent d'une centaine de langues, qui murmurent, crient, rient, pleurent. Dans chaque quartier de la plus vivante des villes, ce miracle chaotique sert de phare au monde. Les balles de l'assassin ne visaient pas seulement deux policiers, pas seulement un uniforme. Elles visaient cette ville. Une ville où le fils d'immigrants chinois patrouille avec un pasteur hispanique en formation. »

Je rappelai à tous que cette ville, la plus diverse et la plus sensationnelle des villes américaines, avait aussi nourri un jeune étudiant du nom de Barack Obama. Mon ami le président avait appris quelque chose ici, à New York, qui était demeuré une pierre angulaire de sa carrière publique : « Il n'y a pas d'Amérique noire, ni d'Amérique blanche, ni d'Amérique hispanique, ni d'Amérique asiatique, avait-il déclaré dans le discours qui l'avait révélé à la nation, dix ans plus tôt. Il y a les États-Unis d'Amérique. »

La matinée était encore plus étincelante lorsque Jill et moi sortîmes de l'église Christ Tabernacle et attendîmes, de l'autre côté de la rue, le transfert du cercueil de Rafael Ramos vers le fourgon mortuaire, dans une avenue grouillante de monde. Le soleil brillait sur le toit de la voiture de tête mais on aurait dit que la journée s'était radoucie. Je me retrouvai debout au milieu d'un groupe de dignitaires, dont le député King et, à ma droite, Rudy Giuliani. Celui-ci ne résista pas à la tentation d'égratigner le président. « Il y a au moins quelqu'un qui pige au sein du gouvernement », me dit-il dit. Je me retins. « Le président pige » est tout ce que je répondis, même si cela sembla n'avoir aucun effet.

Les joueurs de cornemuse s'animèrent. Un groupe d'hélicoptères de la police new-yorkaise vola en formation au-dessus de nos têtes. Et la garde d'honneur porta le cercueil enveloppé du drapeau pour le glisser par la porte arrière du corbillard. Je pouvais voir Jayden et Justin en face de moi, de l'autre côté de la rue, avec leurs costumes noirs boutonnés contre le froid, leurs fronts plissés, tenant la main de leur mère. Tout ce que nous pouvions faire était de nous tenir là, en silence, la main sur le cœur. Une fois le cercueil chargé et le drapeau remis à la famille, le convoi funéraire partit pour le cimetière. Il prenait le virage au coin de la rue quand j'entendis des voix parmi la foule de policiers. « Joe ! », « Hé, Joe ! ». Personne ne hurlait « Monsieur le vice-président ! ». C'était tout simplement « Joe ! », « Hé, Joe ! ». C'était ainsi qu'ils me connaissaient. Des hommes et des femmes en uniforme venaient maintenant me serrer la main. J'ai parfois senti le contact de policiers à moto qui tendaient la main pour toucher la mienne. La première partie de la journée s'achevait, mais ce n'était pas la plus dure.

Avant de quitter New York, Jill et moi devions nous arrêter ailleurs. J'avais insisté là-dessus, même si je n'ignorais rien de la difficulté. Il nous fallut rouler quarante-cinq minutes vers la zone de Gravesend, à Brooklyn, pour rendre visite à la famille de Wenjian Liu, l'autre policier assassiné. Il n'avait que trente-deux ans, venait de se marier et d'acheter une maison suffisamment grande pour y vivre avec ses parents et avec sa nouvelle épouse. Les funérailles de Liu avaient été retardées car nombre de ses parents en Chine étaient encore en train d'essayer d'obtenir des visas pour se rendre à New York. Or, je savais que je ne serais pas en mesure de revenir pour cette cérémonie. Je souhaitais, au minimum, leur présenter mes condoléances mais alors que mon escorte motorisée contournait Jamaica Bay, Brighton Beach et Coney Island, j'étais certain d'avoir beaucoup mieux à offrir à la famille Liu.

Au fil des ans, je compris que, même si cela faisait remonter des souvenirs très vifs de tristes périodes, ma présence apportait presque toujours un certain réconfort à ceux qui éprouvaient une perte soudaine et inattendue. Non pas du fait de pouvoirs spéciaux dont je disposerais mais parce que mon histoire me précède : j'étais un jeune sénateur américain âgé de trente ans, tout excité de me retrouver à Washington à faire passer des entretiens d'embauche quand je reçus un coup de fil m'apprenant que ma femme et ma fille de dix-huit mois étaient mortes dans un accident de voiture alors qu'elles étaient sorties faire des courses, une semaine avant Noël. Beau et Hunt se trouvaient également dans la voiture. Ils s'en étaient sortis sans handicap permanent mais après avoir passé des semaines à l'hôpital. La douleur avait paru insupportable au début et il m'avait fallu beaucoup de temps pour l'apaiser, mais j'avais survécu à ce supplice exténuant. Avec beaucoup de soutiens, je l'avais surmonté et j'avais reconstruit ma vie et ma famille. Quand je m'adresse à des gens endeuillés, ils savent que je sais ce dont je parle. Ils savent que je connais la profondeur de leur douleur.

Une chose à laquelle je suis devenu particulièrement familier au fil des ans est le nombre de personnes qui, discrètement et sans se plaindre, peuvent éprouver à tout moment une telle souffrance psychique et émotionnelle. Pensez simplement au fait que, fin 2014, tandis que je filais sur une autoroute au fin fond de l'Amérique, plus de deux millions et demi de nos concitoyens avaient péri dans l'année. Un cinquième d'entre eux étaient morts d'un cancer, ce qui signifie qu'ils avaient enduré une mort lente, pénible et douloureuse, sous le regard de leurs familles impuissantes. Une population équivalente à deux fois ma ville de Wilmington a été victime d'un accident. Vivants et en bonne santé un jour, disparus à jamais le lendemain. Environ 43 000 adultes et adolescents se sont suicidés en 2014. Les morts liées à l'alcool s'élèvent à plus de 30 000 ; celles liées aux drogues frôlent les 50 000 et augmentent chaque année. Les morts par arme à feu approchent les 34 000, dont les deux tiers sont des suicides ou des accidents. C'est presque 1 % de nos concitoyens qui meurent ainsi. Cette simple statistique ne dit pas grand-chose des histoires humaines, réelles et complexes, qu'elle cache. Ce ne sont que des chiffres. Or, il s'agit de gens comme Rafael Ramos, dont la mort a creusé un trou béant dans la famille que je venais de rencontrer, et qui n'aura jamais la chance d'inaugurer son nouveau ministère et de rendre meilleures des centaines ou des milliers d'autres vies.

Pensez que pratiquement chaque personne morte a laissé derrière elle au moins une ou deux personnes profondément affectées par son décès ; certaines en ont affecté une dizaine ; d'autres une vingtaine. Je suis stupéfait de voir combien de gens endurent une perte aussi dévastatrice et vivent avec, en ne bénéficiant d'aucun soutien comparable à celui dont j'ai bénéficié, et se lèvent tous les matins, cheminent pas à pas et poursuivent ainsi simplement leur existence. Ils continuent à accomplir leur travail, à faire leurs courses tous les jours et à élever leurs enfants seuls – et souvent sans se plaindre. Ces soldats sont légion. Selon mon estimation, il y a chaque instant une personne sur dix dans notre pays qui souffre d'un grave tourment à cause d'un décès récent et, encore une fois, je n'évoque pas seulement une statistique. Je les vois à tous les meetings politiques, debout, avec quelque chose dans le regard qui est presque une supplique. S'il vous plaît, aidez-moi. Il est toujours plus simple de passer devant eux en évitant toute interaction personnelle compliquée, pour ne pas perturber notre emploi du temps. Nous passons tellement de temps à courir après les exigences de la vie moderne et de l'ambition personnelle. J'essaie donc de ne jamais oublier la différence qu'un simple geste humain peut accomplir auprès de gens dans le besoin. Qu'est-ce que cela coûte vraiment de prendre le temps de regarder une personne dans les yeux, de la prendre dans ses bras pour lui indiquer qu'on a compris et qu'elle n'est pas seule ?

Neuf policiers en uniforme gardaient le domicile de Liu quand nous arrivâmes. La police new-yorkaise avait également appelé un traducteur car les parents de Liu, bien qu'ils soient arrivés de Chine vingt ans auparavant, n'étaient pas à l'aise en anglais et préféraient s'exprimer en cantonais. Ils dépendaient de leur fils. Wenjian avait douze ans quand la famille avait débarqué, il avait donc appris la culture américaine et la langue anglaise. Enfant unique, il aidait ses parents à naviguer dans ce monde nouveau et le faisait encore quand il est mort. Trois mois plus tôt, il les avait même emmenés avec lui pour sa lune de miel.

Le jeune Liu était une belle histoire d'immigrant. Le premier souvenir qu'il avait acheté à New York était un autocollant de la Statue de la Liberté. Il était allé à l'université et avait étudié la comptabilité mais après l'attentat du World Trade Center, le 11 septembre 2001, il avait décidé de devenir policier. Quand il est mort, c'était un jeune marié, propriétaire, travaillant depuis sept ans dans la police et exerçant le travail qu'il avait choisi. Mais il ne s'agit pas tant de ce qu'il avait accompli que de ce qu'il envisageait pour le futur. Wenjian Liu était l'avenir de cette famille ; il parlait déjà d'avoir des enfants. Ses fils et filles auraient démarré dans la vie sur une base solide, avec un père pouvant les guider et je pouvais sentir cet avenir perdu quand je suis entré chez eux.

Une vingtaine de membres de sa famille élargie s'assirent dans la cuisine, de façon que sa femme et ses parents puissent nous recevoir confortablement dans leur salon. Le père de Liu me donna une accolade et me toucha le visage. C'était un homme de petite taille, au corps sec, s'efforçant d'être brave. « Merci, répéta Wei Tang Liu plusieurs fois tandis que son épouse restait à distance, en inclinant la tête poliment. Merci, merci », disait-il en demeurant près de moi.

La femme du policier Liu, Pei Xia Chen, était si jeune et si belle. On l'appelait « Sanny ». L'anglais n'était pas sa première langue mais elle le parlait couramment et s'exprimait donc au nom de la famille. Elle nous souhaita la bienvenue sur un ton calme et hésitant. Je devinai qu'elle ne se sentait pas seulement perdue à cause de la mort de l'homme qu'elle appelait l'amour de sa vie, son meilleur ami et son héros, mais qu'elle était également un peu intimidée de recevoir chez elle le vice-président des États-Unis et son épouse. Elle se détendit pourtant rapidement et nous dit avoir quelque chose à nous montrer dans la chambre qu'elle partageait avec son mari. Jill est toujours réticente à envahir l'espace privé des autres mais Sanny insista. Elle nous prit par la main et nous entrâmes tous les trois dans la chambre.

Ce qu'elle voulait nous montrer était une photo de tous les deux en extérieur, s'embrassant le jour de leur mariage, trois mois plus tôt. Je fus frappé par la taille du cliché, le bonheur qui les animait, la fierté qu'ils avaient dû ressentir en accrochant ainsi leur portrait à la vue de tous, et la tristesse qui l'envahissait maintenant en le contemplant. Je me suis trouvé dans la même position qu'elle, exactement la même. Je peux me souvenir avec la plus grande clarté de ne pas avoir été capable d'ouvrir la penderie de notre chambre après la mort de ma femme Neilia. Je me rappelle le supplice que j'éprouvai en sentant son parfum sur l'oreiller et en regardant le vide autour du lavabo de la salle de bains, où sa brosse à dents se trouvait avant. Je n'avais pas pu rester dans cette chambre; j'avais vendu la maison et j'étais parti. Je me demandai comment Sanny allait s'en sortir et la plaignis d'être confrontée à cette situation.

Je la pris à part pour lui parler. Je partageai avec elle certains des meilleurs conseils que j'avais reçus à la mort de Neilia, provenant des sources les plus inattendues. Un gouverneur du New Jersey m'avait appelé sans prévenir et parlé de la perte de son épouse. Pendant longtemps il avait pensé que les choses n'iraient jamais mieux. Six mois après le décès de sa femme, il pensait à elle en se sentant aussi abattu que le jour où il avait reçu la nouvelle. Il songeait avec effroi à l'idée de ne jamais s'en remettre et savait que je ressentais vraisemblablement la même chose. Il m'avait dit de prendre un calendrier et, chaque soir, avant d'aller au lit, de mettre un chiffre sur la date du jour. 1 était aussi mauvais que le jour où on avait appris la nouvelle; 10 était le plus beau jour de ma vie. Il m'avait dit de n'espérer aucun 10 et de ne pas passer de temps à contempler ce calendrier mais de le marquer chaque jour. « Au bout de six mois, faites-en un graphique », m'avait-il dit. Et ce qu'il m'avait promis s'était avéré: les jours sans étaient toujours aussi mauvais mais, avec le temps, il y en avait de moins en moins.

Je dis aussi plus en détail à Sanny ce que j'essaie de dire à tous : il arrivera que vous traversiez un pré que vous aimiez tous les deux, que vous voyiez une fleur, que vous sentiez le parfum de son costume lorsqu'il le retirait pour l'accrocher dans la penderie, ou que vous entendiez une chanson, que vous observiez la démarche de quelqu'un, et que tout remonte à la surface. Mais un jour, Dieu sait quand, vous comprendrez que cela ne vous fait plus pleurer. Que cela vous fait sourire. « Le temps viendra où ce souvenir déposera un sourire sur vos lèvres, avant qu'une larme gonfle dans vos yeux », dis-je à tous ceux qui traversent cette épreuve. « Ce temps viendra assurément, lui dis-je. Et ce sera le jour où vous saurez que vous avez passé le cap. »

La dernière chose que je fis avant de quitter la chambre fut de lui donner mon numéro de téléphone privé. « En ce moment, tout le monde va être à vos côtés, lui dis-je. Tout le monde va vous entourer de son amour, vous allez être occupée et vous aurez de quoi vous distraire du pire. Puis, dans six semaines, ou peut-être douze, la vie de chacun reviendra petit à petit à la normale. Mais votre vie ne sera plus normale. Et en réalité, comme vous le savez sans doute déjà, elle sera plus dure pour vous. Et puis vous allez commencer à vous sentir coupable d'aller constamment demander de l'aide aux mêmes personnes, ou juste pour parler. Et alors que leurs vies redeviendront normales, vous craindrez de vous reposer excessivement sur eux. Viendra peut-être le temps où vous vous direz : je demande trop ; je dois cesser de me plaindre.

« Alors, quand vous n'aurez pas le moral et que vous vous sentirez coupable d'être un poids pour votre famille et vos amis, prenez le téléphone et appelez-moi. » Je sentis qu'elle se demandait si j'étais vraiment sincère. Je l'étais. Il existe une longue liste d'inconnus qui ont mon numéro privé et sont invités à m'appeler – et beaucoup l'ont fait. « Appelez-moi si vous voulez parler, lui dis-je. Il est parfois plus facile de vider son cœur avec quelqu'un qu'on ne connaît pas bien mais dont on sait qu'il sait. On sait que cette personne a traversé cela. Prenez le téléphone et appelez-moi. »

Nous restâmes dans cette petite maison de Gravesend pendant presque une heure. Vers la fin de notre visite, je remarquai que le père de Weijian Liu m'avait rarement quitté. De temps en temps, il se penchait vers moi pour que son épaule touche mon bras. « Merci, disait-il toujours. Merci, merci. » Je ne m'écartai pas, au contraire, pour qu'il sente ma présence. Quand notre équipe de reconnaissance vint nous faire sortir de la maison, Wei Tang Liu insista pour m'accompagner dehors, dans le froid, vêtu d'un simple col roulé en coton, d'un pantalon et de nu-pieds couvrant ses chaussettes. Il semblait insensible au froid et restait collé contre mon épaule, comme s'il cherchait désespérément à me dire quelque chose que je devais savoir. Pour Wei Tang, le jour où il perdit son fils unique fut le jour le plus triste de sa vie. Wenjian avait été un exemple de piété filiale confucéenne, disait-il aux amis du défunt, un fils respectueux, obéissant et bienveillant. Il racontait comment son fils l'emmenait toujours chez le médecin quand il se sentait malade, passait à l'usine de vêtements pour l'aider à terminer son travail à la pièce, avant de le ramener en voiture chez lui, et l'appelait tous les jours avant la relève pour lui dire qu'il allait bien et qu'il rentrait. « Tu peux cesser de travailler maintenant », disait l'agent Liu à son père.

Mais à cet instant, je ne savais rien de cela. Son anglais ne lui permettait pas de me le confier et je ne pratiquais pas le cantonais. Quand Wei Tang me donna une dernière accolade devant chez lui, face à une rangée de policiers montant la garde, il me tint longtemps en me serrant, comme s'il ne supportait pas que je parte. Nous nous tînmes ainsi, dans les bras l'un de l'autre, devant la maison où il avait vécu avec son fils unique. Deux pères, simplement. Je comprenais tout ce qu'il voulait me dire – du moins le pensai-je.

4

La confiance

Le coup de téléphone arriva exactement à l'heure prévue, à 12 h 30, le premier lundi de l'année 2015 : « Excusez-moi, monsieur, le président vous attend. » Je ramassai ma petite fiche en carton avec des notes sur les sujets que je voulais évoquer ce jour-là et j'entamai le trajet de quarante-cinq secondes qui séparait mon bureau du sien, pour notre déjeuner privé hebdomadaire. Parfois, en descendant, je pensais à la première fois où Barack Obama et moi avions parlé de déjeuner ensemble. C'était exactement dix ans plus tôt, quand il était un jeune sénateur de quarante-trois ans, essayant de trouver ses marques à Washington. Il souhaitait siéger à la commission des Affaires étrangères. J'étais le chef des démocrates de cette commission, et assez ancien pour décider qui y obtiendrait un siège ; il avait donc demandé à me voir.

Il était clair que le sénateur Obama apporterait beaucoup à la commission. Il se dégageait de lui largeur et profondeur intellectuelles, le goût du travail, un sens du rôle de l'Amérique dans le monde – tant sur le plan potentiel que dans ses limites – semblable au mien. Son discours, l'été précédent, lors de la Convention nationale démocrate pour John Kerry, m'avait réellement impressionné, comme tous ceux qui l'avaient écouté. Lorsqu'il parlait du « vrai génie de l'Amérique, cette foi dans des rêves simples, cet entêtement dans les petits miracles », on aurait dit que nous lisions le même livre de cantiques. « Les gens n'attendent pas du gouvernement qu'il résolve tous leurs problèmes. Mais ils sentent, dans leur chair, qu'avec une légère inclination de nos priorités, nous pouvons garantir que chaque enfant américain ait une chance raisonnable dans la vie et que les opportunités demeurent ouvertes à tous. »

Quand Barack vint me saluer, en cette journée d'hiver, je lui dis que je me réjouissais de le voir siéger à la commission et que je m'assurerais de sa présence. Nous n'avions pas beaucoup de temps et je suggérai de nous revoir pour mieux nous connaître. Je savais que sa famille résidait toujours à Chicago et qu'il faisait la navette, comme moi. Je lui proposai donc de dîner un jour ensemble, s'il le souhaitait. Une fois le travail achevé au Sénat, nous pourrions aller dans un restaurant italien près du Congrès. « Rien de luxueux, dis-je. — Oh, nous pouvons aller dans un bon endroit, répondit-il, en précisant que les droits d'auteur de son livre l'avaient mis à l'aise. Je peux me l'offrir. »

« Je peux me l'offrir » : cela sonna étrangement à mes oreilles, presque comme de l'arrogance. Ce n'est que plus tard, quand je le connus mieux, que je compris que ce n'était pas le genre de Barack de parler de ce qu'il pouvait s'offrir, et qu'il avait simplement pu s'offusquer que je l'aie pris pour un homme ayant des ressources limitées. Tout comme il avait pu lui échapper, à l'époque, que j'étais un homme aux ressources limitées. Ce dîner n'eut jamais lieu mais nous devions avoir un nombre considérable de déjeuners ensemble dans les années suivantes.

C'est en juin 2008 que Barack Obama m'appela pour la première fois afin de me proposer d'être son colistier à l'élection présidentielle, peu de temps après avoir obtenu suffisamment de délégués pour sa nomination. J'étais dans le train me ramenant à Wilmington quand le téléphone sonna. Il me demanda d'autoriser que je subisse un processus de vérification et je refusai. « Je vous aiderai autant que je le peux, lui dis-je, mais je ne veux pas être vice-président. » Je ne répondais pas avec légèreté, bien entendu. J'étais honoré d'être sollicité mais j'étais au Sénat depuis trente-cinq ans, j'aimais ce travail et je vénérais cette institution. Ma réputation de législateur était excellente et j'avais de l'ancienneté. J'étais mon propre patron et j'aimais ce que je faisais. Je pensais aussi que je pouvais davantage contribuer en tant que président de la commission des Affaires étrangères qu'en tant que vice-président.

Il précisa que ce n'était pas un simple exercice et me donna l'impression que j'étais déjà son candidat privilégié.

« C'est une vraie offre, dit-il. Mais j'ai besoin d'une réponse maintenant.

— Alors, la réponse est non.

— Faites-moi plaisir, Joe. Rentrez chez vous et parlez-en d'abord avec votre famille. »

J'acceptai et, après avoir raccroché, j'appelai Jill et lui demandai de convoquer un conseil de famille. Ce soir-là, nous nous retrouvâmes tous les cinq.

La réaction de ma famille me surprit. Ils étaient tous favorables à l'idée. Beau et Hunt soulignèrent que je pouvais aider Obama à remporter les États clés de la Pennsylvanie, de l'Ohio et de la Floride, et que mon expérience en politique étrangère renforcerait notre candidature.

Jill se déclara soulagée par l'appel de Barack. Elle s'inquiétait, sur la base de confidences de démocrates bien informés, qu'Obama me recrute comme secrétaire d'État et que je passe les quatre prochaines années dans des avions et des capitales étrangères. La vice-présidence serait un nouveau défi pour toute la famille, dit-elle. Le fait que la résidence officielle du vice-président était à Washington lui plaisait aussi. Cela voulait dire que nous aurions un domicile à quelques minutes de celui de Hunt et ses trois filles, et un autre à quelques minutes de celui de Beau et ses deux enfants. Il n'y aurait plus de navette quotidienne de quatre heures comme au cours des trente-cinq dernières années quand le Sénat était en session, et je verrais davantage mes petits-enfants.

Autre argument de poids : même si ma participation était minime, j'aurais contribué à l'élection du premier Afro-Américain à la présidence des États-Unis – et d'un homme que je pensais pouvoir devenir un grand président. Le lendemain, lors d'une réunion familiale élargie, ma mère, âgée de quatre-vingt-dix ans, et qui avait été témoin de mon combat, toute ma vie, pour les droits civils et l'égalité raciale, l'exprima en ces termes : « Mon chéri, est-ce que je comprends bien : le premier

Afro-Américain dans l'histoire qui ait une chance d'être président dit qu'il a besoin de toi pour gagner et tu as dit non ? »

Malgré les encouragements de ma famille, la décision fut difficile à prendre. J'étais à Washington depuis longtemps, j'avais connu huit vice-présidents différents et je connaissais la chanson. Cette fonction a la longue histoire d'une bonne blague. Benjamin Franklin suggéra par exemple que l'on appelle le vice-président « Son Excellence Superflue ». Richard Nixon fut l'objet de la seule plaisanterie que Dwight Eisenhower ait jamais dû faire en huit ans de présidence. Durant la campagne âprement disputée entre Nixon et John F. Kennedy, on avait demandé à Eisenhower s'il pouvait décrire à la presse certaines des décisions majeures que son vice-président avait aidé à forger. « Si vous me donnez une semaine, il y en a bien une qui pourrait me venir à l'esprit », avait-il répondu. Quand Calvin Coolidge prit ses fonctions, son prédécesseur, Thomas Riley Marshall, lui envoya une petite note : « Je vous prie de recevoir mes sincères condoléances. » Marshall apporta à la fonction une humilité hors du commun et une lumineuse touche d'humour. Un vice-président est « un homme en crise cataleptique, dit-il un jour. Il ne peut pas parler, ni bouger, il ne souffre de rien, est parfaitement conscient de tout ce qui se passe mais n'y joue aucun rôle ». Il occupait le poste depuis peu de temps quand il commença à le décrire ainsi : « Une femme a deux fils ; l'un est parti courir les océans et l'autre a été élu vice-président ; on n'a jamais entendu reparler ni de l'un ni de l'autre. » Thomas Riley Marshall fut vice-président pendant huit ans, il aida à guider le pays durant la Première Guerre mondiale avant de tomber dans les oubliettes de l'histoire. Si le nom du vice-président sous Woodrow Wilson était une question à *Jeopardy!*, les amateurs de ce jeu télévisé inonderaient de plaintes le standard. Marshall sut conserver sa bonne humeur. Mais Nelson Rockefeller, lui, se montra amer au bout de seulement deux ans. « J'assiste aux funérailles, se plaignit-il, et j'accours après les tremblements de terre. »

Le plus venimeux de tous, pourtant, fut Daniel Webster, qui avait regimbé devant la proposition de son parti d'être le colistier de William Henry Harrison, en 1840. « Je ne souhaite pas être enterré avant d'être parfaitement mort et dans mon cercueil », déclara-t-il. Webster avait mal calculé les atouts du poste. Harrison allait devenir le premier président en exercice à mourir en cours de mandat, seulement un mois après sa prise de fonctions, ce qui aurait fait de Webster le président pour quatre ans. Huit ans plus tard, Webster déclina de nouveau la vice-présidence avant d'être le témoin de la mort de Zachary Taylor, après seize mois de mandat, le deuxième à mourir ainsi en cours de mandat.

Je me débattis un jour ou deux avec l'idée d'être le vice-président de qui que ce soit. Ce qui m'inquiétait le plus était d'être confronté à une chose inédite pour moi depuis presque quarante ans : travailler pour quelqu'un d'autre. Comme mon directeur de cabinet et vieil ami Ted Kaufman me le confia alors : « Je ne voudrais pas être dans le bureau du vice-président le jour où le directeur de cabinet du président entrera et vous assignera une tâche. » Je voyais bien ce qu'il voulait dire. « Je n'ai jamais eu de patron, dis-je à Jill. Je ne sais pas comment je réagirai. » Je dus le lui répéter plus d'une fois. « Que va-t-il se passer quand j'aurai à soutenir une politique gouvernementale avec laquelle je ne suis pas d'accord?»... « Ça va faire quoi d'être le numéro deux?» Jusqu'à ce que Jill finisse par me répondre: «Allons, Joe, il est temps de grandir.»

J'acceptai finalement d'être soumis au processus de vérification pour le poste, mais sans enthousiasme. L'équipe en charge d'enquêter sur moi fouilla dans mes finances pour s'assurer que je n'avais pas de conflit d'intérêts majeur. Ils examinèrent mes comptes en banque, mes biens, mes emprunts immobiliers, mes factures et d'autres dettes. Ils voulaient voir mes déclarations fiscales sur les dix dernières années, connaître toute activité parallèle que j'aurais pu avoir, le moindre portefeuille boursier. Il n'y avait pas grand-chose à trouver. Je n'avais aucun intérêt en affaires, je ne possédais ni actions ni titres. Nos avoirs se résumaient à notre maison et à ma retraite. Jill avait une retraite d'enseignante et des certificats de dépôt que sa mère lui avait donnés. «C'est tout?» demanda Obama aux enquêteurs. Lorsque je le revis, après la fin de cette procédure, il me regarda et plaisanta: «C'était la vérification la plus facile du monde. Vous ne possédez rien.»

La dernière des nombreuses sessions avec l'équipe de vérification se déroula dans mon bureau, juste à côté de l'hémicycle. Huit ou neuf avocats épluchèrent les derniers détails, posèrent d'ultimes questions. Comme la réunion se terminait, le responsable principal me dit:

«Une dernière question et nous en aurons fini. Pourquoi voulez-vous être le vice-président?

— Je ne le veux pas, répondis-je.

— Sérieusement, pourquoi voulez-vous l'être?

— Je ne veux pas être vice-président. S'il veut que je le sois et pense que cela peut aider, je le serai.»

Or, cette conversation revint aux oreilles de ma famille. Ils le prirent mal, pensant que j'essayais de saborder mes chances.

Je me souviens très précisément du moment où il m'apparut clairement que c'était la bonne décision à prendre. Barack m'avait demandé de prendre incognito un vol pour Minneapolis, à l'occasion d'un meeting électoral. Vêtu d'un jean, avec une casquette de baseball et des lunettes de soleil, je fus discrètement introduit dans la suite d'un hôtel où nous eûmes la plus importante conversation de notre jeune relation. Depuis les débats de la campagne des primaires, et pour avoir travaillé avec lui à la commission des Affaires étrangères, je savais déjà que nous n'avions pas de différend significatif sur ces questions-là. S'il y avait de légers désaccords, ils étaient d'ordre tactique. Je lui demandai cependant s'il était sérieux quand il disait souhaiter que je l'aide à gouverner, notamment en matière de politique étrangère. Il me répondit par l'affirmative. Je lui demandai aussi s'il était sérieux quand il posait la réhabilitation des classes moyennes comme la question centrale de sa présidence. « Oui, dit-il, on ne peut plus. »

Je le crus. J'étais convaincu qu'il était sincère, profondément honnête, et qu'il tiendrait parole. J'étais aussi convaincu qu'il pouvait être un excellent président.

Lors de cette réunion clandestine, Barack me demanda quels étaient les domaines sur lesquels je souhaiterais avoir l'initiative. Je répondis qu'il n'y avait pas de domaine particulier. Après trente-cinq ans au Sénat à être impliqué sur presque tous les sujets importants, je sentais que je pouvais offrir beaucoup plus. Je voulais avoir un avis à donner sur *tous* les sujets. Je ferais ce dont il avait le plus besoin, lui dis-je, et je promis de soutenir et défendre énergiquement sa politique. Mais je voulais davantage qu'une sélection de tâches spécifiques délimitant strictement mes fonctions. « Je veux être le dernier à donner mon avis sur toutes les décisions importantes, lui dis-je. Vous serez le président. Je ne le serai pas. Je sais cela. Mais, si c'est mon expérience que vous cherchez, je veux être le dernier à m'exprimer sur tous les dossiers. »

Un dernier point concernait ma place au sein de l'équipe incroyablement efficace que Barack avait constituée autour de lui. Il était clair qu'il y attachait de l'importance. Il me demanda de rencontrer son directeur de campagne et son responsable de la stratégie pour évoquer mon rôle dans la campagne. Tous deux prirent discrètement un avion privé en direction de l'aéroport de New Castle, où Beau et Jill les récupérèrent pour les emmener à la maison de ma sœur, de façon à ne pas alerter la presse. Cette réunion était importante et lorsque nous nous sommes séparés, je pense que nous étions tous deux convaincus que cela allait fonctionner.

J'attendais dans la salle d'accueil que Jill sorte du cabinet de son dentiste quand Barack m'appela pour m'annoncer sa décision finale. Il me demanda d'être son colistier et j'acceptai sans hésitation. Je dis oui avec plaisir.

« Je m'en réjouis, répondit-il.

— Moi aussi. »

Une demi-heure plus tard, Jill et moi étions de retour chez nous pour trouver Ashley assise dans la cuisine. Elle dut voir quelque chose sur nos visages.

« Papa, dit-elle, il a appelé, n'est-ce pas ?

— Oui.

— Et tu as dit oui ?

— Comme je te l'avais dit, ma chérie. Oui, j'ai accepté. »

Elle sauta dans mes bras.

« Papa, tu sais que tu aimes toujours citer le poème de Seamus Heaney », me dit-elle.

Je crois que tout le monde dans la famille pourrait réciter par cœur *The Cure at Troy* pour m'avoir entendu le citer tant de fois au cours des années :

L'histoire dit : N'espère rien
De ce côté de la tombe.
Mais un jour, une fois dans la vie
La marée tant attendue
De la justice se gonfle
Et histoire rime avec espoir.

« Papa, il s'agit d'histoire et d'espoir.

— Oh, formidable : il est l'espoir, je suis l'histoire ! » répliquai-je en blaguant.

Mais je comprenais ce qu'elle voulait dire et je me réjouissais de la voir heureuse. Nous appelâmes toute la famille pour leur annoncer la nouvelle. J'étais convaincu que nous avions pris la bonne décision.

Dans la perspective de la vice-présidence, j'avais appelé Walter Mondale pour lui demander conseil et il m'avait dit que son déjeuner hebdomadaire avec le président Jimmy Carter s'était révélé être la pierre angulaire de leur relation de travail. Barack et moi décidâmes donc de suivre ce conseil pour nous assurer de nous voir régulièrement et de discuter en privé, avec la plus grande franchise, de tout ce qui pouvait nous préoccuper. Nous eûmes le premier de nos déjeuners au cours du premier mois à la Maison-Blanche. Six ans plus tard, j'attendais encore ce rendez-vous avec impatience.

Ce n'était naturellement pas le seul moment que nous passions ensemble. Dès le début, il m'inclut dans toutes les réunions clés. Nous dûmes passer mille heures dans la Salle des opérations. Cela commençait chaque jour dans le Bureau ovale pour le point quotidien avec les services de renseignement. J'assistais à la réunion hebdomadaire du comité directeur de son équipe pour la sécurité nationale, aux réunions avec les conseillers diplomatiques et économiques, à ses discussions bilatérales avec les chefs d'État en visite, aux rendez-vous avec les dirigeants du Congrès. Il me fallut peu de temps pour comprendre que ce n'était pas une simple question de forme. Le président voulait mon avis sur tout ce qui se passait et il voulait que je sois près de lui. Toute personne, pratiquement, qui se trouve en contact avec un président a soif de quelque chose – parfois rien d'autre qu'une reconnaissance, ou être mis à l'aise, mais surtout être entendu. Barack n'y échappait pas et ce peut être épuisant. « Pourquoi ont-ils besoin d'autant d'attention ? se plaignait-il un jour auprès de moi, après le départ d'une délégation du Congrès. Ils doivent tout le temps être rassurés. » Il connaissait la réponse mais il trouvait frustrants le temps et l'énergie que cela exigeait. Et il était heureux que je sois là pour prendre une part du fardeau.

Un jour, vers la fin de notre premier mandat, l'une de ses plus anciennes assistantes personnelles m'avoua que, par curiosité, elle avait calculé que le président et moi-même passions environ quatre heures et demie ensemble les jours où nous étions tous deux à Washington. Je ne suis pas certain que ni lui ni moi ayons eu le loisir de passer autant de temps éveillé avec nos épouses ces jours-là. Mais à part quelques instants fugaces entre deux réunions, nous étions rarement tous les deux seuls. Nos déjeuners étaient donc ce moment où nous pouvions parler franchement, sans crainte d'être entendus. Nous pouvions discuter des questions les plus cruciales auxquelles étaient confrontés le gouvernement, le pays et le monde. Et nous pouvions parler de sujets personnels. Si l'un d'entre nous avait agacé ou déçu l'autre, ce déjeuner hebdomadaire servait à assainir l'atmosphère. L'incident était rare. Même une « gaffe de Biden » qui avait mis sens dessus dessous la Maison-Blanche et l'équipe de campagne de 2012 – quand je m'étais avancé devant le président pour déclarer à *Meet the Press* que j'étais « absolument à l'aise » avec le mariage gay et que les couples gay avaient les mêmes droits et libertés civils que les couples hétérosexuels – ne provoqua pas de vraie turbulence entre nous. Le lendemain, lorsque j'étais entré dans le Bureau ovale, le président s'était levé et avait contourné son bureau avec un grand sourire. « Eh bien, Joe, m'avait-il dit, vous m'aviez dit que vous ne porteriez pas de drôle de chapeau et ne changeriez pas de marque. » S'amusant du fait que j'avais causé un tumulte général, il dit que la campagne avait en effet du pain sur la planche, mais il ne me reprocha pas d'avoir exprimé ce que je pensais sur un sujet qui me tenait à cœur.

Lors de nos déjeuners, la conversation était aussi souvent personnelle. Nous parlions de nos épouses, de la relation étroite entre ses filles et mes petits-enfants, et de ce qu'ils vivaient. Nous parlions de golf.

« Vous savez ce qui m'a surpris ? me dit-il, en début de mandat, lors d'un de ces déjeuners. C'est la manière dont nous sommes devenus de si bons amis.

— C'est vous qui avez été surpris », répondis-je en plaisantant.

Ce 5 janvier 2015, quand je pénétrai dans le Bureau ovale pour notre déjeuner hebdomadaire, près de six ans et demi après avoir accepté la vice-présidence, le président Obama se trouvait, comme d'habitude, à son bureau. « Bon, z'avez faim ? » me demanda-t-il en m'accompagnant à travers la petite pièce attenante au bureau principal, en direction de sa salle à manger privée. Le cadre était formel. Le président n'avait conservé que peu d'objets personnels dans la pièce – quelques photos de ses filles, une paire de gants de boxe rouges dans une boîte en verre signée Mohammed Ali. Nous ôtâmes nos vestes et nous dirigeâmes respectivement vers chaque bout de la table en acajou de 1,80 mètre de long. Il me complimenta sur le travail accompli à la messe du souvenir pour la police, à New York.

« Que m'avez-vous apporté au menu aujourd'hui ? », demanda-t-il en s'asseyant.

Barack venait de rentrer de ses vacances de Noël à Hawaï et il semblait encore plus détendu qu'à l'accoutumée. Les dernières élections législatives de sa carrière politique étaient derrière lui ; elles ne s'étaient pas bien déroulées pour les démocrates mais le président n'aurait plus jamais à être jugé par les électeurs. Il lui restait deux années au pouvoir et il était décidé à ce qu'elles comptent. Nous pouvions accomplir de grandes choses et il souhaitait me consulter sur une liste des priorités. Le président était l'une des rares personnes à qui j'avais parlé du cancer de Beau. Je m'étais senti de l'en informer car je devais parfois prendre discrètement un vol pour Houston ou pour Philadelphie, et Beau souhaitait que cela demeure privé. Il ne voulait pas que la presse en parle et Barack le comprenait parfaitement. Je savais que je pouvais compter sur lui pour ne rien dévoiler. Mais je savais aussi qu'il continuait d'avoir besoin de moi, car toutes les initiatives majeures dont j'étais responsable ne pouvaient pas être confiées facilement à quelqu'un d'autre. Je voulais le rassurer sur le fait qu'il pouvait compter sur moi et que je ne laisserais rien passer entre les mailles du filet.

Le pouvoir de la présidence a considérablement augmenté depuis que je suis à Washington, tout comme les attentes publiques sur ce qu'un président peut et devrait accomplir. La gravité des dossiers auxquels il est confronté chaque semaine est écrasante ; rien n'arrive sur le bureau du président qui ne soit capital et urgent. Et dès le premier jour de son investiture, mis à part une pluie de sauterelles, tout a atterri sur la table du jeune président. Barack Obama a prêté serment au milieu de la pire crise financière mondiale depuis quatre générations. La situation était si critique que l'ensemble de l'équipe chargée de l'économie s'est réunie chaque jour pendant une heure dans le Bureau ovale pour définir les actions à mener pour faire face à la crise. « Quoi que nous fassions, nous dit l'économiste en chef peu de temps après notre investiture, nous allons continuer à perdre des centaines de milliers d'emplois par mois, pendant au moins six mois. » De grandes banques étaient en train de péricliter. L'économie penchait dangereusement vers le gouffre. Des Américains perdaient leur maison, leur assurance santé et les économies d'une vie. Ils perdaient espoir. La baisse des impôts sur le revenu restreignait le gouvernement fédéral, celui des États et des autorités locales. Des villes étaient au bord de la faillite, contraintes de licencier tant d'enseignants et de policiers que les piliers américains de l'éducation et de la sécurité chancelaient. Le président héritait également de guerres intenses en Irak et en Afghanistan, sans stratégie victorieuse ni dans l'un ni dans l'autre. Les guerres nous coûtaient presque 15 milliards de dollars par mois au moment où nous pouvions le moins nous le permettre.

Barack Obama, aussi talentueux et capable qu'il soit, ne pouvait pas tout faire. Comme tous les présidents contemporains, il fut obligé de déléguer de grands pans de l'exécutif à ses ministres, ses experts de la sécurité nationale, son directeur de cabinet et son vice-président. Cela exigeait la confiance. Or, il était clair, aux yeux de tous ceux qui le connaissaient, que le président Obama ne plaçait pas facilement sa confiance dans les autres. Il « voyage léger », dit de lui un membre du personnel. L'avènement politique improbable d'Obama – en 2003, il était un élu peu connu du sud de Chicago ; cinq ans plus tard, il était président des États-Unis – était en partie dû au fait qu'il voyageait effectivement léger. Barack Obama ne semblait appartenir à personne sauf à Michelle et ses filles – ni aux financeurs de la campagne, ni aux dirigeants syndicaux, ni aux organisations de défense des droits civils, ni même aux amis. Je pense que les électeurs sentirent qu'il n'autoriserait pas une dette politique, l'identité raciale, une attache personnelle ou l'émotion obscurcir son jugement sur toute décision importante. Ils pensaient vraiment qu'il trancherait comme il l'entendait.

Le président avait un autre atout : une confiance en lui quasiment absolue. Contrairement à la plupart des gens que je connais, le sens qu'il a de sa valeur propre paraît totalement indépendant de ce que les autres pensent de lui. Il n'est presque jamais froissé par les affronts et les critiques injustes que je l'ai vu recevoir. J'ai parfois été tellement irrité par la façon dont certains lui manquaient de respect – dans le Bureau ovale même – que j'étais prêt à leur rentrer dedans. Barack savait quand j'étais en colère pour lui et il me disait parfois de garder mon calme. « Hé, Joe, disait-il alors, il faut savoir prendre le bon avec le mauvais. » Je savais qu'il pouvait très bien se défendre s'il en éprouvait le besoin et, en général, je laissais passer, mais il arrivait que je ne puisse pas tenir. « Ne parlez pas ainsi du président, disais-je. Nous allons avoir un problème. »

Parfois, bien sûr, le président me contraria lui aussi. Mais en huit ans d'observation étroite, il ne me donna jamais de raison de douter de son sens stratégique. Il y eut rarement un décalage entre nous. Parfois, je le trouvais réfléchi à l'excès. « Faites confiance à votre instinct, monsieur le président », lui disais-je. J'ai appris au fil des années que, pour des décisions qui doivent être prises rapidement, un président ne disposera jamais de plus de 70 % de l'information nécessaire. Une fois qu'on a consulté experts, statistiques, données et services de renseignement, on doit savoir se fier à son instinct.

Nous avons parfois été en désaccord mais, quand je l'ai contrarié, je l'ai appris en privé, pas au journal télévisé du soir. J'ai apprécié qu'il soit droit avec moi. Et les quelques fois où j'ai été énervé contre lui, je lui ai exprimé ma colère honnêtement et directement. Je n'y suis pas allé par quatre chemins. Entre amis, cela fonctionne ainsi. On est francs. Je crois d'ailleurs que ces moments ont renforcé notre relation.

Il me semble qu'il m'a traité comme son égal, autant qu'un président puisse le faire. Il ne m'a jamais donné d'ordre. « Je ne gère pas le calendrier de Joe, disait-il, et Joe ne gère pas le mien. » Et le plus important pour moi, il a honoré la demande que j'avais formulée avant d'accepter son offre de devenir son vice-président. On raconte que, blaguant avec son équipe de campagne, Obama aimait dire m'avoir prévenu : « Joe, je veux votre avis. Je le veux juste en segments de dix minutes, pas soixante. » Mais il a respecté sa part du contrat, de bout en bout. J'étais la dernière personne à qui il demandait son avis avant de prendre une décision importante.

J'ai offert ce que je pouvais en conseils et leçons de sagesse et j'ai aussi essayé de donner de simples encouragements. Le poids de la présidence pèse sur chaque occupant du poste et il est arrivé que Barack ploie. Il devenait alors plus silencieux, était davantage plongé dans ses pensées et plus renfermé. Son regard se faisait distant. Quand je le voyais commencer à se retirer ainsi, je m'assurais toujours de rester dans le Bureau ovale avant la réunion suivante. J'attendais que tout le monde fût sorti et fermais la porte derrière eux. « Souvenez-vous, monsieur le président, lui disais-je quand nous nous retrouvions tous les deux, le pays ne peut pas avoir plus d'espoir que son président. Ne faites pas de moi l'Espoir. C'est vous qui devez y aller et incarner l'Espoir. »

Nous avons passé tellement de temps ensemble que nous avons développé un langage des signes et un humour à nous pour atténuer la pression. Parfois, il méditait à voix haute : pourquoi le sénateur X fait ceci ? Et pourquoi le député Y fait cela ? C'était tellement gratuit, ou tellement inutile, ou si impoli. Pourquoi ? Je lui parlai alors de mon oncle Ed Finnegan qui avait une réponse à ce genre de questions qui, sans être spécifique, était toujours satisfaisante. « Tu sais, Joey, me disait-il, les trous du cul, ça ne se discute pas. » La formule d'oncle Ed devint un code entre nous. Un jour, un chef d'État étranger en visite à la Maison-Blanche se pavanait en entrant dans le Bureau ovale et l'une des premières choses qui lui sortirent de la bouche fut : « On dit que je suis fort, Barack, et que vous êtes faible. Je réponds non, non, que vous aussi, vous êtes fort. » Nous nous regardâmes l'un l'autre et le président, toujours calme, leva un sourcil et me dit : « Oncle Ed. »

Dès le début, le président me confia de nombreuses tâches sans me surveiller. Quelques semaines après notre investiture, lors d'une réunion sur la politique étrangère et la sécurité nationale, les principaux conseillers diplomatiques du président se dirent prêts à présenter un plan pour tenir les promesses annoncées pendant la campagne à propos de l'Irak. Le président se tourna vers eux et déclara : « Joe va s'occuper de l'Irak. Il connaît. Il connaît les acteurs. »

Il me transforma en shérif de notre première loi majeure, promulguée moins d'un mois après notre prise de fonctions : la loi de 2009 sur la relance et le réinvestissement. Il me chargea d'obtenir les voix nécessaires au Congrès, puis me laissa contrôler que les 787 milliards de dollars alloués au plan de relance étaient rapidement et bien dépensés, en évitant le gâchis et les détournements qui accompagnent toujours les gros investissements publics. Lorsque les négociations budgétaires entre le président et le président de la Chambre des représentants, un républicain, ou celles entre dirigeants du Congrès, atteignirent le stade de l'irréparable, le président m'envoya au Capitole pour trouver un accord avec mes anciens collègues et m'assurer qu'un vote soit possible. Quand Vladimir Poutine entama sa campagne de déstabilisation de l'Ukraine, le président me confia l'Ukraine. Quand des enfants non accompagnés se mirent à affluer à la frontière depuis le triangle du nord de l'Amérique centrale, il se tourna vers moi pour me dire : « Joe, vous devez régler ça. »

Peu de temps après, le président me demanda de reprendre l'entreprise de réparation de nos relations flageolantes avec l'ensemble des Amériques – le triangle du Nord, le Brésil, les Caraïbes, tout. « Joe, vous pouvez le faire, me dit-il en riant. Vous êtes doué pour vous faire de nouveaux amis. Et on est sur le même fuseau horaire. » Je ne relevai pas que nous ne sommes pas sur le même fuseau horaire que la plupart du continent. Je me contentai d'accepter cette nouvelle mission. Et il savait que je n'abandonnerais pas.

Le président ne me le dit jamais lui-même directement mais, vers la fin du premier mandat, à l'occasion d'une conversation tandis que nous cheminions pour un événement à Chicago, Michelle Obama me confia : « Il vous fait confiance, Joe. »

Cette confiance était mutuelle et elle devint progressivement plus que simplement professionnelle. Je ressentis que je pouvais également me fier à lui. En dehors de la famille, Barack fut la première personne que je mis au courant de la maladie de Beau. En 2013, nous nous trouvions ensemble pour un meeting politique à Scranton, en Pennsylvanie, la ville où je suis né. C'était le lendemain de notre première et éprouvante visite au Centre de cancérologie MD Anderson, à Houston. Le meeting, qui rassemblait des milliers de personnes, offrait l'occasion au président de dire des choses qu'il n'aurait jamais été capable d'exprimer en privé. «Aujourd'hui est un jour spécial pour Joe et moi, lança-t-il à la foule, car il y a cinq ans, le 23 août 2008, j'annonçais à Springfield, chez moi dans l'Illinois, que Joe Biden serait mon colistier. Et c'est la meilleure décision que j'aie jamais prise, politiquement, parce que j'aime cet homme… Et je veux donc que vous sachiez combien j'ai de la chance d'avoir Joe – pas seulement comme colistier mais comme ami. Et on adore sa famille.»

Le diagnostic était tombé seize mois plus tôt et, en dehors de la famille, j'avais fait attention à ne révéler à personne le caractère désespéré de la situation de Beau, pas même au président. Ce dernier se doutait que Beau était dans une situation difficile mais il n'insistait jamais. Et je n'en parlais que rarement.

Pourtant, au milieu de 2014, quand l'aphasie de Beau s'aggrava, je m'inquiétai que sa maladie n'affecte finalement ses fonctions cognitives. Connaissant Beau, Hunt et moi craignîmes qu'il se sente tenu de démissionner avant la fin de son mandat de procureur général. Son seul revenu était alors son salaire. J'en parlai au président lors d'un de nos déjeuners en tête-à-tête.

« Qu'allez-vous faire ? me demanda-t-il.

— Ma foi, il n'a pas beaucoup d'argent mais nous, ça va, répondis-je. S'il le faut, Jill et moi pouvons contracter une deuxième hypothèque sur notre maison à Wilmington. Ça ira.

— Ne faites pas cela », dit Barack, avec une fermeté qui me surprit.

Je vis que l'émotion l'étreignait. Puis il se leva, vint se mettre derrière moi et posa ses mains sur mes épaules. « Je vous prêterai l'argent. Je l'ai. Vous me rembourserez quand vous pourrez. »

Le 5 janvier 2015, nous consacrâmes la première partie du déjeuner à passer en revue certaines des grandes initiatives que je coordonnais alors : l'Irak, l'Ukraine et l'Amérique centrale. Elles étaient devenues trois des priorités du gouvernement en matière de politique étrangère. Le président avait récemment annoncé sa stratégie globale et à long terme contre le terrorisme, afin de réduire et finalement détruire l'État islamique en Irak, en Syrie et à travers le Moyen-Orient. Je travaillais avec le nouveau Premier ministre irakien pour consolider son gouvernement de coalition et lui obtenir les ressources dont il avait besoin pour refouler certaines offensives de l'EI dans ce pays. J'essayais de convaincre le président et le Premier ministre de Turquie de devenir plus actifs dans la lutte contre l'EI en Syrie. Mes services préparaient déjà mon voyage, début février, pour la Conférence annuelle sur la sécurité, à Munich, où il me fallait pousser nos alliés de l'Otan à soutenir davantage l'Ukraine dans son combat contre Poutine. Quelques semaines plus tard, je partais au Guatemala pour un sommet de deux jours avec les dirigeants des pays du triangle du Nord. Ma tâche était de les persuader d'opérer les choix politiques difficiles pouvant convaincre le Congrès des États-Unis de financer l'Alliance pour la prospérité.

Vers la fin du déjeuner, la discussion bifurqua, comme toujours, vers des sujets plus personnels. Barack s'inquiétait toujours de savoir si je serais candidat à la présidence ou non. Pour diverses raisons, il avait discrètement pesé contre. D'abord, le président trouvait que les médias s'intéressaient de plus en plus au théâtre de la politique plutôt qu'à la politique elle-même. À l'instant où j'annoncerais ma candidature, nous savions que la couverture de la West Wing passerait de son agenda à mes chances d'être élu. Je pense également qu'il était quasiment convaincu qu'Hillary Clinton serait choisie, ce qui lui convenait. Il la trouvait remarquablement intelligente, bien préparée, et elle était soutenue par la formidable machine de campagne que les Clinton avaient passé quarante ans à concevoir. Pressé par les journalistes de choisir entre Hillary et moi, le président avait pris la position d'un roi Salomon. « Hillary comme Joe feraient de remarquables présidents et possèdent les qualités nécessaires pour l'être, avait-il déclaré. Leurs points forts sont différents mais tous deux seraient remarquables. » Je savais cependant que d'anciens membres du personnel, voire quelques-uns qui en faisaient toujours partie, penchaient pour Clinton.

En janvier 2015, le président était persuadé que je ne battrais pas Hillary et il s'inquiétait d'une longue bataille lors des primaires qui diviserait le parti et fragiliserait le candidat démocrate aux élections. Plus que tout, il ne voulait pas voir un républicain à la

Maison-Blanche en 2017. Je le comprenais et ne le contestais pas sur ce point. Son héritage était en jeu et une part significative de celui-ci n'était pas encore gravée dans le marbre. Je ne croyais pas possible qu'une administration républicaine puisse revenir sur le programme d'assurance santé historique ou sur la loi sur la violence contre les femmes, ou encore sur les acquis de la communauté LGBT. Mais nous savions tous deux que si un républicain gagnait la présidence, il pourrait vraiment détruire le legs de Barack en politique étrangère. Aucun de nous ne le souhaitait. Je crois que le président était aussi soucieux du fait que, si je me portais candidat et échouais, cela pourrait affecter mon propre héritage. Enfin, je crois qu'il s'interrogeait sur ma capacité à m'acquitter de mon travail de vice-président et à faire campagne, au moment même où Beau se battait contre son cancer du cerveau.

Ce jour-là, quand Barack aborda le sujet, il le fit avec délicatesse. « Si je pouvais nommer quelqu'un à la présidence pour les huit prochaines années, ce serait vous, Joe, me confia-t-il. Nous partageons les mêmes valeurs, la même vision, les mêmes buts. Vous avez gagné le droit de prendre votre décision comme vous le sentez. »

Je lui dis qu'après l'avoir observé dans cette fonction au cours des six dernières années, je ne désirais pas vivre à la Maison-Blanche. « C'est le plus grand enfermement qui soit », commenta-t-il, sans changer de sujet. Il était presque dans une rêverie sur son propre avenir. Les vacances de Noël lui avaient permis pour la première fois de se faire une idée de ce à quoi les vingt-cinq prochaines années pourraient ressembler. « Je pense pouvoir accomplir davantage qu'en tant que président », me confia-t-il.

Il savait à quoi il souhaitait consacrer le reste de sa vie. « Joe, y avez-vous réfléchi ? À quoi voulez-vous consacrer le reste de votre vie ? »

À quoi voulais-je consacrer le reste de ma vie ? Il m'était difficile de répondre à cette question ce jour-là. J'aurais aimé pouvoir dire : « Bien sûr, je peux aussi aller contempler le coucher de soleil et en être comblé. » Mais ce n'était pas si simple pour moi. En partie par fierté : si je décidais de ne pas être candidat, je devais être en mesure de me regarder dans la glace en sachant que ce n'était pas par peur de perdre ou par peur du poste. Je ne pourrais pas vivre avec une telle idée. La question d'être candidat était également intrinsèquement liée à Beau, au fait d'avoir un but et d'avoir de l'espoir. Abandonner la course à la présidence c'était comme dire qu'on ne croyait plus en Beau. « On ne peut pas perdre espoir, Joe, me rappelait Jill. On ne peut pas perdre espoir. » La simple perspective d'une campagne présidentielle, que Beau souhaitait, nous donnait un but et un espoir – une manière de défier le sort.

À quoi voulais-je consacrer le reste de ma vie ? Barack Obama était mon ami mais je me sentais incapable de pleinement me confier à lui. Je lui expliquai où j'en étais. J'avais deux options. Je pouvais profiter de dix bonnes années avec ma famille, en posant les fondations d'une sécurité financière pour eux et en passant plus de temps avec eux. Ou je pouvais passer dix ans à contribuer à améliorer le pays et le monde. « Si la seconde option est à portée de main, lui dis-je, je pense que c'est ainsi que je devrais passer le restant de ma vie. »

5

Rester actif

Je savais, ce lundi-là, que la semaine allait être difficile à tous points de vue. Le lendemain, le 3 février 2015, Beau fêtait ses quarante-six ans, même s'il ne voulait pas que j'y accorde trop d'importance. Il attendait de moi que je continue de bien accomplir mon travail pendant qu'il luttait pour la vie. Ses efforts, acharnés mais discrets, étaient une source d'inspiration. Il avait déjà dépassé l'espérance de vie de douze à quatorze mois d'une personne affectée d'un glioblastome multiforme. Et le scanner le plus récent ne montrait pas de trace claire de multiplication des quelques cellules que le Dr Sawaya n'avait pas été en mesure de retirer. Le simple fait que Beau tienne bon et soit déterminé à tout faire pour s'en sortir remplissait la famille d'espoir. Dès le début, à la fin de l'été 2013, il avait choisi le programme le plus agressif que pouvait proposer un oncologue. Quand le Dr Yung lui recommanda d'endurer une triple dose de Temodar de la chimiothérapie courante, tout en prenant part au premier essai réel d'un traitement expérimental visant à stimuler les effets du Temodar, Beau répondit: «Allons-y.» Quelques mois plus tard, lorsque le Dr Yung suggéra d'y ajouter un nouveau médicament prometteur mais encore non approuvé pour combattre une mutation qui rendait cette tumeur si virulente, Beau répondit: «Allons-y.» Le Dr Yung le prévint que, s'il était prouvé que le médicament fonctionnait sur des expérimentations animales, aucune étude sur l'homme ne le corroborait. Il pouvait y avoir de désagréables effets secondaires. «Si une éruption cutanée survient, répliqua Beau, je porterai des manches longues et une casquette de baseball. Tout est bon.»

En avril 2014, au bout de huit mois de traitement, Beau commença à éprouver des difficultés d'élocution et les médecins ne savaient pas avec certitude, à partir des scanners, si les difficultés étaient causées par une nouvelle poussée de la tumeur ou par les effets retardés d'une séance de six semaines de radiations. Après avoir reçu une autorisation spéciale de la compagnie pharmaceutique, le Dr Yung demanda à Beau s'il pouvait commencer à prendre un médicament dûment testé qui pourrait réduire le gonflement et colmater des vaisseaux sanguins perméables autour du lit de la tumeur. Beau répondit: «Allons-y.» Ce nouveau traitement était donné en intraveineuse et la grosse aiguille pouvait être incroyablement douloureuse, mais Beau ne se plaignit jamais. Jill en était pourtant consciente et elle l'accompagna dans cette procédure hebdomadaire à Philadelphie pour s'assurer qu'il bénéficiait de l'infirmière la plus délicate et la plus expérimentée dans la pose des perfusions.

Quelques temps plus tard, au cours de l'été 2014, Beau partit acheter un nouveau et coûteux bateau à moteur pour emmener Natalie et Hunter dans de longues journées de pêche sur le fleuve Susquehanna ou dans la baie de Chesapeake. Beau aimait être sur l'eau – le visage éclaboussé, la canne à pêche à la main – et il avait été précautionneux avec son argent au gré des années. Je ne lui fis aucune remarque, ni personne d'autre, mais Jill et moi nous demandions s'il n'était pas en train d'accepter l'idée qu'il ne lui restait plus beaucoup de temps. Pourquoi attendre demain si demain ne vient pas ? Pourtant, il était très facile d'écarter cette angoisse en le voyant. Il avait toujours l'air en forme. Il continuait de pratiquer le sport. Et nous croyions tous, comme lui, que s'il parvenait à tenir assez longtemps, la science pourrait vaincre sa maladie. Les recherches dans le domaine étaient si nombreuses. Une découverte capitale pourrait survenir, se disait-on, voire un remède.

Beau était demeuré solide tout l'été, jusqu'en août 2014, exactement un an après le diagnostic, quand il perdit soudain des forces et sentit que son bras droit et sa jambe droite s'engourdissaient. Il ne se plaignit pas. Il ne paniqua pas. « C'est quoi, la prochaine étape ? demanda-t-il à l'oncologue. Comment lutte-t-on contre ça ? » Le Dr Yung lui suggéra un autre médicament plus puissant, avec des effets secondaires probables, dont les nausées, la fatigue, les ulcères buccaux et une perte de l'appétit. Ce médicament augmenterait aussi le risque d'infections, d'anémie et d'autres maladies du sang plus graves. « D'accord, docteur, dit Beau, allons-y. » Je savais qu'il devait se sentir frustré. Il ne contrôlait pas vraiment ce que la maladie ou le traitement causaient à son corps, ni sa production sanguine, ni ce que montraient les scanners tous les deux mois, ni le moment et l'agressivité avec laquelle sa tumeur pouvait recommencer à grossir. Ce qu'il pouvait contrôler, il l'accomplissait. Il continuait son travail de procureur général du Delaware, avec succès. Son bureau avait conclu avec la Bank of America un accord portant sur 45 millions de dollars pour mauvaise conduite avant, pendant et après la crise financière de 2008. Pour l'État et ses résidents, cela élevait à 180 millions le montant total récupéré auprès des banques. Il avait persuadé quarante-trois autres procureurs généraux de se joindre à lui pour demander une enveloppe fédérale en soutien aux victimes de pédopornographie. L'Unité spéciale de lutte contre la pédophilie créée et supervisée par Beau avait alors arrêté et condamné plus de 200 auteurs de sévices sur enfants et délivré 129 enfants de situations d'abus. « Je me suis concentré depuis le début sur la protection des plus vulnérables parmi nous, déclara-t-il, et personne n'est plus vulnérable que nos enfants. »

Beau continuait de rentrer chez lui le soir pour être avec Hallie, Natalie et Hunter. « Chaque soir, je fais la lecture à mes enfants, confia-t-il à Eva Lu Lee, l'infirmière spécialisée qui s'occupait de lui à Houston, la première fois où ils se rencontrèrent. J'ai besoin d'avoir le temps de lire pour mes enfants. » Lors de notre voyage familial aux monts Teton, il insista pour aller jusqu'au bout d'un magnifique sentier de montagne, malgré une jambe faible avec laquelle il devait lutter. Hormis auprès de son frère Hunter, Beau refusa d'accabler qui que ce soit de ses peurs, pas même sa mère ni moi.

Le lendemain, 3 février 2015, était donc son quarante-sixième anniversaire mais il ne voulait pas en faire grand cas. Il rappela d'ailleurs à Jill que c'était l'année de Hunter. L'anniversaire de Hunt tombait le lendemain de celui de Beau et ils avaient toujours choisi le menu une année sur deux. « Une tourte au poulet, maman ? demanda Hunter. Faite maison. »

Mon emploi du temps était plein cette semaine-là, comme presque toutes les semaines depuis le diagnostic de Beau. C'était ainsi que je l'avais voulu. De retour à Washington après avoir appris le cancer du cerveau de Beau, j'avais convoqué mon directeur de cabinet, Steve Ricchetti. Ce dernier savait que toute la famille s'était rendue avec Beau à l'Institut Anderson et que nous étions revenus avec de mauvaises nouvelles. Mais il ignorait à quel point elles étaient mauvaises. « Je vous dis juste que c'est très grave et que ça va être une période très difficile, dis-je à Steve alors que nous nous asseyions dans mon bureau de la West Wing. La seule façon pour moi de traverser cela est que vous me mainteniez occupé. Fixez-moi des rendez-vous. Essayez de tout garder comme d'habitude. Donnez-moi du travail. »

De nature accommodante, Steve avait démontré qu'il était prêt à faire presque tout ce que je lui demandais, mais, au regard qu'il me porta, je compris que ma requête allait à l'encontre de son instinct humain. « Écoutez, Steve, cela va aussi vous coûter mais je vous supplie d'agir ainsi avec moi, lui dis-je. Je sais ce qui est le mieux pour moi car, malheureusement, je l'ai déjà traversé. La seule façon de m'en sortir a été de rester actif, de garder mon esprit concentré sur le travail, autant que faire se peut. »

Steve répondit qu'il ferait tout ce que je lui demanderais et il tint parole. Au cours des dix-huit mois qui suivirent, Jill le prit à part quelquefois pour lui dire: «Joe travaille trop. Il est épuisé. Il ne dort pas. Ça va le tuer.» Cela mit Steve dans une position délicate. Il était d'accord avec Jill. Il lui arrivait de penser que mon emploi du temps était à la limite de la cruauté mais ses ordres étaient stricts. Il pensait aussi qu'une de mes raisons pour répondre sans faille aux exigences de mes fonctions résidait dans l'envie de prouver à Beau, Hunt et Ashley que j'allais bien. Que j'étais toujours capable de faire face à tout ce qu'on me demandait.

«Je serais heureux de faire tout ce qu'il voudra bien me laisser faire», dit Steve à Jill, avec tact. Et alors tous deux conspirèrent pour que je lâche un peu la bride pendant quelque temps. Je les écoutais me demander de renoncer à plusieurs événements ou réunions, avant de replonger dans des journées de quinze ou seize heures de travail. Jill rappela alors Steve. «Il faut que ça cesse», lui dit-elle. Steve était d'accord. Parfois, lorsque nous étions seuls à la maison, Jill me le disait elle-même: «Tu dois t'arrêter, Joe. Tu vas t'épuiser et tu vas tomber malade. Je suis vraiment inquiète pour toi.» Seulement, il me fallut un peu de temps pour en convenir.

Tel que je voyais les choses, Steve et Jill se faisaient trop de mouron. En consultant mon emploi du temps de cette première semaine de février 2015, je notai que c'était chargé, que certaines choses étaient vraiment importantes, mais que le tout était faisable. Ma fiche du jour, ce lundi, paraissait même un peu légère: une série de réunions à la Maison-Blanche et le déjeuner avec le président. Mais je partais à l'étranger trois jours plus tard et je souhaitais terminer des dossiers en cours avant. Lundi était donc le meilleur moment pour me concentrer sur quelques affaires sérieuses liées au Congrès. La première était le maintien de nos relations avec le parti d'opposition. Je contactai le nouveau chef de la majorité républicaine à la Chambre pour l'inviter au petit-déjeuner à l'Observatoire naval, où nous pourrions discuter en privé de la façon de trouver un terrain d'entente sur le budget, les dépenses en infrastructures ou la législation sur l'immigration. J'avais beaucoup travaillé au développement de ma relation avec le chef de la majorité Eric Cantor mais celui-ci ayant perdu son siège, je devais tout recommencer avec Kevin McCarthy.

Je dus prendre le relais du secrétaire à l'Énergie, Ernest Moniz, qui me demandait de mener la bataille sur une initiative de reconstruction, à hauteur de 15 milliards de dollars, d'infrastructures nationales vieillissantes. Il s'agissait d'une mesure urgente et nécessaire. Les coupures d'électricité dues aux orages, surtout sur les côtes, coûtaient chaque année des milliards de dollars aux Américains parce que le réseau électrique avait besoin d'être modernisé. Un nombre inexcusable de conduites d'eau étaient encore en bois. Les pipelines de gaz fuyaient dans tout le pays et ce n'était guère étonnant : bon nombre d'entre eux avaient été installés sous la présidence d'Eisenhower. De dangereuses quantités de méthane s'échappaient dans l'atmosphère à chaque maillon de la chaîne d'approvisionnement en gaz naturel. Mon travail consistait à convaincre des membres clés de la Chambre et du Sénat et j'espérais obtenir un appui des deux partis. Réparer les pipelines de gaz, par exemple, n'était pas seulement une précaution nécessaire pour des questions de sécurité ; cela améliorerait aussi l'efficacité des industries gazière et pétrolière et créerait des emplois. J'appelai donc

Jim Inhofe, sénateur républicain d'un des principaux États producteurs de pétrole, pour le persuader que si le Congrès dégageait l'argent nécessaire pour remplacer les conduites défectueuses et les raccords médiocres, ce serait bon pour les producteurs de gaz et de pétrole autant que pour les mouvements écologistes.

Puis j'appelai un élu du nord de New York pour lui demander d'assouplir son opposition à l'accord nucléaire que négociait le secrétaire d'État John Kerry avec l'Iran. Ensuite, je téléphonai au sénateur Tom Carper, élu de mon État, pour faire le point avec lui sur cet accord et sur le triangle du Nord, et pour lui dire où nous en étions dans l'obtention de fonds pour que le Corps des ingénieurs de l'armée rende plus profond le lit du fleuve Delaware. Je donnai des coups de fil à quatre autres parlementaires soutenant ce projet.

Je parvins même à appeler brièvement le président de l'université du Delaware, qui voulait que j'étudie l'idée d'un centre Biden pour les études politiques, une fois que j'aurais quitté mes fonctions. Cela me poussa à réfléchir à ce que j'allais faire dans deux ans, ce qui me ramenait à la question de la candidature à la présidence. Je venais de gagner du temps en annonçant dans une émission télévisée matinale que je ne prendrais pas de décision avant la fin de l'été ou le début de l'automne. Et j'étais sur le point de recevoir une note de service de Mike Donilon, mon conseiller en stratégie politique et un bon ami, sur la course à l'investiture.

Je savais que Mike pensait fermement que je devais être candidat ; il avait développé de solides arguments expliquant que je l'emporterais. Nous en parlions occasionnellement depuis deux ans et j'étais sûr qu'il était impatient de s'engager dans l'aventure. Il n'exerçait jamais de pression car il était plein de considération et il savait que Beau n'allait pas bien – malgré ma discrétion sur le sujet. Si j'avais confié à Mike ou à qui que ce soit d'autre à l'époque que la maladie de Beau pouvait m'empêcher d'entrer dans la course, il aurait compris que sa vie était en jeu. Or, Beau souhaitait que personne ne le sache en dehors de la famille, pas même de bons amis. J'avais donc simplement demandé à Mike et Steve de tout organiser pour que je puisse être en position de monter une solide campagne, au cas où je décidais de me lancer. Mike s'acquitta de la tâche en expert politique et en ami. Il avait le sens de l'observation, il était perspicace et travaillait à mes côtés depuis plus de vingt ans. Il comprenait donc sans un mot que maintenir la possibilité d'être candidat était important pour mon moral. Il savait que cet objectif, même lointain et peut-être inatteignable, m'aidait à tenir.

Lors de notre déjeuner ce jour-là, une fois traitées les questions politiques importantes, le président Obama souleva à nouveau la question de la campagne présidentielle de 2016. Il savait que certains me pressaient de me lancer et il avait entendu parler du mouvement « Recrutez Biden » et des autocollants « Je cours pour Biden ». Le président me conseilla la prudence. Il voulait que je m'assure que ce mouvement reste discret. Il ne voulait pas que j'apparaisse comme inconstant au cas où je déciderais de renoncer. « Je tiens à préserver votre héritage, dit-il. J'y tiens vraiment. » Je l'assurai que je n'étais pas à l'origine de l'initiative et que j'attendais la note stratégique de Mike Donilon en cas de candidature, mais que j'étais loin d'avoir pris ma décision. Il me recommanda de prendre mon temps et de bien étudier la note de Mike, car je devais considérer cette décision de manière méthodique, en analysant les sondages et les variables politiques, et en prenant conseil en dehors de ma propre équipe. Il me suggéra de discuter avec son sondeur et son stratège en chef et de leur faire lire la note de Mike. On pouvait compter sur leur discrétion. « Il n'y a pas mieux qu'eux sur les données chiffrées, expliqua le président. Si elle le pouvait, Hillary les recruterait dans la minute. » J'imagine qu'il ignorait qu'au moins l'un d'entre eux aidait déjà Hillary. Puis, il dit qu'il aimerait lui-même lire le mémo de Mike et me donner son avis. « Je serai franc et net avec vous », promit-il.

Deux jours plus tard, je pris un petit-déjeuner avec Hillary Clinton à l'Observatoire naval – rendez-vous qu'elle avait sollicité. Elle n'avait pas encore annoncé sa candidature, mais elle constituait déjà une importante machine de campagne et recrutait dans mon personnel. Ses plus proches conseillers l'avaient donc encouragée depuis des semaines à me contacter et à s'assurer de notre bonne relation. Les membres de son équipe de campagne pensaient que cette rencontre valait la peine mais ils étaient certains que tout ce qu'elle me dirait ferait l'objet de fuites. Je pense qu'elle était plus avisée.

Ce mercredi matin, Hillary arriva à 8 heures et nous nous installâmes à la table de la salle à manger dans la petite bibliothèque, juste derrière la salle de réception principale. Nous avions l'habitude d'y tenir réunion, tous les deux, lorsqu'elle était secrétaire d'État et venait à l'heure du petit-déjeuner me sonder sur ses relations avec le président. Il est difficile de savoir ce que Barack pense, surtout pour ceux qui ne passent pas beaucoup de temps avec lui ; je crois donc qu'elle se servait de moi comme « chuchoteur ». Mais ce matin de février, Hillary avait une tout autre intention, qu'elle m'exposa d'emblée. Elle commença par me dire combien j'avais été un bon vice-président, que j'avais tant accompli pour le pays au cours de ma carrière et que j'avais gagné le droit d'être candidat à la présidence. Puis elle me demanda tout de go si j'allais l'être. Je n'eus pas le sentiment de pouvoir lui parler de Beau. « Je ne suis pas en mesure de prendre une décision maintenant et je compte attendre », me contentai-je de répondre. Si je sollicitais la nomination du Parti démocrate, je ferais campagne pour la nomination, pas contre elle, ajoutai-je. Je serais candidat si je pensais être le meilleur candidat. Mais je ne mènerais pas une campagne négative. Elle dit vouloir la même chose. « Nos partisans peuvent parfois être incontrôlables, nota-t-elle, mais ce ne sera pas de mon fait. »

Hillary me confia qu'après y avoir longuement réfléchi, elle avait décidé de présenter sa candidature. « J'ai tant de respect pour vous et tout ce que vous avez accompli, dit-elle, que je voulais simplement vous le dire en personne. » Elle n'était pas prête à l'annoncer dans l'immédiat et souhaitait que je garde cette information pour moi. Ce que je fis. Je n'en parlai à personne.

Pendant que je l'accompagnais vers la sortie, il me sembla qu'Hillary n'avait pas obtenu tout ce qu'elle espérait. Je crois qu'elle espérait m'entendre dire que je renonçais. Que je ne serais pas candidat. Mais je ne le pouvais pas encore. Je lui donnai une chaleureuse accolade et lui dis au revoir.

En la regardant descendre l'escalier, j'eus un pincement au cœur. Elle était aussi déterminée que possible et confiante en sa capacité à remplir la fonction. Dans tous les sondages, elle était largement en tête face à tous les autres candidats démocrates potentiels, y compris moi. Les analystes politiques avisés pouvaient dire qu'elle était en route vers une victoire historique : être la première femme à occuper la Maison-Blanche. Mais elle ne manifestait pas de grande joie à la perspective d'être candidate. Je peux me tromper entièrement mais elle m'apparut comme propulsée par des forces qui n'étaient pas totalement les siennes. De toute évidence, elle savait combien la campagne serait violente pour elle. Ce dans quoi elle s'engageait demandait un vrai courage.

Le lendemain, ce fut un soulagement de voler vers le soleil levant au-dessus de l'océan Atlantique, avec des affaires sérieuses et conséquentes à traiter. Finnegan Biden, ma petite-fille de seize ans, faisait le voyage avec moi. Je m'assurai que notre dernière étape en Europe, juste après mon dernier rendez-vous officiel, serait privée, réservée à Finnegan et moi. Comme l'avait espéré Jill, la vice-présidence était devenue une aventure pour toute la famille. L'un des grands privilèges de la fonction était d'emmener les plus âgés de mes petits-enfants à travers le monde. C'était un incroyable apprentissage pour eux, sans être un fardeau pour moi ou mon personnel. Au moins l'un d'entre eux se rendit ainsi sur tous les continents, hormis l'Antarctique. Je vis les plus jeunes, Natalie et Hunter, se baigner dans la mer Morte, rencontrer le roi de Jordanie, visiter les Émirats arabes unis et le golfe Persique. L'aînée, Naomi, pratiqua son mandarin universitaire à un dîner d'État en Chine ; sa plus jeune sœur, Maisy, se fit des amis en Égypte, au Kenya, en Tanzanie et en Sierra Leone, et joua au football sur le terrain où l'Afrique du Sud accueillait la finale de la Coupe du monde. Je vis Finnegan évaluer la présence militaire nord-coréenne depuis une tour de l'autre côté de la zone démilitarisée. Elle pensa que cela lui fournirait un excellent devoir d'école.

« Ils possèdent toute cette artillerie, me dit-elle plus tard en montrant une carte, avec de gros canons, n'est-ce pas, Pop ?

— Oui, répondis-je.

— Tu réalises que les Nord-Coréens peuvent éliminer cent vingt mille vies à Séoul, et probablement plus, s'ils déclenchent leur artillerie ? poursuivit-elle en pointant à nouveau la carte. L'artillerie se trouve ici, sur ce territoire. »

Finnegan a été la plus obstinée de tous mes petits-enfants. Début 2011, à peu près au milieu de mon premier mandat, elle m'appela un matin au moment où la presse rapportait que j'allais effectuer mon premier voyage à Moscou en tant que vice-président. Elle avait douze ans.

« Pop, me dit-elle, est-ce que je peux venir en Russie avec toi ?

— Ma chérie, tu dois aller à l'école, lui rappelai-je.

— Pop, si tu en parles à papa et à l'instituteur, j'en apprendrai davantage au cours de ce voyage qu'à l'école, m'expliqua-t-elle. Ils seront d'accord. Et rappelle-toi, Pop, l'Europe de l'Est et la Russie, c'est mon territoire. »

Les filles de Hunter étaient un peu comme les grandes puissances à la fin du XIXe siècle. Elles s'étaient partagé leurs sphères d'influence dans le monde. « Rappelle-toi : la Chine et l'Extrême-Orient, c'est Naomi, l'Afrique, c'est Maisy et moi, je suis l'Europe. »

Elle finit par obtenir l'autorisation de faire ce voyage, avec un peu d'aide de ma part, et se trouva à mes côtés tout au long de celui-ci. Nous nous arrêtâmes d'abord à Helsinki, où Finnegan rencontra le président et le Premier ministre de Finlande, deux femmes. Au cours du vol vers Moscou, un membre de mon équipe se tourna vers elle pour lui dire :

« N'est-ce pas extraordinaire de rencontrer deux femmes qui dirigent ce pays ?

— Vous savez ce qui est encore plus extraordinaire ? répondit Finnegan. C'est que presque la moitié des parlementaires sont des femmes. »

Rares furent les lieux où Finnegan ne fut pas autorisée à venir avec moi pendant ce voyage. Lorsque je rencontrai Vladimir Poutine dans son bureau privé, elle dut attendre dans une antichambre. Poutine était en train de ronger son frein comme Premier ministre de la Russie tandis que son protégé, Dimitri Medvedev, occupait temporairement la présidence. Le président Obama avait travaillé dur pour renforcer la relation avec le gouvernement russe. Notre administration avait convaincu Medvedev (c'est-à-dire Poutine) de signer un nouvel accord majeur appelant à une énorme réduction bilatérale des armements nucléaires. Mais la relation était déjà à nouveau tendue. J'étais à Moscou pour plaider que la Russie n'avait aucune raison de craindre le déploiement récent de lanceurs de missiles dans le cadre du bouclier de défense européen conçu pour intercepter une attaque de l'Iran. Poutine était mécontent que ces lanceurs soient repositionnés dans des pays si proches de ses frontières, comme la Pologne ou la Roumanie, et ne cessait d'affirmer que ces mécanismes d'interception visaient les missiles russes. Il n'avait cessé d'envoyer Medvedev proférer la menace de quitter les traités sur les armes nucléaires – les anciens comme les nouveaux –, ce qui plongerait le monde dans une nouvelle guerre froide. Mon rôle était d'expliquer les changements envisagés, d'offrir une transparence complète sur le déploiement et son opération, et d'assurer à Poutine que cela ne visait et ne viserait pas à interférer avec les défenses stratégiques de la Russie.

Je ne savais pas trop dans quoi je mettais les pieds. On se rappelle que le président George W. Bush déclara un jour qu'en regardant Poutine dans les yeux, il avait eu « une idée de son âme ». Je voulais voir par moi-même. J'avais trouvé encourageante la volonté du dirigeant russe de signer le traité sur les armes nucléaires mais je pensais qu'il s'était montré indigne de notre confiance sur quasiment tous les autres dossiers. Ce jour-là, notre réunion ne dissipa aucunement cette impression. Elle fut longue et houleuse. Poutine demeura glacial et ergoteur de bout en bout. Je lui expliquai que tant que l'Iran serait une menace nucléaire, il était de notre intérêt vital de protéger les États-Unis et nos alliés en Europe. Il changea de sujet, se plaignant que la précédente administration lui avait menti et avait publiquement attaqué son bilan en matière de droits de l'homme. Je sortis des cartes lui montrant la trajectoire proposée des intercepteurs pour l'assurer que notre système de missiles de défense n'était pas dirigé contre ses ICBM. Il montra son désaccord avec véhémence et fit venir ses propres conseillers militaires pour l'appuyer. La réunion dura des heures et traita d'autres sujets de discorde. J'expliquai à Poutine, par exemple, que si nous nous opposions fermement à l'occupation russe de territoires en Géorgie, nous n'encouragions pas le président géorgien Mikheïl Saakachvili à fomenter des troubles. « Je parle régulièrement à Saakachvili au téléphone et insiste pour qu'il ne prenne aucune mesure provocatrice, tout comme j'insiste auprès de vous pour que vous restauriez la souveraineté de la Géorgie, lui dis-je. — Oh, répliqua Poutine, nous savons exactement ce que vous dites à M. Saakachvili au téléphone. »

Jamais nous ne fûmes proches d'un accord satisfaisant sur le bouclier de défense. Je lui dis finalement que nous le tiendrions informé mais que nous maintenions le redéploiement. Il n'était pas content. Alors que la réunion s'achevait, il me demanda de regarder son bureau. L'ameublement était recherché et impressionnant. « N'est-ce pas étonnant ce que le capitalisme peut faire? dis-je en regardant les hauts plafonds. C'est magnifique. »

Je baissai les yeux vers lui et lui fis face.

« Monsieur le Premier ministre, je vous regarde dans les yeux et je ne pense pas que vous ayez une âme », dis-je en souriant.

Il me regarda un instant et me sourit à son tour. « Nous nous comprenons », dit-il. C'était exact.

Quatre ans plus tard, un jeudi après-midi, volant à 960 km/h au-dessus de l'Atlantique, j'étais assis dans ma petite cabine privée en train de lire des rapports et de discuter avec mon équipe diplomatique des objectifs de notre voyage. Air Force Two atterrirait le soir à Bruxelles, où des réunions étaient prévues avec les plus hauts dirigeants de l'Union européenne et un tête-à-tête avec le Premier ministre belge, le lendemain. Mais cela n'était qu'un échauffement avant le vrai travail à la Conférence sur la sécurité qui se tenait à Munich pendant le week-end. C'était un peu un retour à la case départ, avec un nouveau face-à-face avec Vladimir Poutine, redevenu le président de la Fédération de Russie. J'avais assisté à la Conférence pour la sécurité à Munich en 2009, trois semaines après avoir pris mes fonctions, pour prononcer un discours exposant au monde les principaux objectifs du président Obama en politique étrangère. Une partie de ce discours était destinée à Poutine.

Ce dernier avait besoin d'entendre l'engagement du président pour la sécurité européenne, ainsi que son désir de compter la Russie comme un partenaire dans cet effort. Notre nouvelle administration appuyait « le renforcement de la défense européenne, un rôle accru de l'Union européenne dans la préservation de la paix et de la sécurité, un partenariat Otan-UE fondamentalement plus robuste, et une coopération approfondie avec des pays en dehors de l'Alliance et partageant nos objectifs et principes communs », avais-je déclaré.

« Les États-Unis rejettent l'idée que ce qui est bénéfique à l'Otan est une perte pour la Russie et que la force de la Russie réside dans la faiblesse de l'Otan [...]. Il est temps – pour paraphraser le président Obama – de remettre les choses à plat et de réétudier les nombreux domaines où nous pouvons et devrions travailler avec la Russie [...]. Les États-Unis et la Russie peuvent être en désaccord tout en continuant de travailler ensemble là où leurs intérêts se rencontrent. Et c'est le cas dans de nombreux domaines. » La position du président était claire : nous étions ouverts à la coopération, mais avec des règles du jeu élémentaires.

« Nous ne reconnaîtrons pas le fait qu'une nation ait une sphère d'influence », avais-je souligné et tout le monde dans la salle avait compris que j'indiquais que les États-Unis et leurs alliés de l'Otan ne permettraient pas à la Russie de contraindre d'anciennes républiques soviétiques à revenir dans son orbite contre leur volonté. « Notre position demeure que les États souverains ont le droit de prendre leurs propres décisions et de choisir leurs propres alliances. »

Notre administration cherchait à promouvoir et à élargir l'ordre international libéral en place depuis quarante ans : une Europe unie, libre et en paix, dont chaque pays indépendant s'était accordé sur des frontières sûres.

En février 2015, tandis que je me dirigeais vers Munich, Vladimir Poutine avait indiqué qu'il ne se satisfaisait plus des règles acceptées par les dirigeants soviétiques dans le cadre des accords historiques et de grande ampleur signés à Helsinki en 1975. Il était prêt à tester la détermination des Européens au sujet de l'inviolabilité des frontières et il l'appliquait en toute impunité en Ukraine. Mon principal objectif, à Munich, était de continuer à encourager nos alliés européens à se tenir à nos côtés et de m'assurer que Poutine comprenne que la Russie paierait le prix si elle brutalisait un voisin plus faible.

L'année précédente, le peuple ukrainien avait traversé des temps exaltants et parfois poignants, et j'avais l'impression de les avoir partagés avec eux. Une manifestation populaire, entamée sur une place de Kiev fin 2013 quand le président Viktor Ianoukovitch avait trahi sa promesse d'intégrer son pays à l'Union européenne, était passée d'une éruption spontanée à un véritable mouvement politique, que le président Ianoukovitch avait très mal géré. Je le connaissais et travaillais avec lui depuis 2009 et je savais qu'il se trouvait dans une situation délicate. Tandis que la pression populaire grandissait pour le contraindre à tenir sa promesse européenne, Poutine lui avait serré la vis pour qu'il résiste au mouvement et lie son pays plus étroitement à la Russie. Ianoukovitch ne s'en était pas bien tiré. Il avait répliqué avec une force croissante à cette révolution de la Dignité démocratique sur la place de l'Indépendance, lâchant finalement sa police antiémeute dans les rues de Kiev pour éparpiller, blesser, et finalement tuer des manifestants. Ces derniers s'étaient retrouvés sur un véritable champ de guerre, endurant un terrible siège de trois mois en plein hiver. Au risque de leur vie, ils avaient refusé de se retirer et transformé en camp retranché la place où leur manifestation avait commencé. Ils s'étaient emparés de bâtiments administratifs et avaient dressé des barricades afin d'établir des centres de commandement, des cantines et des cellules médicales pour les personnes tabassées et ensanglantées par la police en uniforme de Ianoukovitch, ainsi que par ses nervis dissimulés sous des habits civils. La foule des manifestants avait grossi et atteint plus de 50 000 personnes. Mi-février 2014, ils s'approchaient du Parlement.

À la fin de ce mois-là, j'avais donné le dernier de mes nombreux appels téléphoniques à Ianoukovitch, au moment où ses tireurs d'élite assassinaient par dizaines des citoyens ukrainiens et où nous avions des informations crédibles selon lesquelles il envisageait une répression encore plus brutale. Depuis des mois, je lui intimais de faire preuve de retenue mais ce soir-là, après trois mois de manifestations, je lui avais dit que c'était fini, qu'il était temps pour lui de rappeler ses hommes armés et de se retirer. Ses seuls vrais soutiens étaient ses parrains politiques au Kremlin, et il ne devait pas espérer que ses amis russes le sauvent de ce désastre. Il avait perdu la confiance du peuple ukrainien, lui avais-je dit, et il serait jugé sévèrement par l'histoire s'il s'obstinait. Tombé dans la disgrâce, le président avait fui l'Ukraine le lendemain, et le gouvernement avait provisoirement fini entre les mains d'un jeune patriote nommé Arseni Iatseniouk.

En Ukraine, l'allégresse avait été suivie, quelques jours plus tard, par une mauvaise nouvelle. Vladimir Poutine, contrarié d'avoir perdu sa marionnette à Kiev, avait immédiatement envoyé des forces pour annexer l'oblast (province) ukrainien de Crimée. L'Occident avait condamné cette annexion mais guère plus. Et Poutine avait poursuivi son offensive. Au cours des six mois suivants, il avait menacé d'autres oblasts dans l'est de l'Ukraine et envoyé des chars de l'autre côté de la frontière pour massacrer les Ukrainiens qui résistaient. Le cessez-le-feu signé en septembre 2014 – l'accord de Minsk – ne l'avait pas empêché de continuer. Près d'un millier de personnes avaient été tuées dans les deux mois suivants. Le nombre d'Ukrainiens déplacés à l'intérieur du pays atteignait 500 000, tout comme le nombre d'Ukrainiens réfugiés à l'extérieur du pays. Début février 2015, alors que je retournais en Europe, les séparatistes soutenus par Poutine menaient l'assaut contre les soldats ukrainiens défendant Debaltseve, route et carrefour ferroviaire stratégique à quatre-vingts kilomètres de la frontière russe. Poutine faisait tout pour déstabiliser l'économie ukrainienne et mener à l'effondrement le gouvernement nouvellement élu à Kiev.

J'étais en charge de cette crise au sein de notre administration et c'était exactement la place que je désirais occuper. Certains universitaires disaient dans les médias que l'Ukraine s'annonçait comme une défaite de l'Occident et que ce serait un fâcheux boulet si je me présentais à l'élection de 2016. « Il est lié à la politique sur l'Ukraine, dit un chercheur originaire de Pennsylvanie interrogé par un journaliste, cela pourrait le rendre vulnérable. » Je ne m'en souciais pas beaucoup. Un principe important était en jeu : les grands pays ne devaient pas écraser les plus petits, notamment après en avoir pris l'engagement. Ce qui rendait l'attaque contre l'Ukraine particulièrement irritante était que Poutine avait violé une vieille norme internationale ainsi qu'un accord explicite. Des années plus tôt, l'Ukraine avait renoncé à son programme d'armement nucléaire en échange d'une garantie des États-Unis, du Royaume-Uni et de la Russie du respect de ses frontières et de sa souveraineté. Deux de ces trois plus grandes puissances avaient tenu leur promesse.

Le vendredi 6 février 2015 au soir, nous avons atterri à Munich sous le brouillard, et tandis que Finnegan et moi roulions en convoi vers le Westin Grand Hotel, dans la lumière orangée de rues sombres et recouvertes d'une fine couche de neige, je réfléchissais à ce qui devait être accompli lors de ma brève visite dans cette ville. J'avais tenu le fil ténu de la crise ukrainienne depuis un an. L'Ukraine avait toute la sympathie du président

Obama mais il n'allait pas permettre à ce conflit régional de dégénérer en guerre chaude avec la Russie. Il avait une grande connaissance de l'histoire mondiale moderne. Il se méfiait toujours de cette vieille erreur de laisser involontairement un feu de brousse prendre de l'ampleur au point de se transformer en déflagration hors de tout contrôle. Il était très conscient que les plus grandes erreurs naturelles commises par les États-Unis après la Seconde Guerre mondiale n'avaient pas été le fruit d'un excès de retenue mais d'un manque de celle-ci. Il me mettait parfois en garde contre toute promesse excessive au nouveau gouvernement ukrainien. « Nous n'allons pas envoyer la 82e division aéroportée, Joe. Ils doivent le comprendre. » Lui et moi étions d'accord sur le fait que nous devions convaincre nos alliés européens de soutenir et étendre de sévères sanctions économiques à l'encontre de la Russie. Mais que les États-Unis et leurs alliés en Europe n'iraient pas plus loin que celles-ci.

Le président Obama gardait toujours à l'esprit les préoccupations des quatre Grands en Europe – la Grande-Bretagne, l'Allemagne, la France et l'Italie – avec les dirigeants desquels il était en contact permanent. Parmi les ténors de ce quatuor, la chancelière allemande Angela Merkel s'était publiquement inquiétée d'une « confrontation [en Ukraine] qui risqu[ait] d'échapper à tout contrôle ». Elle et d'autres étaient encore plus soucieux du contrecoup politique auquel ils feraient face chez eux quand les sanctions économiques et l'embargo sur la Russie commenceraient à atteindre leurs propres entreprises. Aucun d'eux n'était très chaud pour risquer leur capital politique dans le sauvetage d'une démocratie naissante dont les dirigeants montraient un penchant pour la corruption, les délits d'initiés et les comportements autodestructeurs. J'étais sans doute influencé dans mes propres réflexions par mes fréquents contacts avec les dirigeants de nos alliés les plus récents en Europe – la Pologne, la Roumanie, les États baltes, ou les Balkans. L'offensive de Poutine en Ukraine leur apparaissait comme un mauvais présage. Ils craignaient que si l'Occident ne réagissait pas fermement, Poutine se mette à grignoter des morceaux de leurs propres territoires. Voire plus.

Il était presque 22 heures quand Finnegan, mon équipe et moi-même nous retrouvâmes enfin dans nos chambres au Westin, mais je n'avais pas envie de dormir. Je feuilletai encore une fois des notes de service et me repassai dans la tête le programme des prochains jours. J'allais faire un discours à la conférence de Munich le samedi après-midi et j'avais plus d'une demi-douzaine de rendez-vous formels programmés au cours du week-end. Le plus important d'entre eux était une discussion trilatérale, samedi juste avant midi, avec le président ukrainien Petro Porochenko et la chancelière Merkel. Merkel et le président français François Hollande se trouvaient au milieu d'une négociation tendue avec Poutine pour définir et mettre en œuvre une version révisée et améliorée du cessez-le-feu chancelant conclu à Minsk. Merkel avait une conversation téléphonique avec Poutine programmée le lendemain. Je voulais donc être présent aux côtés de Porochenko pour m'assurer que Merkel comprenne que les États-Unis demeuraient prêts à le soutenir et à être fermes sur ses frontières nationales. Mais je voulais avant tout être présent lors du discours de Merkel à la conférence sur la sécurité. Il s'agissait du premier rendez-vous de mon emploi du temps – dans moins de dix heures.

Le lendemain matin, Merkel se montra ferme dans son discours. L'Ukraine a « vu son intégrité territoriale et sa souveraineté méprisées, déclara-t-elle. Le droit international est en train d'être violé ». Mais elle n'était pas suffisamment ferme à mon goût. Le ton passif de sa voix affaiblissait sa déclaration. Et je fus déçu lorsque, à l'issue de son discours, elle refusa catégoriquement d'envisager la fourniture de matériel militaire à une armée ukrainienne surpassée. « Les progrès dont l'Ukraine a besoin ne peuvent être accomplis avec plus d'armes », dit-elle. Sur ce point, elle semblait pourtant avoir l'appui de l'assistance.

Je quittai les lieux en disant à mon équipe que nous devions revoir mes propres remarques. Je devais être aussi direct et assertif que possible. Nous avions moins de quatre heures pour corriger le discours et je devais d'abord assister à la rencontre avec Merkel et Porochenko. Je donnai instruction d'alléger le discours de son langage juridique. Je voulais qu'on ne puisse pas se méprendre sur le sens profond de mes paroles et je dis à mon équipe que je viendrais aider à la réécriture dès que possible.

La pièce dans laquelle se tint la réunion avec le président Porochenko et la chancelière Merkel n'avait rien de tape-à-l'œil. Nous nous assîmes autour d'une table relativement petite, au coin d'une salle de conférences, donnant à la discussion un caractère intime. Porochenko parut soulagé par ma présence. Il savait mon engagement en faveur de l'Ukraine, tant pour le pays lui-même que comme preuve de la détermination européenne face à la Russie. Je pensais que l'issue de la crise ukrainienne donnerait le *la* en Europe centrale et de l'Est pour les décennies à venir, pour le meilleur ou pour le pire. J'avais été dur avec Porochenko depuis son élection, neuf mois plus tôt. Je lui avais clairement signifié qu'il ne pouvait pas se permettre d'offrir la moindre excuse aux Européens de se détourner des sanctions contre la Russie. Il devait poursuivre le combat contre les sources de corruption enracinées dans la culture politique de l'Ukraine soviétique et de sa gouvernance post-soviétique – tant au sein du parti rival de Iatseniouk que dans son parti lui-même. Mais le président ukrainien savait aussi que j'étais intervenu en sa faveur pour l'obtention d'enveloppes d'aides du Fonds monétaire international et de prêts garantis auprès des États-Unis. J'avais poussé, au cours des réunions du Comité des directeurs, pour que son armée bénéficie de formations et j'avais déjà obtenu pour lui de l'équipement à usage militaire, comme des radars spéciaux dont l'armée ukrainienne avait besoin pour localiser les mortiers russes. Porochenko ne pouvait se tromper sur mon propre sens de l'urgence au sujet de l'avenir de l'Ukraine.

Il savait aussi qu'il était dans une situation plus favorable face à Merkel. La relation de cette dernière avec Poutine s'était détériorée au cours des derniers mois à cause des actions de ce dernier en Ukraine. Elle rassura Porochenko sur le fait que, en l'espèce, Poutine était bien le trouble-fête. Mais elle insista pourtant, auprès de lui comme de nous, pour qu'une « voie de sortie » fût offerte à Poutine. Elle cherchait à obtenir des concessions du président ukrainien qu'elle pourrait offrir au président russe le lendemain. Elle pensait qu'il devait pouvoir se retirer en criant victoire. Sa demande n'était pas spécifique, mais elle demandait à Porochenko de trouver quelque chose à mettre sur la table des négociations. Il fallait, dit-elle, que Poutine puisse « sauver la face ».

« On ne peut pas blâmer la victime », répondis-je en faisant un signe de la tête à Porochenko. Je soulignai que Poutine n'avait rempli aucun de ses engagements dans le cadre des accords de Minsk et que c'était lui qui devait être tenu comptable de cet échec. Le dirigeant ukrainien pouvait proposer d'offrir une plus grande autonomie aux différentes régions, ou de laisser le russe comme deuxième langue officielle dans les oblasts les plus orientaux, ou de retirer son artillerie lourde de la ligne de front, mais un geste de Poutine devait venir en premier. Ce dernier devait d'abord retirer ses chars et ses soldats et rendre le contrôle de sa frontière à l'Ukraine. La restauration de cette frontière devait intervenir avant que Porochenko ne concède quoi que ce soit. Quand la réunion se termina, Merkel sembla frustrée par ma position.

Je disposais de très peu de temps pour récrire mon discours – une heure pendant le déjeuner et une demi-heure après. Je devais prendre le pupitre à 15 heures et à 15 h 05 j'étais encore en train de dicter des passages retravaillés. « La Russie a cherché à garder secrète la présence de ses hommes en vert et des multiples chars qu'elle a donnés aux séparatistes. Mais nous vous avons donné la preuve irréfutable qu'ils existent. Vous avez vu les photos. » À 15 h 10, la pression sanguine de l'équipe atteignait la zone d'alerte et je continuais de dicter. Il me fallait être juste. « Ruiner ou affaiblir l'économie russe n'est pas l'objectif des États-Unis d'Amérique. Tel n'est pas notre but. Mais le président Poutine doit opérer un choix clair et simple : sortir d'Ukraine ou affronter un isolement durable et un coût économique croissant chez lui.» Que représentent quinze minutes face à l'ordre du monde? Ou vingt minutes? Ou vingt-cinq?

«Mesdames et messieurs, comme la présidente l'a dit plus tôt aujourd'hui, j'étais ici il y a six ans et, lors de cette première grande déclaration de politique étrangère de notre administration, j'ai parlé de "remise à plat".» J'avais trente-deux minutes de retard sur l'horaire. Mon discours ne dura que vingt-huit minutes. Je fus assertif et direct. «C'est un test pour l'Amérique et l'Europe, poursuivis-je. Le président Poutine doit comprendre que, puisqu'il a changé, notre objectif a également changé. Nous sommes passés d'une remise à plat de cette importante relation à la réaffirmation de principes fondamentaux sur lesquels la liberté et la stabilité européennes reposent. Et je les énumère: inviolabilité des frontières, absence de sphères d'influence, droit souverain à choisir ses propres alliances. Je ne peux le répéter suffisamment. [...] Comme la chancelière l'a dit ce matin, nous devons rester déterminés et unis dans notre soutien à l'Ukraine. Ce qui s'y déroule aura une résonance bien au-delà de l'Ukraine. Cela concerne le monde entier – pas seulement l'Europe –, tous les pays qui peuvent être soumis à une agression.»

Je fus aussi près que possible de dire à nos alliés de l'Otan qu'il était de notre devoir moral de fournir des armes à l'Ukraine. Les Ukrainiens avaient montré un réel courage et, même s'il était improbable qu'ils puissent arrêter une agression militaire déterminée de la Russie, je croyais qu'ils méritaient d'être en mesure de se défendre eux-mêmes. «Le président Poutine a trop souvent promis la paix et livré chars, troupes et armement. Nous continuerons donc à fournir une assistance à l'Ukraine en matière de sécurité, non pas pour encourager la guerre mais pour permettre à l'Ukraine de se défendre. Laissez-moi le dire clairement : nous ne croyons pas à une solution militaire en Ukraine. Mais permettez-moi d'être tout aussi clair : nous ne croyons pas que la Russie ait le droit d'agir comme elle le fait. Nous croyons qu'il nous faut trouver une paix honorable. Mais nous croyons aussi que le peuple ukrainien a le droit de se défendre. »

J'observai une brève pause pour laisser les applaudissements imprégner les décideurs politiques présents dans la pièce. J'espérais que ces applaudissements donneraient la mesure de leur résolution.

À la fin du discours, j'eus le sentiment d'avoir accompli ce pour quoi j'étais venu, surtout après que John McCain, qui dirigeait la délégation du Congrès américain à Munich, me dit qu'il pensait que c'était le meilleur discours qu'il m'avait jamais entendu prononcer. Son soutien m'importait sur un plan personnel et il importait sur un plan institutionnel. Le Congrès contrôle les cordons de la bourse. Si nous avions besoin d'armes pour l'Ukraine, c'est le Congrès qui aurait à l'autoriser. Et il semblait qu'un soutien bipartite se dessinait de plus en plus. Même le sénateur Ted Cruz, qui était rarement d'accord avec ce que je disais, approuva le soutien aux combattants ukrainiens assiégés. Tout comme le sénateur républicain Lindsey Graham. La chancelière Merkel « ne voit pas comment le fait d'armer des gens ayant la volonté de se battre et de mourir pour leur liberté améliorerait la situation, déclara Lindsey Graham à la presse, à Munich. Moi, si ».

Le dimanche matin, il neigea sur Munich et la température resta au-dessous de zéro, de sorte que, dans l'après-midi, le sol craquait sous nos pieds quand Finnegan et moi nous approchâmes du portail d'entrée, près d'une menaçante tour de guet. Un homme âgé de quatre-vingt-quinze ans était assis là, dans une chaise roulante, et nous attendait. J'avais passé le début de la journée à rassurer les dirigeants de quelques-uns de nos pays alliés en Europe de l'Est, à conseiller le président du Monténégro sur la façon d'augmenter les chances de son pays d'être invité à rejoindre l'Otan, et à essayer de convaincre le chef du gouvernement régional kurde, en Irak, d'aider le nouveau président irakien, Haider al-Abadi, dans ses efforts pour expulser l'État islamique de leur pays. Al-Abadi était à Munich à la recherche de soutiens multiples et je passai une heure avec lui, lui offrant des encouragements bien nécessaires. Il était un peu déprimé, et pour des raisons compréhensibles. Quand, à la fin de la première journée, la conférence changea de sujet de discussion, passant de l'Ukraine à l'État islamique, un journaliste fit cette remarque : « La salle se vide. Pas grand monde pour Al-Abadi. Pas bon signe. » Je lui promis que je demeurais disponible pour lui et le resterais.

Dimanche après-midi, mes tâches officielles étaient enfin derrière moi, mais pas mon devoir en tant que « Pop ». Je ne pris pas mon travail de grand-père moins sérieusement que celui de vice-président. La dernière étape en Allemagne fut une visite guidée, pour Finnegan et moi, de Dachau, un camp de concentration de la Seconde Guerre mondiale. Ce voyage devint une autre tradition dans la famille Biden. J'eus le sentiment que tous mes enfants et petits-enfants devaient connaître cet endroit. J'y avais emmené Beau, Hunter et Ashley, lors de voyages distincts, alors qu'ils étaient adolescents, et Finnegan avait maintenant l'âge requis.

Mon insistance à emmener mes enfants et petits-enfants visiter Dachau est liée à mon propre père, qui avait l'habitude de parler des horreurs de l'Holocauste quand j'étais enfant, lors du dîner. La discussion n'était jamais longue, il ne nous délivrait jamais un sermon ni un grand discours sur la tentative d'Hitler d'exterminer les Juifs en Allemagne mais il transmettait une sagesse. Papa nous rappelait qu'une campagne d'une telle ampleur n'avait pas pu être menée dans le secret. L'idée que le peuple allemand ne savait pas ce qui se passait défiait toute logique. Notre père souhaitait que je comprenne, avec ma sœur et mes frères, que les êtres humains étaient capables d'une cruauté incroyable. Et, plus dangereux encore, il nous faisait voir combien ils étaient capables de regarder ailleurs et de rester silencieux quand des choses atroces se déroulaient partout autour d'eux.

L'homme dans sa chaise roulante, Max Mannheimer, avait été prisonnier à Dachau et dans d'autres camps de concentration quand il était jeune. Lui et un de ses frères avaient survécu, mais sa femme, ses parents, ses sœurs et un autre frère avaient été exterminés. Je voulais que Finnegan entende son histoire. Je lui avais donné de la lecture en préparation du voyage. Dachau avait été le premier camp de concentration ouvert par les nazis, en 1933. Les premiers prisonniers avaient été des opposants politiques d'Hitler – des communistes, des sociaux-démocrates et des syndicalistes allemands. Puis, les témoins de Jéhovah, les Roms, les homosexuels et d'autres encore que les nazis avaient déclarés « indésirables » avaient suivi. À la fin des années 1930, les nazis avaient commencé à remplir le camp de Juifs. Entre 1940 et 1945, ce sont presque 30 000 prisonniers qui y étaient morts d'épuisement ou assassinés. Personne ne peut dire avec précision combien y avaient été tués avant cette période. J'ai demandé à Finnegan de rédiger un texte où figurait le poème suivant de Martin Niemöller, un pasteur protestant qui avait été jeté dans un camp de concentration allemand à la fin de la guerre.

> *Ils sont d'abord venus chercher les socialistes, et je n'ai rien dit*
> *Parce que je n'étais pas socialiste.*
> *Puis ils sont venus chercher les syndicalistes, et je n'ai rien dit*
> *Parce que je n'étais pas syndicaliste.*
> *Puis ils sont venus chercher les Juifs, et je n'ai rien dit*
> *Parce que je n'étais pas juif.*
> *Puis ils sont venus me chercher,*
> *Et il ne restait plus personne pour me défendre.*

Finnegan et moi fûmes accompagnés dans le camp par un guide et par M. Mannheimer. C'était le même parcours que j'avais emprunté avec le père de Finnegan, Hunter, trente ans plus tôt, mais c'était différent. On avait l'impression que les lieux avaient été réaménagés pour que les visiteurs se sentent moins mal à l'aise. Au fil des ans, on avait atténué les aspects les plus cruels, comme pouvait me l'indiquer cette phrase lue dans la littérature disponible sur le site : « Chaque saison ayant ses charmes propres en Allemagne, on peut programmer une visite au camp selon sa préférence. »

Les lits superposés dans les quartiers d'habitation étaient toujours là et l'on pouvait voir comment les nazis bourraient le camp de dizaines de milliers de personnes. Je me souvenais d'avoir vu, lors de précédentes visites, des noms gravés sur les montants de ces lits ; or ceux-ci étaient désormais propres et vernis.

Dans un premier temps, le guide parut réticent à nous emmener aux célèbres chambres à gaz mais j'insistai. Je pensai à la première fois où j'étais venu ici, avec Beau, et à notre entrée dans ce bâtiment, quand on nous avait dit que les gardiens racontaient aux victimes qu'elles allaient aux douches et leur donnaient instruction d'ôter leurs chaussures, leurs habits et leurs fausses dents. Puis les guides nous avaient conduits dans la pièce elle-même et avaient claqué la porte derrière nous, dans un bruit effrayant. Aujourd'hui, certains guides soutiennent que les prisonniers ne furent jamais gazés ici ou que la pièce ne fut utilisée que quelques fois. Mais je voulais que Finnegan voie tout cela et je voulais qu'elle voie les fours où les gardiens incinéraient les victimes après qu'elles avaient été exécutées, pendues, affamées, tuées dans le cadre d'expérimentations médicales, ou effectivement gazées. Max Mannheimer en était le témoin vivant. Il avait été forcé de charger dans des wagons les corps des victimes mortes dans des camps de travail proches de là, puis de les transporter vers les fours à Dachau pour y être incinérés.

Finnegan vit et écouta tout cela. Lorsque nous sortîmes, nous regardâmes à travers la clôture les rangées de maisons aux toits de tuiles pour classes moyennes, à quelques rues de là. Je voulais qu'elle comprenne que les gens qui y habitaient dans les années 1930 et 1940 devaient avoir su ce qui se passait à l'intérieur du camp. Ils étaient assez proches pour sentir, littéralement, l'odeur de la chair humaine en train de brûler. Comment pouvaient-ils ne pas savoir ?

Je voulais qu'elle ressente le même choc viscéral qui m'avait tant animé au cours de ma carrière publique. « Regarde, chérie, lui dis-je en franchissant le portail pour retrouver notre époque. Cela peut arriver à nouveau. Cela se passe dans d'autres parties du monde aujourd'hui. Et tu dois le dire. Tu ne peux pas rester silencieuse. Le silence, c'est la complicité. »

6

C'est forcément toi

Le ciel était particulièrement sombre et menaçant. Debout à la fenêtre de la bibliothèque, nous vîmes la couverture nuageuse s'épaissir au-dessus de nous et la pression barométrique augmenta brutalement. La température était déjà tombée largement sous la barre du zéro et continuait de baisser. Les premiers flocons apparurent à la lueur des réverbères de l'Observatoire naval, mais rien n'aurait pu entamer notre détermination en ce soir du jeudi 19 février 2015. Je me trouvais avec Beau et Hunter, nous avions été rejoints par Mike Donilon et Steve Ricchetti afin de discuter du mémo de vingt-deux pages rédigé par le premier en prévision de l'élection de 2016. Il nous avait envoyé son texte neuf jours plus tôt, ce qui nous avait laissé le temps d'en étudier tous les détails. Le message de Mike était sans ambiguïté : j'avais toute ma place dans la prochaine course à la présidence.

Dans son mémo, il exposait ses arguments de façon directe, sans formules inutiles. L'économie se portait de mieux en mieux en ce début d'année 2015, notait-il.

Elle commençait même à s'affranchir des derniers effets de l'interminable récession qui avait suivi l'implosion du système financier. À l'entendre, je méritais pleinement de m'attribuer une part de cette réussite. Qu'il s'agisse du plan de relance économique ou de la stabilisation du système bancaire, des mesures de sauvetage de l'industrie automobile ou des nombreux accords fiscaux et financiers négociés par mes soins avec les républicains au sein du Congrès, j'avais joué un rôle déterminant dans la construction et la mise en œuvre du plan qui avait aidé le président Obama à sortir le pays de la crise et à le remettre sur les rails. Qui serait mieux placé que moi pour achever ce travail ? demandait Mike.

Il était convaincu que le relèvement de la classe moyenne américaine, durement malmenée par la crise, serait l'un des thèmes centraux de la campagne de 2016. On le pensait jusque dans les rangs des républicains. L'analyse de Mike montrait en outre que personne, dans l'un ou l'autre parti, n'était plus en phase que moi avec la classe moyenne. Les préoccupations de celle-ci avaient toujours été les miennes depuis quarante-cinq ans que j'étais aux affaires. D'après Mike, personne ne comprenait mieux que moi les difficultés rencontrées par la classe moyenne au cours de la période récente. Personne n'était mieux placé que moi pour renouveler le pacte passé depuis longtemps déjà avec toutes ces familles américaines qui travaillaient dur. Personne à ses yeux n'était plus crédible que moi lorsqu'il s'agissait de trouver des solutions.

Les électeurs en avaient assez des candidats soigneusement formatés. De ce point de vue, ma réputation de « grand gaffeur » n'était plus une faiblesse. Le grand public avait eu l'occasion de constater que je parlais avec le cœur, que mes propos étaient sincères. « L'authenticité est un atout », écrivait Mike, persuadé que je me trouvais en haut de l'affiche aux yeux d'électeurs soucieux d'authenticité.

J'avais derrière moi une longue carrière en politique étrangère, ce qui m'avait permis de rencontrer à peu près tous les dirigeants de la planète. Selon Mike, non seulement je connaissais les défis auxquels serait confronté le pays au cours des quelques années à venir, mais je disposais d'une stratégie sur la façon d'utiliser au mieux l'incroyable puissance américaine.

Dans un même ordre idée, ma gêne (bien connue de certains donateurs) lorsqu'il était question de collecter des fonds pour alimenter une campagne devait être considérée comme une force, et non une faiblesse. Cela ne m'avait d'ailleurs pas empêché de réunir des sommes importantes lors des deux campagnes précédentes, en 2008 et 2012. L'électorat voyait désormais d'un mauvais œil la façon dont la Cour suprême, dans son arrêt favorable à l'association Citizens United, avait autorisé, voire encouragé, une poignée de milliardaires à engager des sommes énormes pour faire entendre leur voix sur les sujets qui leur tenaient à cœur. « Il n'est pas question d'affirmer que vous êtes plus intègre ou que vous lavez plus blanc, écrivait Mike, mais de dire que vos positions tiennent compte des carences d'un système que vous connaissez parfaitement, et dont vous constatez qu'il est en train d'échapper à tout contrôle… L'une des premières lois – sinon la première – que vous avez rédigées lorsque vous étiez jeune sénateur visait précisément à soutenir l'aide publique. On ne peut donc pas vous accuser de prendre le train en marche sur cette question. »

Le petit groupe que nous formions avec mes deux fils et mes deux plus proches conseillers passa plusieurs heures à étudier l'un après l'autre les points soulevés par Mike. Nous nous sommes aussi intéressés de près à la dernière partie de son texte, consacrée à la marche à suivre. Son mémo détaillait notre emploi du temps pour les deux mois à venir. J'avais justement prononcé, une semaine plus tôt dans l'Iowa, un discours dans lequel je précisais la façon d'intégrer l'ensemble de la population américaine au plan de relance ; Mike me conseillait d'enchaîner dans le New Hampshire avec une allocution consacrée aux rêves de la classe moyenne, suivie d'une autre à Washington précisant la politique étrangère de la future présidence Biden, avant de conclure par une prise de parole à New York enjoignant à Wall Street et aux grands dirigeants industriels de s'intéresser, au-delà de leurs bilans trimestriels et de leurs propres primes, au sort des salariés.

Enfin, il nous fallait repérer et recruter les personnes compétentes afin de monter une structure de campagne dans les premiers États concernés par les primaires. Mike préconisait de ne pas attendre l'automne, ni même l'été, pour annoncer ma candidature, et de le faire dès le mois d'avril. En dehors peut-être de cette date d'entrée en lice, sa position paraissait raisonnable. Il me fallait toutefois veiller à ce que ce planning n'interfère pas avec les préparatifs de mon déplacement dans le triangle du Nord au début du mois de mars. Ce voyage officiel avait une importance primordiale, je devais m'y préparer au mieux.

Pendant la discussion, j'observais Beau. Il n'occupait plus le poste de procureur général du Delaware depuis six semaines et son emploi du temps s'en trouvait grandement allégé, ce qui ne l'empêchait pas de manifester des signes de fatigue alors qu'il était encore tôt dans la soirée. Il avait une mine de papier mâché et les traits tirés. Je voyais les os de ses jambes se dessiner à travers la toile de son pantalon. Cela faisait plus de vingt ans que je me reposais sur ses conseils chaque fois que je menais campagne. En dehors de moi, il était le seul dans la pièce qui avait sollicité le suffrage des électeurs, de sorte que son avis primait à mes yeux. Pourtant, ce soir-là, il restait silencieux. Beau avait de plus en plus de difficultés d'élocution, on le sentait las de se battre. Ashley m'avait expliqué que son frère aîné ne souhaitait plus qu'elle reste présente lors des séances chez l'orthophoniste, car il souffrait de se voir décliner. Lors de cette réunion, il n'ouvrit quasiment pas la bouche, se contentant de murmurer de temps en temps quelques mots à l'oreille de son frère afin que Hunt exprime sa pensée à sa place.

En regardant mes deux fils, je compris que chacun jouait un rôle ce soir-là. La discussion que nous avions au sujet du mémo de Mike était accessoire. Tout le monde participait à un petit jeu, aussi utile et compliqué fût-il. Pas plus que moi Steve et Mike n'étaient dupes de la situation. Nous savions tous à quel point Beau voulait que je me lance dans la course à la présidence. Nous savions surtout à quel point il ne voulait pas être celui *à cause de qui* je ne me présenterais pas. Il entendait montrer qu'il était là, et bien là. Il s'efforçait de nous rassurer, et nous nous efforcions de le rassurer. Cette réunion n'avait donc qu'un seul but: nous empêcher de penser à autre chose que ma carrière. Je devais m'exprimer à deux reprises dans le New Hampshire six jours plus tard, l'essentiel était de parler des rêves de la classe moyenne.

La neige tombait en abondance lorsque nous mîmes fin à la réunion. Tout le monde se leva, mais Hunter fermait la marche.

« Je peux te dire un mot, papa ?

— Bien sûr, mon chéri. »

Pendant que Mike et Steve regagnaient leurs voitures respectives et que les équipes des Services secrets reconduisaient Beau chez lui, j'entraînai Hunt dans le salon privé à l'étage. Il avait le plus grand besoin de parler, la détérioration rapide de l'état de son frère aîné le bouleversait. Ils devaient se rendre ensemble la semaine suivante au Centre MD Anderson de Houston, où Beau devait passer un nouveau scanner. À mesure que la date approchait, l'angoisse des deux frères augmentait. Le visage de Hunter trahissait son inquiétude, même si Beau continuait d'afficher une mine impassible. « C'est tout bon. C'est tout bon. » À l'image d'un canard à la surface d'un étang, il glissait sur l'eau sans effort apparent alors que ses pattes battaient furieusement l'onde à l'abri des regards. À ceci près que le véritable moteur de Beau était son frère. J'avais eu tout le loisir d'observer mes fils puisqu'ils étaient constamment ensemble. Depuis leur séjour commun à l'hôpital lorsqu'ils étaient petits jusqu'à la campagne de Beau pour le poste de procureur général, dont Hunt avait en partie mis au point la stratégie, cela faisait quarante-cinq ans que je connaissais leur fonctionnement. Plus Beau s'évertuait à maîtriser ses émotions, plus Hunt en acceptait le fardeau. C'était comme si l'inquiétude de Beau se lisait sur le visage de Hunter.

« Beau a peur, et ça me détruit, papa, me dit Hunter quand nous fûmes seuls.

— C'est également ce qui m'inquiète, mon chéri. Ça m'empêche de dormir. »

Hunter m'expliqua qu'une réunion de campagne comme celle que nous venions d'avoir était une bénédiction car elle permettait à toute la famille de tendre vers un même but. Il a ajouté que la pire angoisse de Beau était de nous voir renoncer si le pire se produisait. Il ne pouvait donc en être question. À la fin de l'année 2012, poursuivit Hunter, au lendemain de notre réélection avec Barack, ils avaient discuté de l'avenir avec Beau. Ils étaient convaincus que Beau serait élu au poste de gouverneur du Delaware en 2016 ; ensuite, que je sois ou non élu à la Maison-Blanche, Beau pourrait envisager de se lancer un jour dans la course à la présidence.

« Désormais, déclara Hunter en s'exprimant autant au nom de son frère que pour lui, c'est forcément toi, papa. Tu dois te présenter. »

Le lendemain matin, je m'entretins au téléphone pour la deuxième fois en trois jours avec le président Porochenko. Il se sentait totalement isolé. Merkel et Hollande avaient passé un nouvel accord de cessez-le-feu avec Poutine, l'accord de Minsk II. Porochenko y avait souscrit uniquement pour permettre à Poutine de « sauver la face ». À regret, il avait accepté que la Russie contrôle une partie de la frontière ukrainienne jusqu'à la tenue de prochaines élections dans certains oblasts. En fin de compte, il n'y avait rien gagné. Les accords de Minsk II étaient à peu près aussi vides que ceux de Minsk I. Les séparatistes ukrainiens, soutenus par les forces russes, avaient tué au moins vingt-huit soldats et civils ukrainiens au cours des heures qui avaient précédé le cessez-le-feu avant de renforcer les jours suivants leur offensive sur Debaltseve, un centre névralgique. Les Russes ne donnaient pas l'impression de retirer leur artillerie lourde des zones de combat, certains rapports évoquaient même l'arrivée de soixante chars supplémentaires le long de la frontière avec l'Ukraine. Mais en dehors de paroles réconfortantes et de l'assurance de notre soutien, je ne pouvais rien pour Porochenko. J'avais condamné publiquement les violations manifestes du cessez-le-feu dont s'était rendu coupable Poutine, et j'assurai Porochenko que je resterais attentif aux rapports des observateurs sur le retrait des chars et de l'artillerie lourde russes. Je lui rappelai qu'en dépit de tout, il ne devait en aucun cas donner à ses alliés européens la moindre excuse de se retirer. J'insistai sur le fait que les forces ukrainiennes postées le long de la frontière devaient se comporter de façon irréprochable. Il n'était pas question de donner à Poutine l'occasion de prétendre que les séparatistes russes avaient répondu à des provocations. Dans le même temps, lui-même et son Premier ministre Iatseniouk devaient poursuivre leur lutte commune contre la corruption tout en engageant des réformes s'ils voulaient continuer à recevoir du Fonds monétaire international l'argent dont ils avaient le plus grand besoin. Je m'engageai parallèlement à essayer de répondre à ses besoins les plus pressants en matière d'armement, notamment en lui fournissant des armes antichars. J'avais fait les mêmes recommandations à Iatseniouk le matin même, lors d'un appel téléphonique avec lui, les deux hommes s'entêtant à ne pas vouloir se retrouver dans la même pièce.

La conversation terminée, je réunis mes spécialistes de la sécurité nationale. Nous réfléchîmes aux sanctions économiques qu'il était possible d'infliger à Poutine et à ses représentants en Ukraine, ainsi qu'à la façon de mieux former et armer les forces ukrainiennes. Si celles-ci parvenaient à faire payer à la Russie ses incursions au prix fort, par exemple en renvoyant chez eux dans des cercueils un certain nombre de soldats russes, Poutine pourrait remettre en cause le bien-fondé de ses attaques.

Le 25 février, jour de mon déplacement en avion dans le New Hampshire pour vanter les mérites du plan de relance d'Obama, tout en affirmant la nécessité d'œuvrer davantage pour les classes moyennes, fut particulièrement pénible. Je me réveillai avec la gorge en feu ; au moment de ma première intervention de la journée au Rudman Center, à l'université du New Hampshire, je contenais difficilement ma toux. J'avais beau me sentir de plus en plus mal, j'étais fermement décidé à marquer mon territoire.

« Lorsque l'action gouvernementale est défaillante, ce n'est pas le personnel politique qui en souffre, mais le peuple américain. Ce sont les citoyens ordinaires, ceux qui se lèvent tous les jours et travaillent dur, ceux qui payent leurs impôts et leurs factures, ceux qui prennent soin des leurs et de leur voisinage… »

Je fus interrompu par une quinte de toux.

« Veuillez m'excuser, j'ai attrapé froid. Ce sont eux qui souffrent le plus. Je veux parler de la classe moyenne. Que l'on soit bien clair : la classe moyenne a suffisamment de problèmes à régler sans devoir supporter des hommes et femmes politiques inefficaces, des politiques gouvernementales inefficaces. »

Le message n'avait rien d'anodin. Il était primordial. Le principal enjeu de la campagne 2016 tenait aux défis de la classe moyenne.

« Il nous faut donner à la classe moyenne les moyens de s'en sortir. Il ne s'agit pas d'une figure de style. Lorsque la classe moyenne se porte bien, tout le monde va bien. L'économie fleurit, les classes laborieuses et les pauvres parviennent à s'élever dans l'échelle sociale. Tout au long de l'Histoire de ce pays, jamais les gens ordinaires n'ont abandonné leur patrie lorsqu'on leur avait donné les moyens de s'en sortir. Jamais au grand jamais. »

Ce jour-là, je consacrai au même thème deux interventions suivies de questions, et il était clair que le courant passait avec mon auditoire. Les personnes présentes souhaitaient rencontrer quelqu'un qui leur parle des aspirations de la classe moyenne. Quelqu'un qui ait conscience de leurs difficultés récentes. Quelqu'un qui leur donne de l'espoir et leur dise que le rêve n'était pas mort. C'était à l'évidence le message qu'attendaient ces gens, et j'étais bien placé pour le leur délivrer.

Au moment de remonter à bord d'Air Force Two et de rentrer à Washington où m'attendait une réunion de préparation avant mon déplacement en Amérique centrale, j'étais vidé. Je me sentais fiévreux et mon poumon gauche crépitait de façon anormale chaque fois que je respirais fort. Je m'allongeai sur le canapé de ma cabine privée où Doc O'Connor me rejoignit avant le décollage. Après m'avoir examiné longuement, il me prescrivit du Mucinex et des antibiotiques.

Je me rendis au bureau le lendemain après m'être levé péniblement, mais mon état était loin de s'améliorer, malgré le traitement. Doc O'Connor, venu voir où j'en étais, affichait une mine inquiète. Depuis six ans que j'étais son patient, c'était la deuxième fois seulement que j'étais malade. La toux sèche persistait et la fièvre augmentait, provoquée par une pneumonie au niveau du poumon gauche. Doc tripla la dose d'antibiotiques et me mit sous perfusion de façon à éviter toute déshydratation. De passage à l'Observatoire naval le lendemain, il put constater que la situation stagnait, voire empirait. Au regard de mon état, il me recommanda d'annuler mon voyage en Amérique latine. J'étais censé m'envoler le lendemain, samedi 28 février, pour l'Uruguay où j'assisterais à l'investiture du nouveau président avant de passer deux jours à Guatemala City où m'attendaient d'intenses négociations avec les présidents des pays du triangle du Nord. J'expliquai à Doc qu'il pouvait oublier tout report d'un voyage aux enjeux aussi importants. Je lui promis de dormir dans l'avion, l'autorisant à rester auprès de moi s'il le souhaitait, mais je refusais d'annuler.

« Je comprends qu'un déplacement à l'étranger soit important, monsieur le vice-président, répliqua Doc. C'est gênant et ça fait mauvais effet, mais vous savez ce qui serait encore plus gênant ? De vous évanouir devant les caméras. Vous vous souvenez sans doute du dîner officiel au Japon au cours duquel George Bush a vomi à table ? Si vous avez envie d'avoir droit à votre propre vidéo sur YouTube, allez-y.

— Je vous assure, Doc. C'est un voyage important.

— J'en ai parfaitement conscience, monsieur le vice-président, mais vous souffrez d'une pneumonie. À l'heure qu'il est, vous avez une tête de déterré et je ne peux rien y changer. »

Et il poursuivit sur le même registre sans que je trouve la force de l'arrêter.

« Je ne suis pas du genre à vous conseiller d'annuler un déplacement, vous le savez bien, mais je vous conseille de vous montrer raisonnable si vous ne souhaitez pas payer l'addition plus tard. Vous êtes vraiment malade. »

Comme je refusais de céder, Doc alla chercher Steve, qui me conseilla à son tour d'annuler. Je n'étais pas d'accord. En désespoir de cause, Doc quitta la pièce avant de revenir avec Steve *et* Jill. Cette fois, je finis par accepter. En partie. Je renonçais à me rendre en Uruguay le lendemain, mais je m'envolerais deux jours plus tard pour Guatemala City, l'étape la plus importante, après avoir pris le temps de me reposer et de me remettre.

Je ne bougeai pas de l'Observatoire naval ce week-end-là en travaillant du mieux que je le pouvais, sans que mon état s'améliore vraiment. Je téléphonai au nouveau président uruguayen Tabaré Vázquez afin qu'il excuse mon absence lors de la cérémonie d'investiture prévue à Montevideo. Je reçus également un appel du président Porochenko. Il souhaitait m'avertir que deux semaines après la conclusion du cessez-le-feu, les Russes continuaient de pilonner l'Ukraine depuis la frontière, au prix de victimes civiles et militaires ukrainiennes. Les observateurs internationaux n'avaient vu aucun signe de retrait de l'artillerie lourde russe, contrairement aux engagements de Poutine. Je conseillai à Porochenko de tenir bon en lui promettant de l'aider de mon mieux. J'en profitai pour le féliciter des mesures anticorruption que son nouveau gouvernement devait prendre la semaine suivante, ce qui lui permettrait d'obtenir l'argent du FMI dont l'Ukraine avait besoin, autant pour l'économie du pays que pour le mettre à l'abri des trahisons de Poutine.

Jill et moi étions dans nos appartements privés à l'étage lorsque nous parvinrent les premières nouvelles de Beau, depuis Houston. Les scanners étaient mauvais, sans que les médecins puissent déterminer si les images montraient un accroissement de la tumeur ou des parties nécrosées, signe que les cellules cancéreuses étaient en train de mourir. Ils promirent de nous rappeler dès qu'ils disposeraient d'informations plus détaillées. Je poussai un long soupir en raccrochant, priant Dieu qu'il s'agisse d'une nécrose de la tumeur. L'Institut Anderson nous rappela le soir même. Les nouvelles n'auraient pas pu être pires puisque la tumeur grossissait. Les cellules cancéreuses se multipliaient à toute vitesse en essaimant ailleurs dans le cerveau. J'avais le cœur en miettes. C'était ce que nous craignions le plus depuis que le Dr Sawaya avait retiré la tumeur initiale.

Un peu plus tard dans le week-end, Hunt me proposa de participer à une conférence téléphonique, de façon que Beau, lui et moi puissions avoir une discussion franche avec le Dr Yung et le Dr Sawaya. Ces derniers nous en dirent davantage sur cette nouvelle excroissance. Une grande partie de la tumeur occupait l'espace laissé par la tumeur d'origine retirée par le Dr Sawaya, et celui-ci proposait d'opérer le plus vite possible. À l'arrière de cette zone se trouvait en revanche une excroissance que le Dr Sawaya serait dans l'impossibilité d'extraire sans risque.

Le Dr Yung nous précisa qu'il existait d'autres possibilités de traitement, ajoutant que tout espoir n'était pas perdu. Hunter lui suggéra d'essayer la nouvelle technique expérimentale d'immunothérapie dont nous avions parlé quelques mois plus tôt. Les équipes médicales du Centre MD Anderson y avaient préparé Beau un mois auparavant, à l'occasion d'une prise de sang, en prélevant des lymphocytes T (les cellules immunitaires chargées de détecter et de détruire les cellules étrangères à l'organisme). Le principe de cette immunothérapie consistait à identifier la protéine des cellules cancéreuses responsables de la tumeur et de programmer les lymphocytes T du patient de sorte qu'ils s'attaquent à cette seule protéine. En théorie, les lymphocytes T étaient alors censés détruire les cellules cancéreuses tout en laissant intactes les cellules saines du cerveau. Malheureusement, cette technique n'était pas applicable dans le cas de Beau, atteint d'une tumeur particulièrement maligne, car les médecins n'avaient pas réussi à identifier et isoler la protéine alimentant les cellules cancéreuses.

Le Dr Yung nous parla d'un autre recours. Il s'agissait d'un traitement plus innovant que tout ce qui avait été tenté jusque-là. Une fois le nodule cancéreux retiré chirurgicalement par le Dr Sawaya, un spécialiste de l'Institut Anderson procéderait à l'injection à l'intérieur de la tumeur restante d'un virus conçu pour stimuler le système immunitaire de Beau et l'inciter à s'attaquer aux cellules cancéreuses. Les chercheurs avaient déjà obtenu des résultats spectaculaires sur certains des vingt-cinq patients qui avaient reçu une telle injection. Parallèlement, le Dr Yung proposait d'essayer une autre forme d'immunothérapie dont le but était de doper la réaction du corps face à la tumeur. Beau servirait de cobaye à cette combinaison thérapeutique inédite et les risques étaient énormes. On ne pouvait écarter la possibilité que le système immunitaire de Beau réagisse de façon excessive et s'en prenne aux cellules saines du cerveau. C'est Hunter qui posa le plus de questions ce jour-là. Il parlait en connaissance de cause, s'exprimant au nom de son frère. Je me retrouvai un peu perdu au milieu de tout ce jargon médical alors qu'une averse de grêle faisait tinter les vitres de la résidence. Je ne me sentais toujours pas dans mon assiette et ma tête tournait, emportée par ce tourbillon de protéines, d'anticorps, d'antigènes et de virus programmés. J'avoue m'être senti perplexe, mais Beau régla la question en prenant une décision. « C'est tout bon, on y va. C'est tout bon. C'est tout bon. »

Les médecins nous expliquèrent qu'il serait nécessaire d'attendre trois ou quatre semaines avant l'opération. Il fallait laisser le temps aux produits utilisés pour la chimiothérapie de se dissiper si l'on voulait que Beau puisse se remettre de cette nouvelle opération au cerveau. En revanche, la première injection de l'immunothérapie, un anticorps anti-PD-1, serait réalisée dès que possible. Le Dr Yung proposait la date du 4 mars, le mercredi de la semaine suivante.

La conversation téléphonique terminée, Jill et moi nous regardâmes longuement avant de nous serrer dans les bras l'un de l'autre. À cet instant précis, en dépit de sa chaleur, je crois bien que j'avais perdu tout espoir, mais je ne voulais pas craquer devant elle, de peur de la traumatiser. Je préférai me réfugier dans notre chambre où je m'emparai de mon chapelet afin de prier. Je ne savais pas quoi demander à Dieu, mais le simple fait de prier m'apaisa. Je devais me montrer fort et entretenir la flamme de l'espoir car le combat ne faisait que commencer. Beau avait survécu aux premiers rounds, mais l'instant décisif approchait et nous devions être prêts. C'était une question de vie ou de mort.

Je savais que Hunt se rendrait à Houston avec son frère lors de l'injection de l'anti-PD-1, mais je passai la soirée du dimanche à m'interroger sur ma propre présence. Conformément à mon calendrier officiel, je devais m'envoler pour Guatemala City le lendemain matin, lundi 2 mars. J'aurais tout donné pour rester auprès de Beau. Je n'aspirais qu'à me rendre chez lui et le serrer dans mes bras. Je savais que si j'appelais Barack à la Maison-Blanche ce soir-là afin de lui annoncer les raisons qui me poussaient à annuler ce déplacement, il me dirait : « Allez-y, Joe. Prenez tout le temps nécessaire. » Mais je savais aussi qu'il n'arriverait rien à Beau pendant mon absence et qu'une annulation aurait inutilement attiré l'attention des médias. Sans compter que je serais de retour mercredi matin, jour de la première injection.

Enfin, j'étais conscient que Beau serait déçu de ma réaction si j'annulais une visite officielle à cause de lui. J'avais une obligation vis-à-vis du pays. Beau aurait parlé de devoir. Je dois toutefois reconnaître que si l'hôte de la Maison-Blanche avait été quelqu'un d'autre, un président dont je n'appréciais pas autant la personnalité et les choix politiques, j'aurais probablement passé ce coup de fil et délaissé un temps ma fonction. Mais je me sentais une obligation vis-à-vis de Barack, que je considérais comme un ami. Il m'avait accordé toute sa confiance. Il comptait sur moi et avait suffisamment de soucis sans que je lui complique la tâche.

Le lendemain matin à 9h40, Jill et moi montions à bord d'un hélicoptère à destination de la base d'Andrews où nous attendaient Air Force Two et le vol pour Guatemala City. Après une mauvaise nuit, je continuais de me bourrer de Mucinex et d'antibiotiques. Chaque respiration un peu prononcée faisait naître une douleur aiguë au niveau de mon poumon gauche, mais je pensais avoir fait le bon choix. Installé dans ma cabine, je me plongeai dans la lecture des rapports préparés à mon intention.

Mon opinion n'était sans doute pas majoritaire à la Maison-Blanche, mais j'étais sincèrement persuadé que l'Amérique centrale pouvait, sur le long terme, changer la donne en matière de sécurité nationale. Comme souvent, une crise s'était chargée de nous ouvrir une porte, lorsque plusieurs milliers d'enfants originaires du triangle du Nord (une région regroupant le Guatemala, le Honduras et le Salvador) avaient afflué le long de notre frontière sud au cours de l'été 2014. Cette vague avait fait les gros titres des journaux tout en enflammant l'imagination du grand public. Pourquoi les parents mettaient-ils leurs enfants dans des bus pour les envoyer aux États-Unis sans accompagnants ? Comment pouvaient-ils croire que c'était une solution ? À quelle situation dramatique étaient-ils confrontés pour en arriver à une telle extrémité ?

Lorsque Barack s'était tourné vers moi et m'avait dit : « Joe, je vous laisse vous en occuper », j'avais été heureux qu'il ne confie pas cette tâche à quelqu'un d'autre. Très vite, j'avais compris que cette crise nous offrait la possibilité d'influer sur le cours de l'Histoire. Parmi toutes les régions du globe confrontées à de grandes difficultés, l'Amérique centrale était la plus prometteuse.

Avec moins de deux années devant nous, nous ne disposions pas du laps de temps nécessaire pour agir ailleurs. Le mieux que nous pouvions espérer au Moyen-Orient était de maintenir le statu quo et de mettre en place le mécanisme qui permettrait à nos alliés de se lancer dans une longue campagne contre l'État islamique et les autres mouvements terroristes. Construire une stabilité durable dans des pays tels que l'Irak, la Libye et la Syrie n'était pas envisageable à court terme. En Europe de l'Est, nous devions nous contenter de renforcer le consensus contre Poutine en isolant la Russie. Peut-être était-il possible de lancer les bases de progrès sensibles avec la Chine, mais notre seule véritable chance de succès, à mon avis, se trouvait en Amérique latine. À condition d'agir avec intelligence et courage, nous pouvions espérer placer nos relations avec le monde latino-américain sur une trajectoire infiniment plus porteuse. Nous pouvions renverser la vapeur et persuader les citoyens de cette région du monde que les États-Unis n'étaient pas un voisin encombrant et brutal qui dictait ses conditions aux nations plus modestes. Nous avions les moyens de les convaincre de notre volonté sincère de les aider.

J'étais déjà le tenant de cette position avant l'arrivée massive de ces enfants à la frontière en 2014. Dès le mois de mai 2013, j'avais jeté les bases d'un engagement du pays en Amérique latine, à l'occasion d'un discours prononcé au département d'État devant un parterre fourni de diplomates et d'officiels de tous les pays de cette partie du monde. « Dans cette région, beaucoup considèrent que les États-Unis se sentent peu concernés ou qu'ils affichent une position dominante, voire les deux, avais-je déclaré. Je leur dirais volontiers que c'était vrai, mais que ça ne l'est plus. De même, trop de mes concitoyens, lorsqu'ils tournent leurs regards vers le sud, ne veulent voir qu'un espace de 600 millions d'habitants essentiellement marqué par la pauvreté et les rivalités. Ce n'est plus la réalité. D'un côté comme de l'autre, de tels stéréotypes n'ont plus cours. Et même depuis un certain temps, à mon sens.

« Les changements actuels nous offrent à tous la possibilité de voir notre continent sous un jour très différent… À mes yeux, il serait plus juste de considérer que notre continent constitue désormais un espace sûr et démocratique ouvert aux classes moyennes. Et cela de façon continue, du Canada au Chili. »

L'Amérique centrale constituait un verrou critique pour que cette réalité puisse s'affirmer. D'instinct, pour avoir collaboré étroitement avec les présidents du Guatemala, du Honduras et du Salvador au cours des neuf mois écoulés, j'étais convaincu de leur sincérité. Je pensais qu'un changement était possible.

Mon vieil ami Tip O'Neill, qui restera dans les annales comme le président le plus pittoresque et le plus doué de la Chambre des représentants, usait d'une formule très juste : « La politique se joue toujours à l'échelle locale. » Ma longue carrière m'autorise à améliorer cette affirmation. Je crois que la politique se joue toujours à l'échelle personnelle, sachant que ceux qui la portent ont l'obligation d'accorder leur confiance à leurs homologues ; à moins d'établir des relations personnelles entre dirigeants, il est extrêmement difficile de faire confiance à quiconque. C'est particulièrement vrai en matière de politique étrangère, lorsqu'on se trouve en présence d'individus originaires de pays différents que l'on connaît mal, avec lesquels on partage une expérience limitée. J'ai personnellement consacré un nombre d'heures incalculable à construire des passerelles avec mes partenaires pour parvenir à cette confiance, et je m'en suis toujours remis à un conseil de mon père : « N'essaye jamais d'expliquer à un interlocuteur où se trouve son intérêt. Efforce-toi de te mettre à sa place. Essaye de comprendre la nature de ses espérances et de mesurer ses limites, ne l'oblige jamais à réaliser l'impossible. Le tout est de parvenir à établir un lien personnel avec l'autre. »

Les présidents Otto Pérez Molina du Guatemala, Juan Orlando Hernández du Honduras et Salvador Sánchez Cerén du Salvador étaient devenus des amis au cours des neuf derniers mois. Je pensais bénéficier de leur confiance. Je dis un jour au président Sánchez Cerén, un ancien membre de la guérilla communiste au Salvador : « Si jamais je me retrouve un jour coincé dans la jungle, je voudrais que ce soit avec *vous*. » J'étais leur contact privilégié, ils savaient que je m'exprimais au nom du président. J'étais aussi leur confident, de sorte que s'ils s'étaient trouvés en face d'un autre interlocuteur lors de ce sommet du printemps 2015, le dialogue de nos pays aurait pu s'en trouver fortement affecté. C'était un risque que je ne voulais en aucun cas courir.

J'arrivai à Guatemala City avec un vrai cadeau en poche : la perspective d'une aide massive pour le triangle du Nord. Le plan que j'avais mis au point tenait compte des impératifs sécuritaires des trois pays concernés, mais aussi de leurs problèmes de gouvernance. Avec l'aide du département d'État et de mes équipes, mais aussi le soutien de républicains et de démocrates à la Chambre comme au Sénat, nous avions réussi à mettre sur pied un plan d'aide similaire à celui qui avait permis à la Colombie de se redresser. Le versement d'un milliard de dollars aux pays du triangle du Nord allait bien au-delà de ce qui avait déjà été fait par les États-Unis, et bien au-delà de ce que l'on attendait d'eux. La région avait pu compter jusque-là sur le Congrès, à majorité républicaine, pour consacrer 250 millions de dollars à l'interdiction de la drogue, mais l'ampleur de ce nouveau plan d'aide était totalement inédite. Il comprenait bien évidemment un volet d'aide pour la police et la sécurité, ces pays ayant le taux de criminalité le plus élevé au monde, mais l'administration que je représentais y ajoutait des mesures liées au développement, conformément aux enseignements apportés par le plan d'assistance à la Colombie. On sait bien que les opérations d'aide au maintien de la loi ne sont pas efficaces sur la durée si elles ne s'appuient pas sur des institutions judiciaires et gouvernementales solides.

Cette demande d'assistance, présentée au Congrès en janvier, prévoyait le financement de centres pour adolescents des deux sexes de façon à prévenir l'enrôlement des jeunes à risque dans les gangs ; une aide aux agences gouvernementales chargées de collecter l'impôt, visant à une meilleure utilisation des fonds et plus de transparence dans la gestion de ceux-ci ; enfin, des investissements dans la coordination des politiques énergétiques de la région qui devaient permettre de baisser les coûts prohibitifs de l'énergie. Ce volet était crucial à mes yeux. Réduire les dépenses d'énergie des citoyens du triangle du Nord était un moyen efficace de réduire les inégalités, de promouvoir le développement économique, et même de déboucher sur une baisse de la criminalité.

Cette assistance signalait un changement radical des rapports entre les États-Unis et le reste du continent. En moins de deux ans, c'était la cinquième fois que j'effectuais un déplacement officiel. Dans le même temps, le président Obama était sur le point de normaliser les relations diplomatiques avec Cuba, ce qui coupait l'herbe sous les pieds des démagogues, toujours prompts à dénoncer l'impérialisme yankee. Lorsqu'un membre de notre administration avait déclaré: « Il ne s'agit pas de savoir ce que nous pouvons faire pour vous, mais ce que nous pouvons faire ensemble », l'Amérique latine tout entière avait commencé à adhérer. Pour en avoir discuté avec mes amis au Sénat, d'un parti comme de l'autre, je savais jusqu'où il était possible d'aller. J'étais désormais en mesure de regarder droit dans les yeux les présidents des trois pays du triangle du Nord et de leur dire que ce plan d'aide obtiendrait l'assentiment du Congrès. À défaut d'obtenir un milliard tout rond, nous pourrions nous en approcher.

Au moment crucial, lorsque je me retrouvai seul avec les dirigeants des trois pays du triangle du Nord, je pense qu'ils ne doutaient plus de ma volonté sincère de les aider. En contrepartie, je leur demandai de donner le meilleur d'eux-mêmes pour m'aider à les aider. Je m'engageais à pousser le Congrès à voter l'assistance qui leur était accordée, à charge pour eux de rassurer ses membres. « Primo, commençai-je, sachez que tout le monde aux États-Unis pense que vous êtes corrompus. Secundo, les gens sont convaincus que vous ne tiendrez pas vos engagements. Tertio, vos administrations fiscales et vos instances de régulation sont gangrenées par la corruption. Vous n'imposez quasiment pas les riches alors que vous étouffez sous les impôts les pauvres comme votre maigre classe moyenne. Je vous demande de vous engager à changer la donne. »

Mes trois interlocuteurs savaient que j'attendais d'eux des promesses difficiles sur le plan politique. Il leur fallait démanteler les réseaux de contrebande et mettre un terme à la désinformation liée au système d'immigration américain de façon à stopper l'afflux de migrants à notre frontière sud. Chacun d'eux devait imaginer une forme de gouvernance susceptible de bénéficier à *tous* ses citoyens. Surtout, chacun devait s'engager à verser bien plus qu'un dollar en échange de chaque dollar d'aide versé par les États-Unis. Je les mettais au défi de mettre sur pied un plan digne de ce nom et de commencer à engranger des résultats. Je leur précisai que si c'était le cas, le président Obama et moi-même serions au rendez-vous. Il n'était toutefois pas question pour nous de sortir du bois s'ils ne le faisaient pas eux-mêmes. J'ajoutai que si ces conditions leur semblaient trop dures, je pouvais très bien le comprendre. Dont acte. S'ils les acceptaient, en revanche, j'avais l'intention de mettre tout mon poids dans la balance afin de convaincre les membres du Congrès que les dirigeants des pays du triangle du Nord étaient disposés à se lancer dans d'importantes réformes intérieures. J'étais prêt à donner au Congrès mon assurance que le changement était en route. « Et si jamais vous ne teniez pas vos promesses, comptez sur moi pour venir vous réclamer des comptes », déclarai-je en guise de conclusion.

Cette rencontre en tête-à-tête avec les trois présidents, initialement prévue pour durer quinze à vingt minutes, s'étala finalement sur plus d'une heure, mais nous en sortîmes avec la volonté d'aboutir. Au cours des heures qui suivirent, nous forgeâmes tous les quatre une « Déclaration conjointe des présidents du Salvador, du Guatemala, du Honduras et du vice-président des États-Unis d'Amérique relative à un plan de coopération visant à la prospérité du triangle du Nord ». L'intitulé pouvait sembler laborieux, mais ni moi, ni Molina, ni Hernández ni Sánchez Cerén ne souhaitions perdre notre temps, ce qui nous avait poussés à négocier en temps réel, pendant que nos collaborateurs respectifs s'activaient en coulisse en s'accordant sur les termes exacts.

Le processus était épuisant, mais nous en sortîmes avec un document fiable. Il comportait près d'une quarantaine d'engagements de la part des trois présidents. Ceux-ci promettaient d'utiliser l'argent et l'expertise fournis par les États-Unis pour veiller à ce que leurs gouvernements respectifs répondent aux besoins réels des populations. Les présidents s'engageaient spécifiquement à fournir l'accès à une véritable éducation aux plus démunis, à donner davantage de responsabilités aux femmes, à améliorer le système de santé, à créer des programmes alimentaires, à améliorer la sécurité publique, mais aussi à réformer de fond en comble le système judiciaire, de la police de terrain aux tribunaux en passant par le système carcéral. Ils promettaient davantage d'équité fiscale et une plus grande efficacité dans la collecte des impôts, ainsi que des plans détaillés concernant l'accès à l'économie et à une énergie bon marché. En échange, le gouvernement des États-Unis fournirait des experts des ministères de la Justice, du Trésor, des Douanes et de l'Énergie afin d'aider les dirigeants du Guatemala, du Honduras et du Salvador à mettre en place des mécanismes de gouvernance jusque-là inexistants. J'étais personnellement convaincu que l'ensemble de ces efforts permettraient aux trois pays concernés de s'engager sur le chemin de la stabilité politique et d'un essor économique capable de bénéficier à tous.

Les présidents Molina, Hernández et Sánchez Cerén apposèrent comme moi leur signature sur cette déclaration avant de la transmettre aux médias. Ce déplacement débouchait sur des engagements concrets, écrits noir sur blanc. J'étais en mesure d'apporter aux membres du Congrès la preuve de l'engagement des dirigeants du triangle du Nord, de leur montrer l'exigence des contrôles prévus par l'accord. J'entendais démontrer au Congrès mon intention de ne pas débloquer un seul dollar tant que nous n'aurions pas reçu l'assurance que des enseignants et des policiers soigneusement formés avaient été engagés dans les quartiers à risque, que des impôts étaient prélevés auprès des plus riches. Je m'engageais personnellement à ne rien verser tant que les programmes concernés n'auraient pas été mis sur pied. Je mettais en jeu ma réputation auprès de membres du Congrès conscients que je n'avais jamais manqué à ma parole.

J'eus un entretien très direct avec les membres de mon équipe dans ma cabine d'Air Force Two pendant le vol de retour. De nombreux obstacles étaient susceptibles d'entraver le bon fonctionnement de ce plan d'aide, mais la volonté manifeste des trois présidents des pays du triangle du Nord de se montrer à la hauteur des enjeux m'avait impressionné. Je remerciai mes équipes pour leur efficacité tout en précisant que nous ne devions pas relâcher l'effort. Nous allions devoir entamer tout un travail de lobbying auprès des élus, tout en insistant auprès des dirigeants du triangle pour qu'ils nous fournissent des engagements détaillés. Il nous fallait conditionner l'aide fournie à la fois à un travail à court terme (notamment trouver une solution à la violence et aux inégalités dans les zones les plus fragiles) tout en œuvrant patiemment à la mise en place de réformes structurelles et de gouvernance porteuses d'une véritable prospérité.

Il était près de minuit, le mardi soir, lorsque Jill et moi regagnâmes notre résidence de l'Observatoire naval à Washington où la température n'était toujours pas remontée au-dessus de zéro. Je peinai à trouver le sommeil ce soir-là, inquiet de l'injection d'anticorps que devait recevoir Beau le lendemain. Celui-ci était toujours au centre de mes préoccupations le mercredi, à la Maison-Blanche, lorsque je rapportai au président le détail de mon séjour à Guatemala City. Je passai le reste de la journée dans mon bureau, dans l'attente d'un appel en provenance de Houston. J'étais à la fois fatigué, soucieux et en colère contre le destin. Pourquoi s'en prendre de la sorte à mon fils ? Il ne méritait pas ce qui lui arrivait. Un coup d'œil à mon emploi du temps de cette fin de semaine me montra que je pourrais enfin consacrer un peu de temps à Beau. Au même moment arriva un appel d'Haïder al-Abadi. Le Premier ministre irakien n'était pas homme à se laisser déborder par les événements, je fus d'autant plus surpris de le trouver aussi agité.

« Joe, me dit-il, j'ai besoin de votre aide. »

7

Risques calculés

Le Premier ministre irakien Al-Abadi avait le plus grand besoin de notre aide militaire à l'heure de se lancer dans la nouvelle bataille de Tikrit, ainsi qu'il me l'annonça par téléphone ce 4 mars 2015. Et il en avait besoin très vite. Al-Abadi était sur le point de perdre un combat crucial contre les menées terroristes de l'État islamique en Irak et au Levant. Il s'agissait d'une requête majeure, porteuse de conséquences graves à la fois pour l'Irak et pour les États-Unis. Au-delà de ses implications géopolitiques planétaires, le sujet me préoccupait personnellement. Une majorité d'Américains avaient fini par se lasser d'une guerre meurtrière qui durait depuis douze ans, beaucoup de mes concitoyens ne voulaient plus en entendre parler. Je n'avais pas cette liberté. Ayant œuvré depuis 2003 à la mise en place d'un gouvernement de consensus en Irak dont on espérait qu'il donnerait naissance à un véritable régime démocratique, je me sentais pleinement impliqué. Je m'étais rendu en Irak une bonne vingtaine de fois, dans un premier temps en qualité de président de la Commission des Affaires étrangères du Sénat, par la suite en tant que vice-président. Dès ma prise de fonction en 2009, lors d'une réunion officielle dans le Bureau ovale, Barack l'avait clairement annoncé: «Joe sera responsable de l'Irak.»

La question irakienne était probablement celle qui avait fait naître chez moi le plus de frustrations en quarante années de gestion des Affaires étrangères. Les relations entre les Arabes chiites, les Arabes sunnites et les Kurdes, teintées de ressentiment et de paranoïa, étaient ponctuées de soubresauts d'une grande violence. Ces trois factions entretenaient des rancœurs à la fois historiques et récentes. Les frontières irakiennes actuelles avaient été dessinées à la suite de la chute de l'Empire ottoman, au lendemain de la Première Guerre mondiale. Le régime baasiste de Saddam Hussein s'était appuyé sur la minorité sunnite du pays en réprimant avec brutalité les aspirations de la majorité arabe chiite, concentrée dans la partie centrale et le sud du pays, comme celles de la minorité kurde dans le Nord. L'invasion américaine de 2003 avait rebattu les cartes en retirant le pouvoir des mains des sunnites pour le confier aux chiites tout en ranimant les rêves d'indépendance des Kurdes. Douze années durant, nous avions tenté de convaincre les responsables politiques irakiens de l'intérêt de gouverner autrement que par la force et le sectarisme, avant de comprendre que cet objectif était quasiment impossible à atteindre. Je me refusais pourtant à y renoncer. Beau avait risqué sa vie et sa santé en servant en Irak pendant un an. Il en parlait peu, bien qu'il ait vu la mort de près, mais il insistait toujours sur la noblesse des intentions américaines. Tant qu'il restait une chance de faire progresser durablement la situation en Irak, Beau estimait qu'il était de notre devoir d'essayer. Nous avions sacrifié les vies de trop de nos concitoyens pour renoncer. L'appel d'Al-Abadi arrivait à point nommé. Par une curieuse ironie du sort, l'État islamique, qui avait pourtant fait vœu de détruire définitivement l'Irak, était en train de souder entre elles les différentes factions irakiennes, fût-ce temporairement.

L'EI avait pris par surprise les États-Unis et l'ensemble de la coalition alliée au cours de l'été 2014 en menant une offensive éclair dans le nord et l'ouest du pays. Les combattants de Daesh avaient enfoncé les forces de sécurité irakiennes et l'EI s'était implanté solidement avec l'intention extravagante de donner le jour à un « califat » dans l'ensemble du Moyen-Orient, voire au-delà. L'EI s'était emparé de près d'un tiers de l'Irak, prenant essentiellement pied dans des régions à majorité sunnite. De ce fait, l'organisation disposait brusquement de centaines de millions de dollars prélevés dans les banques qu'elle pillait, ainsi que d'armements sophistiqués et d'équipements divers abandonnés dans leur fuite par des unités combattantes irakiennes mal commandées. L'EI terrorisait les populations en pratiquant à grande échelle des décapitations et autres exécutions publiques, en brûlant vifs et en crucifiant ses prisonniers avant de diffuser auprès du monde entier les vidéos de ces exactions. Ses combattants profanaient ou détruisaient les hauts lieux et les bibliothèques chiites, menaçaient de génocide les minorités chrétiennes et yézidis, mettaient en péril le bastion kurde de Kirkouk, riche en pétrole. Ils avaient surtout pris la deuxième ville du pays, Mossoul, ainsi que Tikrit, capitale de la province de Salah ad-Din.

L'irruption brutale de l'État islamique était venue bouleverser les calculs politiques des trois factions de Bagdad en les obligeant à penser comme Benjamin Franklin, l'un des pères de la Révolution américaine. « Nous allons devoir nous battre ensemble si nous ne voulons pas être tous pendus séparément », avait proclamé celui-ci lors de la signature de la Déclaration d'indépendance. Mon équipe et moi entendions profiter de cette crise inattendue. En 2014, j'avais passé des heures au téléphone, en compagnie de Stuart Jones, notre ambassadeur à Bagdad, de l'envoyé spécial Brett McGurk et des gens de la sécurité nationale, dans l'espoir d'obtenir des concessions de chacune des parties afin de former un gouvernement d'union. La vision sectaire et l'entêtement de l'ancien Premier ministre Nouri al-Maliki ayant débouché sur l'éclosion de l'État islamique, nous avions décroché de haute lutte un accord entre les trois factions qui avait permis d'installer au poste de Premier ministre Haïder al-Abadi, un chiite partisan d'un gouvernement d'ouverture. Pour avoir passé du temps avec lui et l'avoir vu travailler, je savais qu'il était notre meilleur atout pour la constitution d'un gouvernement d'union. Il m'avait notamment expliqué son désir de voir l'Irak servir de tête de pont à la démocratie au Moyen-Orient. Nous étions d'accord sur la nécessité de parvenir à ce qu'il nommait un « fédéralisme fonctionnel » en accordant davantage d'autonomie aux différentes provinces du pays, dont certaines étaient contrôlées par les sunnites et d'autres par les Kurdes. Nous avions évoqué l'incroyable potentiel économique de l'Irak au vu de ses réserves pétrolières. Le pays possédait davantage de pétrole que le Koweït et la Russie, et quasiment autant que l'Iran. Ces réserves représentaient un trésor susceptible de bénéficier à toutes les composantes du pays et de cimenter la nation irakienne.

Nous avions travaillé main dans la main avec Al-Abadi afin de créer des forces de sécurité et d'imaginer une stratégie de lutte contre Daesh, sans qu'il soit besoin d'envoyer à nouveau sur place des dizaines de milliers de soldats américains. Comme le gouvernement précédent, celui d'Al-Maliki, avait décimé l'armée irakienne et son commandement, il fallait tout reprendre à zéro. Nos conseillers militaires avaient aidé Al-Abadi à sélectionner ses officiers pour leur compétence, et non en fonction de leur appartenance religieuse. Nos propres Forces spéciales avaient reçu pour mission de déterminer quelles unités irakiennes il était possible de préserver, mais aussi de reconstruire l'armée et de former ses recrues. Nous avions fourni à ces nouvelles forces armées des blindés, des munitions, des armes de poing, des missiles Hellfire, ainsi que des équipements de détection d'engins explosifs.

Lorsque Al-Abadi me téléphona ce matin de mars 2015, une opération d'ampleur contre l'EI venait d'être lancée à Tikrit. Le Premier ministre irakien me fit clairement entendre au téléphone que cet assaut l'inquiétait grandement. Tikrit était une véritable poudrière. Neuf ans plus tôt, les combats entre chiites et sunnites dans la ville voisine de Samarra avaient précipité le pays tout entier dans la guerre civile ; à la suite du massacre par Daesh de 1 500 recrues de l'armée de l'air, pour beaucoup des chiites, sur une base aérienne voisine en juin 2014, l'histoire menaçait de se répéter. La reconquête de la ville avait été planifiée sans consultation du gouvernement central, en dehors de tout contrôle du ministre de la Défense. Les trois quarts des 30 000 participants à l'attaque étaient des miliciens chiites rattachés aux UMP, les Unités de mobilisation populaire, essentiellement alignées sur les positions du gouvernement iranien. Tout indiquait que Téhéran pilotait l'opération à distance en fournissant aux UMP de l'artillerie, des chars, des drones et des conseillers militaires. Sur le terrain, le haut gradé le plus connu n'était autre que Qassem Soleimani, le commandant de la célèbre Force Al-Qods du corps des Gardiens de la révolution islamique. Soleimani paradait sur le champ de bataille avec un drapeau iranien en multipliant les selfies destinés à circuler aussi bien en Iran qu'en Irak. Si l'attaque était couronnée de succès, Soleimani serait considéré comme un héros par la population chiite de la région, et le gouvernement de Bagdad deviendrait débiteur de Téhéran. Cela créerait un précédent dangereux en incitant les Iraniens à monter des opérations de sécurité similaires ailleurs en Irak. En outre, Al-Abadi craignait que les inévitables représailles des combattants chiites contre les sunnites, après la libération de Tikrit, ne fassent monter la tension entre les deux communautés et ne sonnent le glas du gouvernement d'union.

Nous savions tous les deux qu'il était impératif de chasser l'EI de Tikrit de la bonne façon. Al-Abadi devait impérativement reprendre le contrôle de l'opération avec les troupes irakiennes avant que la situation ne dégénère. Il avait besoin des États-Unis dans cette optique et comptait sur moi pour appuyer sa requête. Il entendait disposer d'une puissance de feu supérieure ou égale à celle des Iraniens, avec des drones d'observation, de surveillance et de reconnaissance, des frappes aériennes américaines ciblées contre les combattants de l'EI, de nouvelles munitions et des gilets pare-balles, ainsi que des conseillers militaires américains chargés de coordonner l'offensive. J'étais personnellement convaincu qu'Al-Abadi méritait d'être aidé. Je lui promis donc de faire tout mon possible dans les meilleurs délais, tout en lui précisant qu'il devait s'attendre à des conditions en échange de l'assistance militaire américaine.

Le même jour, je reçus de Houston un appel rassurant. L'injection à Beau de l'anticorps anti-PD-1 pembrolizumab – ou pembro, comme l'appelaient les médecins – s'était bien déroulée. La procédure en elle-même était simple puisqu'elle consistait à le mettre sous perfusion et lui injecter 150 milligrammes de cet anticorps en l'espace d'une demi-heure. Réfugié dans mon bureau de la West Wing, j'avais pourtant le pressentiment que rien ne serait simple au cours des mois suivants. Les médecins venaient de franchir le Rubicon et nous allions devoir nous battre pour Beau et, plus généralement, pour l'ensemble de la famille. Nul ne savait combien de temps durerait cette épreuve car il s'agissait d'un traitement inédit, une attaque simultanée du glioblastome sur trois fronts à la fois qui n'avait jamais été tentée auparavant. Le Dr Sawaya était à la manœuvre pour l'opération suivante. Risquée, celle-ci consistait à retirer une partie de la tumeur de Beau à la fin du mois de mars. À peine serait-il remis de cette opération, le Dr Frederick Lang avait prévu d'injecter dans le reste de la tumeur un virus spécial. Après quoi il faudrait procéder à une nouvelle injection de pembro, quelques semaines plus tard, dès que Beau serait en mesure de le supporter. Du moins était-ce la procédure envisagée.

L'utilisation d'un virus vivant était une forme de traitement relativement nouvelle, mise au point par des chercheurs et des cliniciens au Centre MD Anderson au cours des quinze années précédentes. En revanche, la réalité microbiologique sur laquelle repose ce traitement remonte à plusieurs milliards d'années. Les virus existent depuis l'apparition des organismes vivants, les deux espèces cohabitent et évoluent en parallèle depuis toujours. Les virus sont opportunistes par nature, ils se glissent à l'intérieur des cellules qu'ils manipulent en fonction de leurs propres besoins. Le virus s'introduit dans une cellule saine, détruit ses protéines de façon à l'empêcher de se reproduire, et s'empare de la capacité de reproduction de la cellule infectée pour se reproduire lui-même. Les médecins de l'Institut Anderson s'appuyaient sur ce mécanisme viral néfaste dans l'espoir d'obtenir des effets bénéfiques. Ils avaient notamment mis au point un virus capable de détruire les cellules cancéreuses sans affecter les tissus sains. Cette bombe virale intelligente, baptisée Delta-24, n'est pas capable de détruire les protéines des cellules, si bien qu'elle n'affecte pas dangereusement ces dernières. Et comme les cellules cancéreuses ne possèdent pas de gène capable d'empêcher la division cellulaire, le Delta-24 utilise la capacité de reproduction des cellules malignes pour se démultiplier à l'intérieur de la tumeur.

Le Delta-24 se reproduit ainsi jusqu'à ce que la cellule cancéreuse, saturée de virus, finisse par exploser. La déflagration envoie alors des particules virales dans les cellules cancéreuses voisines et le processus se répète.

Il suffisait que le Dr Lang injecte du Delta-24 dans une partie minuscule de la tumeur pour que le virus finisse par détruire celle-ci. Ce type de virothérapie n'existait qu'au stade théorique dix ans plus tôt, de sorte que les équipes de l'Institut Anderson n'étaient pas en mesure d'en évaluer toutes les conséquences. La première fois qu'un patient d'Anderson avait reçu une injection de virus, le médecin responsable de l'opération n'en avait pas dormi de la nuit. Depuis lors, les équipes de l'institut commençaient à enregistrer un certain succès, si bien qu'il était envisagé de traiter Beau au Delta-24. Le Dr Lang venait de consacrer au sujet la première étude d'importance, avec des résultats encourageants. Sur les vingt-cinq patients concernés par cette étude, trois avaient vu leur tumeur disparaître. Ils étaient pourtant porteurs de tumeurs récurrentes de grande taille, comme Beau. Le traitement avait permis de prolonger la vie des malades en question depuis plus de trois ans et le Dr Lang y voyait une technique prometteuse. Le virus injecté avait produit une réaction intéressante au niveau du système immunitaire des trois patients guéris de leur tumeur. Les cellules cancéreuses ont le don de passer sous le radar de notre système immunitaire, contrairement au virus. Le système immunitaire détecte la présence de Delta-24 à l'intérieur des cellules cancéreuses, ce qui déclenche son intérêt pour ces dernières. Jugeant indésirables les protéines de la tumeur, il s'efforce de la détruire.

Lang et Yung, soucieux de stimuler le système immunitaire parallèlement à l'action du virus, eurent l'idée d'utiliser du pembro, un anticorps anti-PD-1. Le pembro a été conçu dans l'idée de renforcer l'action du système immunitaire en lui signalant la présence de la tumeur afin que les lymphocytes T du corps s'y attaquent. Les cellules cancéreuses s'en prennent aux lymphocytes T, mais l'anti-PD-1 les protège. Le pembro sert déjà à traiter les mélanomes ou le cancer du poumon, et les médecins de Beau pensaient que son utilisation pouvait révolutionner le traitement des glioblastomes. Le Dr Lang comme le Dr Yung avaient clairement exposé à Beau et Hunter les risques d'un tel traitement. Le virus pouvait très bien provoquer un gonflement du cerveau, avec des conséquences graves, voire mortelles. Et quand bien même l'opération produirait les résultats espérés, Beau avait toutes les chances de voir son état empirer dans un premier temps. Sans parler des complications potentiellement engendrées par le pembro. Lang avait insisté sur toutes ces inconnues puisque Beau inaugurait ce protocole. Ce dernier, après avoir écouté le médecin, s'était tourné vers son frère qui l'accompagnait à chaque consultation. Voyant que Hunter affichait une mine décidée, il s'était tourné vers le Dr Lang: « C'est tout bon, on y va. »

Je l'appris uniquement par la suite, mais les membres du personnel médical de l'Institut Anderson discutaient fréquemment de Beau entre eux. Tous étaient admiratifs de sa sérénité et de son humeur égale. Beau avait même conseillé à ses médecins d'y mettre la dose en les persuadant qu'il résisterait au traitement. « On pense être courageux quand on accepte de se battre avec une chance sur deux de s'en sortir, déclara par la suite l'anesthésiste qui suivit mon fils à chacune de ses visites pendant vingt mois. Mais le vrai courage, c'est de continuer à se battre quand on n'a quasiment aucune chance de s'en tirer. »

Après avoir discuté de la requête d'Al-Abadi avec mon conseiller à la sécurité nationale, Colin Kahl, et le reste de mon équipe, j'appelai le responsable des opérations militaires au Moyen-Orient, le général Lloyd Austin. Ce dernier dirigeait l'opération Inherent Resolve, montée six mois plus tôt par notre administration afin de venir à bout de l'IE. Le général Austin, en parfaite intelligence avec les diplomates du département d'État, avait mis sur pied une coalition internationale de lutte contre Daesh et montré sa détermination sur le terrain. « Mon objectif est de combattre l'EI et de le détruire, avait-il déclaré dès la première campagne de bombardement. J'entends le cibler tant qu'il résistera. »

Le général, tout en m'assurant de sa volonté d'aider Al-Abadi, trouvait imprudent de lui fournir une couverture aérienne et des conseillers militaires dans l'état actuel de la situation. Les frappes de l'aviation américaine ou des autres membres de la coalition à Tikrit risquaient de toucher accidentellement les milices chiites et leurs cadres iraniens, ce qui créerait des frictions inutiles avec Téhéran. En outre, il ne souhaitait en aucun cas apporter son soutien à une opération dirigée par les Iraniens. Si Al-Abadi avait vraiment besoin de l'aide américaine, il devait commencer par prendre la direction des opérations, nettoyer le terrain des milices chiites et les remplacer par des soldats placés sous son commandement.

En allant plaider la cause d'Al-Abadi auprès du président Obama, je commençais à me dire que le drame de Tikrit était peut-être une opportunité pour nous. Si le président conditionnait notre aide à de vraies concessions et qu'Al-Abadi acceptait celles-ci, et si les Irakiens parvenaient à chasser l'EI de Tikrit grâce à nous, tout le monde comprendrait l'intérêt d'avoir un gouvernement d'union à Bagdad. Cette affaire constituerait le premier test d'importance pour Al-Abadi. Je suggérai au président d'imposer les conditions suivantes : avant toute frappe aérienne américaine, il était impératif que la direction de l'offensive soit placée entre les mains d'Al-Abadi et de son ministre de la Défense, en coordination avec les forces de la coalition internationale de lutte contre l'EI ; les États-Unis devaient disposer d'une parfaite connaissance des forces en présence sur le terrain, avec l'assurance de savoir précisément où se trouvait chacune des parties : les milices chiites, les forces spéciales de Soleimani, l'armée irakienne ou la police fédérale ; l'attaque finale devait être menée par des troupes de confiance, qu'il s'agisse des services antiterroristes irakiens, de l'armée irakienne et des populations sunnites locales ; les milices contrôlées par l'Iran devaient se cantonner aux abords de la ville et y rester jusqu'à la fin des combats. Surtout, il était essentiel que la bataille finale implique un contingent important, visible sur le terrain, de combattants sunnites. Il fallait aussi que les civils sunnites ayant fui Tikrit depuis qu'elle était gouvernée par l'EI puissent rentrer chez eux et disposer d'eau et d'électricité, avec la promesse de bénéficier d'une protection contre toute forme de représailles chiites.

Ces conditions liées à la population sunnite étaient essentielles pour deux raisons. En premier chef, elles apportaient la preuve que la lutte contre l'EI en Irak n'était pas un affrontement entre chiites et sunnites, mais une guerre patriotique menée par chiites, sunnites et Kurdes contre une dangereuse organisation djihadiste radicale. C'était ensuite le meilleur moyen d'assurer durablement la paix et la sécurité à Tikrit, comme dans les autres villes libérées du joug de Daesh. À moins de parvenir à ce résultat, militairement et politiquement, par l'entremise des Irakiens eux-mêmes, l'Amérique n'avait aucune raison de risquer la vie d'un seul de ses enfants.

Nous avions déjà perdu à ce stade 4 489 de nos concitoyens et dépensé plus de 1 000 milliards de dollars en Irak sans contrepartie appréciable. Le président Obama, tout comme moi, n'avait guère envie d'envoyer plusieurs dizaines de milliers de nos soldats participer à une nouvelle guerre sale. En revanche, si l'opération de Tikrit se déroulait comme prévu, elle servirait de modèle aux actions à venir contre Daesh. Le jour où il serait question de libérer Mossoul, les dirigeants kurdes de la région sauraient qu'il leur fallait travailler avec Al-Abadi et son ministre de la Défense à Bagdad pour obtenir le soutien des Américains. L'armée irakienne, chiites, sunnites et Kurdes mélangés, se battrait alors chez elle sous le commandement et le contrôle de Bagdad, avec l'appui aérien et logistique des États-Unis. L'influence de l'Iran se trouverait émoussée de fait. Le président comprenait la nature des risques encourus, mais il voyait aussi les avantages de cette situation et il me recommanda de faire connaître nos conditions à Bagdad. La balle se trouvait désormais dans le camp d'Al-Abadi.

Ce dernier n'hésita pas un seul instant lorsque notre ambassadeur lui présenta la liste de nos conditions à la mi-mars. Le timing était parfait pour lui. La bataille de Tikrit était dans une impasse. Les Unités de mobilisation populaire et les forces soutenues par l'Iran avaient repris le contrôle d'une moitié de la ville au début des combats, mais elles étaient bloquées depuis. Les combattants de l'EI, en infériorité numérique, continuaient de leur infliger de lourdes pertes. Ils avaient truffé le sol d'engins explosifs de fortune afin de ralentir l'offensive. Des kamikazes de l'EI arpentaient les rues en quête de cibles potentielles. Les UMP perdaient plus d'une centaine d'hommes par jour, les morgues locales débordaient de cadavres. « Les combats sont furieux, rapportait un milicien qui venait de perdre son père. C'est plus dur qu'on ne l'imaginait. »

Les dirigeants iraniens, frustrés de voir l'offensive stoppée, alimentaient leurs hommes avec des fusées d'une tonne et des missiles de plus petite taille, faisant craindre un bombardement massif de la partie occupée de la ville. « En règle générale, avait expliqué un spécialiste à un journaliste du *New York Times*, les armes de ce genre servent davantage à effrayer les civils qu'à soutenir les troupes au sol. » Dans le même temps nous parvenaient des rapports faisant état de maisons et de magasins sunnites pillés et brûlés par les milices chiites à Tikrit comme aux alentours. La bataille prenait un tour sectaire en opposant chiites et sunnites, au risque de voir imploser le gouvernement d'Al-Abadi.

Le Premier ministre, ainsi que je l'espérais, vit dans nos conditions l'occasion de sécuriser les rênes du pouvoir. Il demanda officiellement à la coalition dirigée par les États-Unis de procéder à des frappes aériennes et de lui fournir tout l'appui nécessaire en expliquant au Parlement irakien la nécessité d'une telle assistance internationale. Il confia alors le commandement des opérations à son ministre de la Défense, un membre de la communauté sunnite. Il envoya à Tikrit ses unités antiterroristes en leur demandant de diriger l'attaque, impliqua des combattants sunnites et demanda aux milices chiites de se mettre en retrait. Il entreprit ensuite de rassurer les dirigeants des gouvernements sunnites en Arabie saoudite, en Égypte et en Jordanie en leur garantissant que la sécurité à Tikrit, une ville sunnite, serait assurée dès sa libération par la police sunnite, et non par des milices chiites extérieures, susceptibles de commettre des exactions.

Convaincre la majorité chiite au Parlement de Bagdad de souscrire à ce plan ne fut pas facile, et Al-Abadi n'aurait pu parvenir à ce résultat sans l'appui du leader spirituel des chiites irakiens. Le 20 mars 2015, l'ayatollah Ali al-Sistani envoyait l'un de ses représentants à Karbala lors de la prière du vendredi afin de soutenir la notion d'unité nationale dans la bataille de Tikrit. En clair, cela signifiait que les chiites acceptaient de se battre aux côtés des sunnites pour chasser l'EI. À l'instant où je lus la déclaration de l'envoyé d'Al-Sistani, je compris qu'Al-Abadi avait réussi. Cela ne fit que nourrir ma confiance en ses capacités stratégiques et politiques.

Les premières frappes aériennes américaines contre l'EI intervinrent le 25 mars 2015. De façon prévisible, quelques chefs des milices chiites pilotées par l'Iran manifestèrent leur désapprobation. « Les éléments les plus faibles au sein de l'armée prétendent que nous avons besoin des Américains, déclara l'un des responsables des Unités de mobilisation populaire, mais ce n'est pas le cas. » D'autres miliciens annoncèrent qu'ils rentraient chez eux, quelques autres préférèrent rester dans l'espoir de combattre les Américains s'ils en rencontraient. De façon très parlante, Soleimani choisit de battre en retraite. Le commandant iranien de la Force Al-Qods comprit qu'il n'aurait pas l'occasion de s'attribuer la victoire à Tikrit au nom de son pays. Débordé par cette opération, il n'avait d'autre choix que de rentrer à Téhéran. La puissance de feu des forces aériennes américaines rebattit les cartes à Tikrit. « L'heure du salut est arrivée, ainsi que l'annonçait Al-Abadi le soir même à la télévision irakienne. Nous libérerons jusqu'au dernier mètre carré du pays. La victoire de l'Irak sera le fait de héros irakiens, avec l'appui de pays amis et de la coalition internationale. »

J'étais heureux ce jour-là, à mesure que se déployait cette nouvelle bataille. L'EI tenait toujours la moitié de la ville, mais Al-Abadi avait repris le contrôle des opérations et nous avions donné à ses forces l'occasion de se battre. La suite restait à établir. Je ne pouvais qu'être d'accord avec la déclaration d'un officiel américain, recueillie sur le terrain par un journaliste : « Il s'agissait d'un risque calculé, mais nous devions le prendre. »

Le lendemain, je pris place avec les miens à bord d'un avion civil à destination du Centre MD Anderson à Houston. Beau allait y être hospitalisé pendant une semaine au moins afin d'être opéré et de recevoir une injection du virus. À sa demande, nous veillâmes tous à préserver son anonymat, avec l'aide désintéressée d'un certain nombre de personnes, à commencer par les équipes des Services secrets chargées de notre protection. Si j'ai toujours admiré et respecté ces hommes et ces femmes, j'avais eu l'occasion, au cours des dix-huit mois précédents, de mesurer leur valeur. Tous avaient fait preuve à l'égard de ma famille d'une gentillesse dépassant de beaucoup la sphère professionnelle. Jamais je ne pourrai les remercier assez. Il m'arriva d'entendre l'un ou l'autre d'entre eux dire que leur mission ne se limitait pas à nous protéger physiquement, mais qu'elle consistait aussi à préserver notre dignité. J'avais eu tout le loisir de le vérifier durant les mois précédents, en particulier lors des sorties familiales quand les agents des Services secrets veillaient à ce que personne ne puisse prendre Beau en photo dans son état. Ou bien lorsqu'ils restaient à l'écart pendant nos randonnées dans les monts Teton de façon que Beau, Hunter et moi puissions jouir d'une certaine intimité face au spectacle offert par les montagnes.

Je pouvais également m'appuyer sur mon aide de camp, le colonel John Flynn. Flynnie, pilote de C-17 au sein de l'Air Force, appartenait au détachement militaire qui m'était affecté lorsque survinrent les problèmes de santé de Beau. Dès le mois d'août 2013, il avait trouvé le moyen d'organiser notre visite à l'Institut Anderson sans attirer l'attention. Il avait fait appel à des amis de confiance dans l'Air Force, mobilisé un avion et déniché un aéroport éloigné sans que la moindre rumeur circule chez les militaires. Le colonel Flynn, devenu à ce stade un ami proche, renouvela cet exploit le 26 mars. Nous prîmes un vol à destination de la base aérienne d'Ellington d'où quelques véhicules sans motards ni sirènes nous conduisirent jusqu'à une entrée discrète de l'hôpital.

En pénétrant dans le bâtiment, je me rendis compte à quel point le personnel de l'établissement se comportait comme des proches. Il ne s'agissait pas uniquement du Dr Yung et du Dr Sawaya. L'hôpital avait chargé l'un de ses responsables de veiller à ce que Beau ne soit jamais importuné lorsqu'il subissait des examens. Il nous accueillit à notre arrivée et je compris tout de suite que Beau, Hallie et Hunter le connaissaient bien lorsque je les entendis le saluer (« Ça va, Chris ? »). Nous étions en présence d'un ami. Il nous escorta jusqu'au bureau du Dr Yung où l'infirmière Eva Lu Lee prit Beau dans ses bras et lui fit la bise avant d'accueillir Natalie et Hunter.

« Alors, Beau, lui dit-elle en montrant du doigt ses chaussettes vertes. Je vois que vous les portez toujours. »

Elle aussi se comportait en amie. Le Dr David Ferson, l'anesthésiste qui avait déjà joué un rôle de premier plan lorsque Beau avait subi une craniectomie en 2013, était présent lors de l'IRM prévue avant l'opération. Beau resta longuement emprisonné dans le ventre de la machine et le Dr Ferson, sachant que Beau souffrait de claustrophobie, tint à rester en cas de besoin. Lui aussi était un ami.

Avec Jill, nous étions rassurés de constater que notre fils était bien entouré à l'Institut Anderson, au même titre qu'il bénéficiait d'un soutien familial sans faille. Hallie se montrait solide comme un roc, en dépit de l'état de son mari. Ashley était toujours là pour son grand frère tandis que son mari Howard, grâce à son statut de médecin, assurait un lien permanent avec les praticiens de l'institut qu'il tenait au courant de l'évolution du malade entre deux visites. C'était également lui qui me traduisait en termes compréhensibles le jargon médical. Mais plus le temps passait, plus il me semblait évident que Hunter Biden était la poutre maîtresse du dispositif mis en place autour de Beau. Ainsi qu'il en avait fait la confidence au Dr Yung, il s'était donné pour mission de sauver son frère. Je connaissais suffisamment

Hunter pour savoir que sa détermination relevait de la bravoure. J'ai toujours essayé d'inculquer à mes enfants la leçon dont ma sœur, mes frères et moi avons hérité de notre mère : personne au monde n'est plus proche qu'un frère ou une sœur, il est indispensable de pouvoir compter les uns sur les autres.

Hunter assimila le code de conduite des Biden dès son plus jeune âge. On pouvait toujours compter sur lui. C'était lui qui ouvrait la marche dans les couloirs, devant les agents des Services secrets, veillant à ce que Beau ne soit jamais en retard à ses examens. Il prenait à part le Dr Yung et lui posait des questions dont il souhaitait épargner les réponses à son frère. Hunt était présent à chaque scanner, dans un coin de la pièce, prêt à masser les pieds de Beau ou à l'apaiser en lui parlant. Il suffisait que Beau réclame de l'eau, un fruit ou un sandwich pour que Hunter se précipite. Au cours des périodes d'attente, il restait constamment auprès de Beau, dans sa chambre d'hôtel, à regarder avec lui le golf à la télévision. Il lui avait même acheté un pilulier pour ses comprimés à mesure que son traitement augmentait.

« Tu sais, Hunt, je me suis organisé, s'était défendu Beau. Je sais ce que je fais. »

Mais Hunt voulait lui éviter de se tromper.

« Je veux être sûr que tu prennes ton traitement correctement. »

Hunt s'allongeait à côté de Beau quand celui-ci avait envie de parler. Et c'est lui qui le tint dans ses bras avant l'opération.

Tout cela aurait formé un tableau encourageant si un détail ne m'avait pas frappé : autant Beau avait un mental d'acier, autant je le trouvais diminué physiquement. Tout allait bien à sa sortie du bloc le 27 mars, il ne souffrait d'aucune perte cognitive ou motrice. Le Dr Sawaya avait retiré tout ce qu'il pouvait, conformément à ses espoirs, mais la tumeur grossissait rapidement et Beau était très faible. L'équipe médicale prit la décision de reporter l'injection virale au jeudi suivant, le 2 avril. Cela signifiait attendre six jours de plus, mais le Dr Yung comme le Dr Lang voulaient être certains que Beau soit en capacité de supporter la procédure. Nous allions donc devoir nous armer de patience.

Nous passâmes tous les quarante-huit heures suivantes au chevet de Beau en nous assurant qu'il avait tout ce dont il avait besoin, quand nous ne discutions pas avec le Dr Yung ou que nous ne rongions pas notre frein à l'hôtel en essayant de nous persuader que tout espoir n'était pas perdu. Il était de notre devoir de maintenir la flamme afin qu'elle réchauffe Beau. Hallie était anxieuse et fatiguée, sans jamais le montrer. Elle préférait passer ses soirées à l'hôpital auprès de Beau plutôt que dans sa chambre d'hôtel. Elle lui massait les pieds pendant des heures en lui répétant à l'envi qu'il allait s'en tirer.

Le service des communications de la Maison-Blanche avait installé une ligne sécurisée dans une chambre voisine de celle de Beau de façon que je puisse régler les urgences sur lesquelles j'avais seul la main. L'appel le plus important de la journée du 28 mars était destiné au Premier ministre Al-Abadi. Après avoir passé un quart d'heure au téléphone avec mes équipes de la sécurité nationale et divers responsables du département d'État et du département de la Défense ce samedi matin-là, j'appelai Al-Abadi à 10 heures.

Je le trouvai en meilleure forme. La bataille de Tikrit commençait à porter ses fruits, les troupes irakiennes se rapprochaient du centre-ville des quatre côtés à la fois. Les avions et les drones américains avaient mené dix-huit frappes différentes ce jour-là, « pulvérisant » onze sites clés de l'EI. Les combats se faisaient également plus acharnés, il fallait reprendre maison après maison dans les quartiers résidentiels les plus peuplés. Les hommes de l'EI se regroupaient constamment pour défendre des poches de résistance avant de se retirer en incendiant les bâtiments ou en les piégeant. Al-Abadi réclamait des drones pour fournir à ses troupes les renseignements dont elles avaient besoin, ainsi que de nouvelles frappes aériennes. Il m'expliqua que l'EI profitait de la mobilisation des forces irakiennes à Tikrit pour augmenter la pression dans la province d'Al-Anbar, notamment dans la ville de Ramadi, située à moins de deux heures de route de Bagdad.

De mon point de vue, l'essentiel était d'afficher ma confiance en rappelant à mon interlocuteur ce qui avait déjà été accompli. Les bonnes nouvelles ne manquaient pas : Al-Abadi avait réussi à convaincre les milices chiites et leurs soutiens iraniens de rester à l'écart des combats. Ses officiers supérieurs sur le terrain montraient toutes leurs capacités, tout indiquait surtout qu'ils avaient convaincu les combattants sunnites locaux de se joindre à l'opération. J'applaudis le courage et le cran des forces de sécurité irakiennes. La bataille était loin d'être terminée, mais j'entendais faire passer à Al-Abadi le message que le président et l'armée américaine le soutenaient, tout comme moi.

En raccrochant, je me dis que l'opération pouvait réussir, tout en sachant que le succès ne dépendait plus de moi. L'expression *ça peut marcher* résumait ma vie tout entière à ce moment-là. Je devais garder la foi et lutter contre le doute, pour Tikrit comme pour Beau. Ce soir-là, en me couchant avec mon chapelet, j'implorai Neilia et ma mère : « Je vous en supplie, protégez Beau. Et donnez-moi la force de tenir, quoi qu'il advienne. »

Deux jours après l'opération, Beau se trouvait dans un état stable. Il ne souffrait apparemment pas d'effets indésirables consécutifs à l'opération. Il s'était levé et se montrait capable de marcher, son moral était excellent, au point que nous décidâmes de rentrer à la maison en prévoyant de revenir le 2 avril pour l'injection, tandis que Hunt restait sur place avec son frère.

Laisser Beau à Houston était une épreuve. Je lui rendis visite dans sa chambre juste avant de quitter la ville afin de lui annoncer que nous serions de retour le jeudi. J'en profitai pour lui dire combien j'étais fier de lui.

« Tu sais, mon chéri, tu es d'un courage exemplaire. La science joue en notre faveur, elle enregistre des progrès quotidiennement et nous allons vaincre cette vacherie. Toi, Hunter et moi n'en avons pas terminé, il nous reste plein de choses à vivre.

— C'est tout bon, papa. C'est tout bon. »

J'enfilai mes lunettes noires, mis une casquette de baseball, et nous quittâmes l'hôpital par une petite porte afin de rejoindre la base d'Ellington. Au moment de décoller à bord d'Air Force Two, j'ouvris mon journal et notai à la date du 29 mars : *Quittons le Centre Anderson le cœur plein d'espoir. Beau est un être extraordinaire. Tout comme Hunter qui a décidé de rester avec* [Beau] *jusqu'à la prochaine intervention. Je reviens bientôt.* Je m'arrêtai. Que pouvais-je écrire de plus ? J'avais peur, si j'ouvrais les vannes, de sombrer dans le désespoir, et je ne pouvais pas me le permettre. Il était hors de question que Beau ou qui que ce soit me voie craquer. Je reposai mon journal pour le rouvrir uniquement à la fin du vol afin d'ajouter une ligne : *Venons d'atterrir. Il est 18 h 07. Je me sens terriblement seul.*

Le cabinet du président m'appela à l'heure pile le 1er avril 2015. Muni de mes notes, je me rendis dans le Bureau ovale pour mon déjeuner hebdomadaire avec Barack. Nous avions un événement à célébrer. Les médias ne parlaient que de Haïder al-Abadi depuis le matin. Les chaînes de télévision diffusaient des reportages et des photos du Premier ministre arpentant les rues de Tikrit au milieu d'hommes attachés aux forces antiterroristes irakiennes, à la police fédérale, aux unités combattantes sunnites, et même aux milices chiites. Certaines photos le montraient avec un drapeau rouge, blanc et noir sur lequel s'étalaient en caractères arabes de couleur verte les mots *Allah akbar*, « Allah est grand ». Les bannières des milices se trouvaient éclipsées par le drapeau irakien. « Nos forces héroïques ont pénétré dans le centre de Tikrit où elles ont hissé le drapeau irakien », annonçait Al-Abadi à la foule des soldats, des civils et des journalistes. Son ministre de la Défense Khaled al-Obaidi, resté à Bagdad, annonçait fièrement la chute de Tikrit au pays tout entier. L'armée irakienne, la police fédérale et les combattants sunnites avaient repris les maisons une à une jusqu'à en chasser les derniers combattants de l'EI avec l'appui efficace des pilotes, des conseillers et de l'armement américains. En abandonnant la ville, Daesh perdait son aura d'invincibilité. « Nous avons le plaisir et l'immense fierté d'annoncer notre victoire éclatante », proclamait Al-Obaidi. Les habitants de Tikrit avaient pu être sauvés et ce n'était qu'un début, à en croire le ministre de la Défense, avant la reprise de Mossoul dans le nord et celles des villes occupées par l'EI dans l'Ouest. « Ninive, nous voici ! Anbar, nous voici ! » s'écriait Al-Obaidi.

Nous évoquâmes rapidement la situation à Tikrit et le sort de l'Irak avec le président, mais il dut sentir que j'étais distrait et préoccupé. Il savait que je rentrais de Houston où je devais retourner peu après. Le président tenait à se tenir au courant de la situation à l'Institut Anderson.

« Comment s'est passée l'opération, Joe ? me demanda-t-il. Comment va Beau ? »

Nous discutâmes essentiellement de mon fils lors de ce déjeuner. Je vis tout de suite en dévisageant le président qu'il était inquiet. Il appréciait Beau, pour qui il avait du respect, persuadé comme moi qu'un brillant avenir attendait mon fils. Je lui détaillai l'intervention subie par Beau la semaine précédente en m'efforçant de me cantonner aux avis médicaux. Il s'agissait en partie de me protéger moi-même, je n'avais aucune envie de craquer en présence du président des États-Unis. La seule fois où j'avais pleuré en public, trois ans plus tôt lorsque Beau avait eu sa toute première crise avant que soit diagnostiqué son cancer, j'en avais éprouvé une grande honte. Je m'étais promis de ne plus jamais me laisser aller, sinon en présence des miens. J'avais tenu bon jusque-là, mais il faut croire que je me suis confié à Barack au-delà de ce que j'aurais voulu. Le président constata à quel point je souffrais. Je lui expliquai que nous plongions dans l'inconnu avec les interventions suivantes, mais qu'il s'agissait de l'unique espoir de sauver Beau. En relevant la tête, je vis que Barack était en larmes. Ce n'est pas un personnage démonstratif, en privé pas plus qu'en public, et sa réaction me mit mal à l'aise, au point que je me pris à le consoler.

« La vie est parfois bien difficile à comprendre », me glissa-t-il.

Je lui dis que j'hésitais à retourner à Houston le soir même pour être avec Beau lorsqu'on pratiquerait l'injection le matin suivant, ou bien à prendre l'avion le lendemain de façon à me trouver à son chevet à son réveil. Barack eut moins de scrupules. Il estimait que je devais être avec mon fils avant l'injection, et non après, et que le reste pouvait attendre.

« Vous devez y aller dès ce soir, Joe », m'enjoignit-il.

Il avait raison, bien sûr. C'était mon intention, mais il était important pour moi de l'entendre de la bouche de Barack. Quelques heures plus tard, je m'envolais pour Houston.

8

Le port d'attache

Certaines journées vous donnent l'impression que tout est possible. C'était le cas en ce dimanche 12 avril. Lorsque Jill et moi nous réveillâmes dans notre maison de Wilmington, le soleil achevait de chasser les ultimes écharpes de brume sur les eaux du lac, à l'arrière de la propriété. Les premiers lilas étaient en fleur et les arbres bordant la rive bourgeonnaient, donnant l'impression que nous sortions enfin d'un hiver interminable. Nous étions heureux à l'idée de passer une bonne partie de la journée avec nos plus jeunes petits-enfants, Natalie et Hunter. Beau et Hallie étaient censés nous les amener en fin de matinée afin que nous puissions enregistrer une séquence de l'émission *Reading Rainbow*. Natalie, Hunter, Jill et moi avions prévu de lire des passages du livre pour enfants écrit par Jill à l'intention des familles des militaires déployés à l'étranger. Dans cette histoire, Jill racontait comment Natalie et Hunter vivaient l'absence de leur père pendant plus d'un an.

Tout le monde arriva et pendant que l'équipe de tournage installait ses projecteurs dans la bibliothèque, nous nous partageâmes les rôles en prévision de la lecture. « "Papa est militaire, répond la maman de Natalie d'une voix douce. Les soldats doivent parfois remplir des missions difficiles." Son père prend Natalie dans ses bras. "Tant que je suis avec toi, je me sens chez moi", chantonne-t-il. Natalie sourit. "J'adore cette chanson, papa." »

Le soleil était déjà haut dans le ciel lorsque nous allâmes dans la bibliothèque pour enregistrer l'émission et il faisait si bon dehors que nous ouvrîmes les portes donnant sur la véranda.

Beau s'isola ce jour-là. Il ne souhaitait pas être vu par l'équipe de tournage, mais il me suffit de pousser quelques portes pour le rejoindre et m'assurer que tout allait bien. Installé dans le jardin d'hiver, les fenêtres entrouvertes, il admirait le lac en se laissant caresser par une brise tiède. Cette pièce avait toujours été son refuge de prédilection lorsqu'il venait à la maison, et c'est souvent là que je le trouvais lorsque la journée était belle, observant paisiblement le jeu d'ombres et de lumières à la surface de l'eau, entre deux nuages d'altitude. On apercevait en contrebas le ponton où il avait passé des heures avec son fils, une canne à pêche à la main. Quelques hérons traçaient de longs cercles paresseux dans le lointain avant d'effleurer en planant la surface immobile du lac. Beau aimait tant notre propriété que Jill avait toujours voulu la lui léguer. « Nous trouverons bien un moyen de donner autre chose en échange à Hunt et Ashley, disait-elle, mais Beau héritera de la maison. »

Notre fils aîné tenait bon face au cancer. Et même mieux que ça. Pas une seule complication n'était venue entraver sa convalescence depuis qu'on lui avait injecté le virus dix jours plus tôt. Il se déplaçait normalement, avait bon appétit et restait plus vif que jamais, mais les deux cicatrices encore vives qui lui marbraient le cuir chevelu nous rappelaient à la réalité. Au sein de la famille, tout le monde était dans la crainte des effets secondaires de ce nouveau traitement expérimental. Le Dr Yung et son confrère Lang nous avaient prévenus que l'état de Beau empirerait avant de s'améliorer. Cet épisode risquait d'être brutal. Ils estimaient que le pire surviendrait après trois ou quatre semaines, lorsque le virus et le système immunitaire de Beau engageraient un combat mortel avec la tumeur. L'inflammation pouvait se révéler douloureuse et handicapante. Nul ne savait jusqu'à quel point Beau en souffrirait, ni même s'il en sortirait vivant. La convalescence serait de toute façon très lente et il serait impossible de savoir jusque-là si le traitement avait eu raison de la tumeur, ainsi qu'on l'espérait. Les six à huit prochaines semaines seraient décisives.

Beau conservait toute sa détermination, mais je voyais bien qu'il était fatigué. Il aurait pourtant besoin de toute son énergie pour reprendre deux jours plus tard la route de l'Institut Anderson où l'attendaient divers examens, ainsi qu'une nouvelle injection de pembro, l'anticorps anti-PD-1, si tout se passait bien. Howard s'était entretenu par téléphone avec le Dr Yung afin de savoir si une seconde injection était vraiment souhaitable. Le système immunitaire de Beau, anormalement dopé, pouvait fort bien faire du zèle et s'en prendre aux tissus sains du cerveau. Les médecins continuaient de peser le pour et le contre. Beau, quant à lui, était prêt à courir le risque, tout en ayant conscience des implications d'une telle décision. Je pense aussi qu'il avait pris celle-ci par égard pour nous tous. Deux jours plus tôt, en réponse à un ami qui lui demandait comment il allait, il avait répondu par SMS : « C'est tout bon ! »

J'étais le dernier à lire un extrait du livre de Jill pour l'enregistrement de l'émission : « Natalie et Hunter jouent aux soldats avec leurs poupées lorsque Hunter se met à pleurer. » Je compris brusquement que j'allais avoir du mal à tenir mon rôle. L'histoire de ce père absent se rapprochait trop de ce que nous vivions.

« "Je veux mon papa." Natalie se cache derrière sa poupée, comme s'il s'agissait d'une marionnette. "Ne pleure pas, Hunter. Tu dois te comporter comme un grand garçon, lui dit-elle avec la voix de son papa. — Ce n'est pas papa qui parle, rétorque Hunter. — Bien sûr que si. Si papa était là, il dirait la même chose." »

L'enregistrement terminé, je retournai dans le jardin d'hiver où je trouvai Beau en compagnie de ma sœur Val. Ils feuilletaient les journaux et zappaient d'une chaîne d'information à l'autre. L'actualité en ce dimanche de printemps concernait Hillary Clinton, qui venait d'annoncer son intention de se présenter aux primaires démocrates en vue de la prochaine élection présidentielle. Analystes, commentateurs et pronostiqueurs de tout poil étaient d'avis que sa décision mettait un terme définitif à la question. Tous étaient convaincus qu'elle serait choisie par le parti, arguant du fait que les premiers sondages lui donnaient déjà cinquante points d'avance sur son rival le plus sérieux, à savoir moi-même. Les autres candidats, à l'image du sénateur du Vermont Bernie Sanders, récoltaient moins de 3 %.

Le président Obama, quant à lui, soutenait Hillary sans la soutenir : « Elle s'est révélée une candidate d'une efficacité redoutable en 2008, avait-il répondu aux journalistes qui l'accompagnaient lors d'un déplacement au Panama. Elle m'a apporté son soutien plein et entier lors de l'élection avant de devenir une brillante secrétaire d'État. C'est une amie et je pense qu'elle ferait une excellente présidente. » Cette déclaration intervenait au lendemain d'une réunion que j'avais eue avec le sondeur du président cette semaine-là, sur les instances de Barack. J'avais retenu de cette rencontre que la popularité d'Hillary dans les sondages, son argent et l'organisation de campagne dont elle disposait jouaient largement en ma défaveur. Dans l'impossibilité de remporter les primaires, je voyais mal l'intérêt de jouer les trouble-fête et de compliquer la situation pour les démocrates.

Mais Beau n'en avait cure. Il lisait tous les articles consacrés à la campagne de Clinton qui lui passaient entre les mains, qu'il s'agisse de la profession de foi de la candidate, de ses déplacements, des premières opérations de terrain. Il voulait tout savoir, de façon à intervenir à la minute où j'annoncerais ma propre candidature. Beau était convaincu, comme moi, que j'étais prêt pour la présidence. Que personne n'y était mieux préparé. En dépit de tout ce qui se disait, Beau et Hunter me croyaient capable de gagner. Dans ma tête, la course à la Maison-Blanche était un défi avant tout. Avec le soutien de mes deux fils, tout était possible. Beau avait le don de m'insuffler du courage et de m'apaiser. Lui seul se trouvait à mes côtés lors des débats des primaires en 2007, du débat entre les deux candidats à la vice-présidence en 2008, puis à nouveau en 2012 lorsque j'avais eu la charge de donner un second souffle à la campagne démocrate suite à la contre-performance de Barack face à Mitt Romney lors de leur premier duel télévisé. Beau m'agrippait immanquablement le bras juste avant que j'entre sur le plateau et m'obligeait à me retourner afin de le regarder droit dans les yeux. « Papa, regarde-moi. Regarde-moi, papa. Souviens-toi, papa. Ton port d'attache. » Par ces mots, il me disait : N'oublie pas qui tu es. Souviens-toi de ce qui compte le plus. Reste fidèle à tes idéaux. Courage. Puis il m'embrassait et me poussait sur le plateau. La campagne de Biden en 2016 allait prendre du retard. Et alors ? Si Beau franchissait le cap des mois à venir et s'en sortait, je me sentais capable de tout.

Je me trouvais dans mon bureau trois jours plus tard, un mercredi, lorsque je reçus un appel de Houston. Mon frère Jimmy avait accompagné Beau à l'Institut Anderson où le Dr Yung et son confrère Lang étaient censés évaluer les premiers résultats de l'injection de virus avant de donner à Beau une nouvelle dose de pembro. Les nouvelles étaient excellentes, et même incroyables. Les examens montraient une inflammation, mais tout indiquait que la tumeur commençait déjà à grossir plus lentement. Les premiers signes de nécrose apparaissaient sur le pourtour, preuve que le virus avait entamé la destruction des cellules cancéreuses. Beau était en forme, il ne souffrait pas encore d'effets secondaires alors que la tumeur commençait à se détruire. Les médecins n'avaient jamais vu un tel résultat sur la trentaine de patients qu'ils avaient traités avec une injection de virus. Je leur demandai si ce résultat était dû au pembro.

« C'est ce que nous espérons », me répondit le Dr Yung.

J'appelai immédiatement Howard et mon frère Jimmy. Le premier me confirma que les Drs Lang et Yung étaient enthousiastes. Quant à Jimmy, il était plus optimiste encore. C'était une première pour les médecins de Beau qui trouvaient le protocole très encourageant. À entendre Jimmy, ils venaient de réaliser une découverte majeure.

« Lang et Yung sont aux anges », m'expliqua mon frère.

En raccrochant, je m'autorisai à respirer pour la première fois depuis des mois, tout en me souvenant de ne pas entretenir d'espoir infondé. Je ne voulais pas tenter le destin.

Le Dr Yung s'inquiétait que le traitement soit trop agressif. La tumeur avait beaucoup grossi au cours des quinze jours précédents, si bien que Yung et Beau étaient partisans de la manière forte. À présent que la croissance de la tumeur ralentissait, voire qu'elle diminuait, et que Beau se portait à peu près bien, le Dr Yung souhaitait se montrer prudent. En conséquence, il voulait attendre une quinzaine de jours et les examens suivants avant de décider si une nouvelle injection de pembro était nécessaire. Yung comme Lang furent surpris par la réaction de Beau face à leur prudence. Il rentra dans sa coquille quand ils lui en parlèrent, et lorsqu'il revint à Wilmington tard ce soir-là, je le sentis découragé, même s'il ne le montrait pas. Quand Jimmy le déposa chez lui, Beau leva les pouces.

« C'est tout bon, oncle Jim. À 100 %. C'est tout bon. »

Beau resta couché le lendemain, le jeudi, et tout le monde mit cela sur le compte de la fatigue du voyage. Mais il ne se leva pas non plus le vendredi. Il était épuisé et refusait de manger. Howard passa le voir le samedi et le découvrit à moitié endormi, sans réaction. Il le trouva surtout gravement déshydraté. Puisque Beau refusait toute hospitalisation, Howard lui donna trois litres de fluides pour stimuler ses électrolytes. Comme l'état de Beau avait empiré le lendemain, Howard le conduisit à l'hôpital universitaire Thomas Jefferson de Philadelphie. Les premiers effets négatifs du virus se manifestaient. Beau était en état de déshydratation avancée lors de son admission, son taux de sodium était dangereusement faible. Il n'arrivait pas à garder les yeux ouverts et réagissait à peine aux sollicitations extérieures. C'est tout juste s'il pouvait lever le pouce ou murmurer un *oui* à peine audible lorsqu'on lui posait une question.

Nous venions d'entrer dans la phase critique, sans savoir combien de temps celle-ci durerait. Les effets négatifs du virus se faisaient sentir. Le cerveau de Beau gonflait, au risque de provoquer des douleurs insoutenables, de sorte qu'il était quasiment en permanence sous sédatif. À Wilmington, tout le monde se demandait pourquoi Beau était absent de toutes les principales manifestations politiques depuis quatre mois alors qu'il avait annoncé son intention de se présenter au poste de gouverneur. Il tenait plus que jamais à préserver le secret autour de sa maladie. Il était entré à l'hôpital Jefferson sous le même pseudonyme qu'à l'Institut Anderson, « George Lincoln ». Les gens des Services secrets veillaient scrupuleusement à préserver son intimité et sa dignité. Quant à moi, je m'assurais que personne ne puisse me voir chaque fois que je lui rendais visite, évitant de bouleverser mon emploi du temps afin de ne pas attirer l'attention sur son hospitalisation.

Ces précautions m'empêchaient de le voir aussi souvent que je l'aurais voulu, mais Howard et Doc O'Connor étaient heureusement mes yeux et mes oreilles à l'hôpital. Howard se rendait dans le service des soins intensifs où se trouvait Beau dès qu'il trouvait une minute. Doc profitait des heures de visite au même titre que Hallie et le reste de la famille, usant de son statut de médecin pour veiller sur Beau le reste du temps. L'un et l'autre me tenaient au courant chaque fois qu'ils en avaient l'occasion. Beau, sous sédatif en permanence, n'était que rarement conscient. Lorsque ses infirmières lui administraient un produit quelconque pour le réveiller, il levait le pouce – sa façon de dire « C'est tout bon ! » sans ouvrir la bouche – lorsqu'elles lui demandaient comment il se sentait.

Chaque fois que j'évoquais, en présence de Doc, la possibilité de laisser tomber mes activités pour m'installer à Jefferson, il m'alertait sur le fait que la crise allait durer. Le Premier ministre japonais était en visite officielle, je devais prononcer un discours important à Detroit lors d'une réunion de la NAACP, l'Association nationale pour la promotion des gens de couleur, et Natalie devait visiter la Maison-Blanche avec toute sa classe avant un pique-nique pizza à notre résidence de l'Observatoire naval de Washington. Doc m'enjoignait de rester patient et me rappelait qu'il était impossible de savoir combien de temps Beau resterait dans cet état.

« Il ne se passe rien en ce moment et je m'engage à vous avertir à la minute où la situation évoluera, me promettait-il. En cas de besoin, vous pouvez vous à rendre l'hôpital en un rien de temps. »

Il y avait constamment quelqu'un de la famille au chevet de Beau, sans parler des amis proches qui nous soutenaient. L'un de ces visiteurs était Michael Hochman, un ami de fac de Beau qui lui avait réservé un cadeau. Lorsque la maladie de Beau avait été diagnostiquée en août 2013, ils avaient tous deux pris la décision de s'inscrire à un marathon, une épreuve sportive à laquelle ils n'avaient jamais participé ni l'un ni l'autre. Ils s'étaient entraînés sur les sentiers de randonnée vallonnés de Brandywine Creek State Park tout au long de l'automne et de l'hiver. Beau, toujours battant en dépit de sa maladie, était celui qui poussait Michael. Avec le temps, son état de santé l'avait contraint à courir moins vite, puis à se contenter de marcher, mais il n'en avait pas moins encouragé son ami à poursuivre l'entraînement. Lorsque Michael arriva dans la chambre de Beau la dernière semaine d'avril, il venait de participer au marathon du Kentucky Derby Festival. Beau, tout juste conscient lors de cette visite, pouvait à peine parler, mais Michael lui raconta comment s'était déroulée la course.

« On a réussi, Beau ! » s'écria-t-il en lui posant sur la poitrine la médaille accordée à tous ceux qui franchissaient la ligne d'arrivée.

Beau lui serra le bras.

« Cette médaille lui revient de droit, expliqua Michael à ma sœur Val, qui rendait visite à Beau ce jour-là. C'est lui qui m'a encouragé jusqu'au bout. »

Je n'ai pas le souvenir d'avoir dit à Barack que Beau était hospitalisé, mais il dut sentir que quelque chose clochait. Il me fit comprendre à sa façon qu'il pensait à moi. Il ne manquait jamais une occasion de dire du bien de moi en public, en particulier lorsque je n'étais pas présent. Lors de la cérémonie d'accueil à la Maison-Blanche des vainqueurs de la Sprint Cup 2014 de l'association de course automobile Nascar, deux jours après l'entrée de Beau à Jefferson, il vanta les mérites du travail d'équipe en s'appuyant sur notre exemple.

« L'alchimie entre Joe et moi s'est imposée instantanément. Quand vous disposez d'un partenaire de confiance qui vous fait bénéficier de ses conseils éclairés à tout instant, vous ne pouvez pas perdre. »

La même semaine, le président fit une déclaration particulièrement gentille pour moi lors du dîner annuel des correspondants de presse à la Maison-Blanche, faisant allusion avec humour à une controverse du moment, le refus de certains traiteurs de participer à des mariages gay.

« Je taquine parfois Joe à ce sujet, déclara Barack, mais cela fait sept ans qu'il est à mes côtés et je dois dire que j'aime cet homme. En plus d'être un grand vice-président, c'est un grand ami. On est devenus si proches qu'on refuse de nous servir de certaines pizzerias dans l'Indiana. »

Grâce à la maladie de Beau, j'avais pu mesurer les progrès incroyables réalisés dans le traitement du cancer, mais je prenais également conscience des failles de notre système de santé. Nous disposions, à Anderson comme à Jefferson, de médecins extraordinaires qui faisaient tout pour sauver Beau, mais cela ne nous empêcha pas d'éprouver certaines frustrations dès le début. Les radiologues de l'hôpital Jefferson, par exemple, supportaient mal de recevoir des ordres de médecins affectés dans d'autres établissements hospitaliers alors que nous avions très clairement manifesté notre volonté de confier la direction des opérations au Dr Yung, de l'Institut Anderson.

Il fallut que Howard menace les radiologues de Jefferson de transférer Beau ailleurs pour qu'ils acceptent de se plier aux recommandations de Yung.

Howard était une véritable arme secrète pour Beau. Dans l'idéal, il devrait y avoir un défenseur du droit des malades dans chaque famille. Le jargon médical n'est pas toujours aisé à comprendre, et mon gendre en faisait la traduction à Beau, Hallie, Hunter et le reste de la famille. Il s'efforçait également de trouver une solution aux problèmes administratifs auxquels sont confrontés tous les proches. Je pense en particulier aux difficultés de communication entre les hôpitaux.

Dans le cadre du plan de relance économique mis en œuvre par notre administration en 2009 figurait une aide de près de 20 milliards de dollars pour la mise au norme des archives médicales, aussi bien à l'hôpital que dans les cabinets privés. Il n'avait malheureusement pas été prévu d'harmoniser les logiciels, de sorte que les différents fournisseurs proposaient à leurs clients des technologies différentes. En clair, cela signifiait que ces nouveaux systèmes n'étaient pas capables de dialoguer entre eux. Plus exactement, leurs concepteurs avaient veillé à ce qu'ils ne puissent pas le faire. Tout au long de l'hospitalisation de Beau à Philadelphie, l'une de nos grandes frustrations fut liée à l'incapacité des équipes médicales de l'Institut Anderson de communiquer avec celles de Jefferson. Les Drs Yung et Lang avaient besoin d'accéder en temps réel aux scanners de Beau, mais comme les deux établissements disposaient de systèmes différents, les fichiers des résultats d'examen envoyés par Jefferson n'étaient pas lisibles sur les ordinateurs d'Anderson. Personne ne souhaitait perdre un temps précieux à envoyer les résultats d'examen par la poste, de sorte que Howard et Hunter étaient contraints d'appeler le Dr Yung avec FaceTime sur leur iPad pour lui montrer les imageries réalisées à Philadelphie. Je me dis qu'il faudrait remédier un jour à ce problème.

Beau resta dans le même état pendant une dizaine de jours, mais tout indiquait à la vue des scanners que sa tumeur diminuait. Comme il n'avait toujours pas d'appétit, on lui posa une sonde gastrique, jusqu'à ce que survienne une légère amélioration au début du mois de mai. Beau recommençait à réagir, les infirmières réussirent à le lever et l'aidèrent à faire ses premiers pas au bout de quinze jours. Une fin d'après-midi où je lui rendais visite, nous entamâmes la discussion avec l'une des infirmières. Lorsque je lui demandai où elle vivait, elle tendit le doigt en direction de la fenêtre de l'autre côté de laquelle s'écoulaient les eaux de la Delaware sous un ciel lumineux encore humide d'une tiède averse de printemps.

« Je vis là-bas, sur la rive opposée. Oh ! Regardez cet arc-en-ciel ! Il s'est posé à l'endroit précis où se trouve ma maison. »

Elle se tourna vers mon fils.

« C'est un signe de chance, Beau. Il va vous porter chance. »

Je voulus y croire. Comme Beau allait mieux, nous allions pouvoir le transférer à Walter Reed, un hôpital militaire situé à la sortie de Washington, où il pourrait réapprendre à parler, à marcher et à accomplir diverses activités une fois que les effets du virus se seraient dissipés.

Lorsque « George Lincoln » arriva à Walter Reed le 5 mai 2015, l'équipe de rééducation était déjà en place. Il reçut dès le premier jour la visite d'un nutritionniste, d'un orthophoniste et d'un endocrinologue chargé de surveiller son taux de sodium au cours des jours suivants. Les soignants lui épargnèrent surtout une complication potentiellement mortelle. Un médecin particulièrement observateur qui était passé voir Beau remarqua chez lui une gêne anormale. Celle-ci était provoquée par une péritonite, une infection due à la sonde gastrique qui s'était détachée accidentellement. On opéra Beau d'urgence afin de replacer la sonde et de nettoyer la plaie. Les complications s'accumulèrent au cours des deux semaines suivantes et Beau souffrit beaucoup. Cela n'entamait en rien son courage et sa combativité, mais chaque fois qu'il enregistrait un progrès, de nouvelles difficultés apparaissaient. Comme il supportait très mal le respirateur qu'on lui avait posé, il fut nécessaire de procéder à une trachéotomie afin d'introduire le tuyau d'arrivée d'oxygène à la base du cou. Il était à peine conscient pendant de longues périodes et souffrait d'une paralysie quasi totale du côté droit. Du liquide s'était accumulé au niveau de la partie gauche du cerveau, et chaque fois que les médecins ponctionnaient les fluides, ceux-ci revenaient aussitôt, entraînant des douleurs ou des épisodes de désorientation lorsque Beau était conscient. Une nuit, à 2 heures du matin, alors qu'il éprouvait de grandes difficultés à respirer, on lui diagnostiqua une pneumonie, ce qui entraîna la prescription de puissants antibiotiques. Lorsqu'un prêtre catholique voulut rendre visite à Beau dans sa chambre, Jill le remercia et lui demanda de s'en aller. Elle ne voulait pas que Beau s'imagine qu'on lui administrait l'extrême onction. À la vérité, il n'a plus jamais été question d'extrême onction par la suite.

Jill et moi souhaitions nous rappeler constamment de l'avertissement des médecins. Ces derniers nous avaient prévenus que l'état de Beau commencerait par empirer avant de s'améliorer. Nous voulions croire que ces difficultés étaient normales et qu'il s'en tirerait. Nous gardions espoir.

Je me sentais surtout très démuni, me contentant d'être présent le plus possible. Je me rendais à l'hôpital tôt le matin avant d'entamer ma journée, et à nouveau tard le soir lorsque je pouvais me libérer de mes fonctions. L'hôpital se trouvait à moins d'une demi-heure de la Maison-Blanche, le trajet depuis l'Observatoire naval était plus court encore. Lorsque le convoi arrivait en vue de l'hôpital et se glissait à l'arrière du bâtiment, je regardais systématiquement la fenêtre de la chambre de Beau au premier étage afin de voir si sa lumière était allumée. *Peut-être a-t-il pu se lever ce soir? Peut-être me voit-il à travers la fenêtre?* Les agents des Services secrets se garaient devant une petite porte où m'attendait une infirmière militaire chargée de me conduire à l'étage. J'avais pourtant fini par me familiariser avec les lieux, au point que parcourir le dédale des couloirs était devenu un rituel qui m'apaisait. Aujourd'hui encore, je serais capable de retrouver mon chemin sans difficulté: j'empruntais un premier corridor dallé de marbre avant de prendre à droite et de continuer tout droit à l'intersection de deux couloirs, je montais dans l'ascenseur de gauche jusqu'au premier étage. Je sortais de la cabine, je tournais tout de suite à gauche et m'arrêtais au bureau des infirmières pour saluer l'équipe de garde et remercier chacune de son dévouement. J'évitais d'attarder trop mon regard sur les chambres des patients en stade terminal. Dans mon for intérieur, lorsque je me dirigeais vers la chambre de Beau, au coin à droite, je refusais que mon fils partage leur sort. Je veillais bien à me préparer psychologiquement en arborant un sourire. *Souris. Souris. Souris.* Combien de fois Beau me l'avait-il répété? « N'aie pas l'air triste, papa. Personne ne doit savoir que tu es triste, ça mettrait les gens mal à l'aise. Je ne veux surtout pas qu'on ait pitié de moi. » Alors je m'armais de courage. *Affiche un grand sourire.* Je m'avançais dans la chambre où se trouvaient Hallie, ou Hunter, ou Jill, ou Ashley au chevet de Beau, lui tenant la main, et je m'écriais :

« Bonjour, mon chéri. C'est moi. »

J'arrivai un soir, impatient de raconter à Beau ce qui s'était passé ce jour-là à la Maison-Blanche.

« Mon chéri, devine qui est venu aujourd'hui? »

Beau avait les yeux fermés, mais je savais qu'il m'entendait.

« Nous avons reçu la visite d'Elton John. Tu te souviens quand je vous conduisais à l'école avec Hunt? La chanson qu'on chantait tous les trois à tue-tête? *Crocodile Rock*? »

Les garçons avaient respectivement quatre et cinq ans quand cette chanson sortit. Nous n'étions que tous les trois à l'époque. Après la mort de Neilia, avant que je rencontre Jill.

J'entonnai la chanson à voix basse, lui seul pouvait m'entendre. Les paroles me revenaient comme si c'était hier, mais ma gorge se serra et j'eus peur de ne pas arriver jusqu'au bout. Beau n'ouvrit pas les yeux, mais je vis à travers mes larmes qu'il souriait. Alors je pris mon courage à deux mains et je lui chantai la suite.

Au matin du 15 mai, les médecins discutaient du meilleur moyen de faire baisser la pression autour du cerveau de Beau, son dernier scan à la main, et je m'enfermai dans la salle d'attente que le service des communications de la Maison-Blanche avait transformée en bureau provisoire d'où il m'était possible de passer des appels sécurisés. L'Irak était en proie à une nouvelle crise dont je devais m'occuper. J'avais beau savoir que j'en avais accepté la responsabilité, j'éprouvais pour la première fois de l'amertume à l'idée de ne pas être en mesure de m'occuper exclusivement de Beau. Mon fils était à l'article de la mort dans la pièce voisine et il me fallait régler un problème survenu à dix mille kilomètres de là. La nuit précédente, l'EI avait investi la ville de Ramadi, à l'ouest de Bagdad, en profitant d'une tempête de sable. Une première vague de combattants de Daesh avaient fondu sur la capitale de la province Al-Anbar à bord de véhicules blindés. Comme dans *Mad Max*, ces camions précédés d'énormes socs métalliques soudés aux pare-chocs avant avaient traversé le rideau de sable comme des démons sortis de l'enfer. Bourrés d'explosifs et pilotés par des kamikazes, ces camions étaient de véritables bombes sur roues. L'EI avait apparemment massacré une bonne douzaine de familles et une cinquantaine de policiers et de guerriers tribaux lors de l'assaut initial. Les djihadistes avaient pris le contrôle des principaux bâtiments gouvernementaux de Ramadi et le président du conseil provincial accusait Al-Abadi de fermer les yeux et de revenir sur sa promesse de financer, de former et d'équiper les combattants sunnites locaux.

Lorsque j'eus Al-Abadi au téléphone ce matin-là, l'attaque de l'EI se poursuivait, les hommes de Daesh gagnaient du terrain. Les forces progouvernementales de la ville n'avaient pas les moyens de conserver leurs positions défensives. Al-Abadi m'expliqua que ses soldats ne disposaient tout simplement pas de la puissance de feu nécessaire pour repousser les énormes blindés transformés en bombes. Il avait besoin de roquettes antichars pour que ses hommes puissent renverser la vapeur avant qu'il soit trop tard. Je lui expliquai que nous avions déjà envoyé des roquettes antichars, mais que nous allions lui en fournir d'autres. Je tins à le rassurer sur le soutien du président et sur le mien, précisant qu'il lui fallait d'urgence mettre à l'abri l'argent des banques et confier les armes américaines entreposées à Bagdad aux combattants des tribus sunnites de Ramadi. Ses forces de sécurité à travers le pays devaient apporter la preuve qu'elles étaient capables de reprendre les territoires perdus et de les tenir. La reconquête de Ramadi, au cœur d'une région sunnite, constituait un test plus crucial encore que la prise de Tikrit, et il pouvait compter sur notre aide.

Lors d'une intervention en direct à la télévision quelques heures plus tard, Al-Abadi annonçait au peuple irakien que les forces nationales allaient défendre Ramadi contre l'assaut de l'EI et qu'il y envoyait des renforts. « Les prochaines heures nous apporteront une victoire dans la province d'Al-Anbar », prédisait-il. Moins de quarante-huit heures plus tard, l'EI achevait d'envahir la ville en prenant d'assaut le centre de commandement irakien grâce à des vagues successives de kamikazes avant de massacrer ses occupants pris au piège. Plus de cinq cents soldats irakiens et agents de la police locale étaient obligés de fuir Ramadi pour se réfugier à Bagdad, à cent kilomètres de là. Ils abandonnaient derrière eux d'énormes quantités de matériel et d'armement. « L'ensemble des forces de sécurité et des dirigeants tribaux ont dû battre en retraite, lorsqu'ils n'ont pas été tués au combat. C'est une perte irréparable », se lamentait un dirigeant sunnite de Ramadi. Le *New York Times* ne disait pas autre chose dans ses colonnes : « La chute de Ramadi est la plus grande victoire de l'État islamique cette année. Cette défaite met en lumière les failles stratégiques du gouvernement irakien. »

Le 19 mai, le président convoquait le Conseil de sécurité nationale afin d'évoquer le sort de Ramadi. La discussion entre les participants ne fut pas de tout repos. Les plus pessimistes arguaient du fait que notre stratégie se trouvait mise en danger par la faiblesse des troupes irakiennes. S'il était possible de poursuivre les frappes aériennes et de fournir aux Irakiens l'entraînement, le matériel et l'armement dont ils avaient besoin, nous n'avions clairement pas les moyens d'insuffler aux soldats irakiens le courage d'affronter l'EI, de lui reprendre les territoires occupés et de les tenir. Cette position illustrait les inquiétudes du président depuis le début des combats contre Daesh en Irak. Cette campagne présentait des risques depuis le départ et le président n'avait jamais obtenu suffisamment d'informations fiables pour prendre la bonne décision. Un an plus tôt, il s'inquiétait d'une implication trop poussée des États-Unis. Il avait le sentiment que nous empêchions le barrage de céder en glissant un doigt dans le trou à travers lequel fuyait l'eau, sans pouvoir mesurer la puissance de la force que nous combattions. Étions-nous seulement capables de contenir l'EI ? Étions-nous capables de contrôler la guerre? Étions-nous en mesure de maîtriser la situation par la suite? Le président était disposé à monter une coalition, mais il était convaincu que celle-ci ne gagnerait jamais sans l'appui d'une armée irakienne légitime. Alors que les peshmergas kurdes et les milices soutenues par l'Iran avaient récupéré une partie des territoires qui les concernaient, rien n'indiquait, avant le mois de mai 2015, que les forces de sécurité irakiennes avaient la volonté et la capacité de récupérer et de tenir les zones sunnites.

Le président disposait pourtant d'une faible lueur d'espoir depuis qu'Al-Abadi avait consacré la défaite de l'EI à Tikrit six semaines auparavant en s'appuyant sur des forces nationales. Lorsque le Premier ministre était venu à Washington quinze jours plus tard discuter, à ma demande, avec le président, je crois que ce dernier a compris, comme moi, qu'Al-Abadi était un partenaire digne de notre soutien.

Le plan présenté au président Obama par ses principaux conseillers le 19 mai, deux jours après la chute de Ramadi, appelait une décision difficile. Nos collègues des départements d'État et de la Défense insistèrent sur le fait que nous avions besoin de l'implication sur le terrain des forces tribales sunnites. Cela signifiait envoyer sur la base aérienne d'Al-Taqaddum, à vingt-cinq kilomètres de Ramadi, quelques centaines de conseillers et d'hommes des forces spéciales afin de mobiliser, entraîner et armer les tribus sunnites des environs avant de coordonner une contre-offensive à Ramadi avec l'armée irakienne et les troupes d'élite d'Al-Abadi. J'étais personnellement favorable à ce que l'on fournisse à ce dernier l'aide dont il avait besoin afin de reprendre l'initiative avec l'EI.

Il me sembla que le président, sensible à la logique de cette stratégie, penchait pour cette solution tout en s'inquiétant de notre capacité à protéger les quelques centaines d'Américains installés sur une base aérienne isolée, à portée de main des milices soutenues par l'Iran et aux portes de la province Al-Anbar.

« Joe, me dit le président en privé. Que se passe-t-il si ces gens capturent et décapitent une vingtaine de nos gars ? Comment réagir en pareil cas ? »

Il ne souhaitait en aucun cas que nos soldats soient à nouveau mêlés de près au conflit irakien. Quand bien même la contre-offensive aurait porté ses fruits, que décider ensuite ? Comment avoir l'assurance que les Irakiens seraient capables de tenir et d'administrer Ramadi une fois la ville libérée ? La décision était épineuse, mais le président Obama se laissa convaincre par ses conseillers.

Des nouvelles encourageantes nous parvenaient enfin au sujet de Beau. Le jour de la chute de Ramadi, il se leva pour une séance de kiné. Aidé par ses infirmières, il se tint debout pendant cinq minutes. « Une bonne journée », nota Doc O'Connor dans son journal. Natalie et Hunter vinrent voir leur papa le lendemain. Deux jours plus tard, un chirurgien réalisait une opération visant à réduire la pression au niveau du cerveau. Beau effectuait des progrès de jour en jour. Doc me raconta l'avoir vu remuer l'avant-bras droit, puis la cuisse droite, après avoir été entièrement paralysé de ce côté-là. Le lendemain, il trouvait la force de prendre place dans un fauteuil roulant motorisé et de faire un tour jusqu'au bureau des infirmières. Il était à nouveau conscient de tout ce qui se passait autour de lui, hochait la tête en réponse aux questions qu'on lui posait, et faisait des checks en tapant affectueusement son poing contre celui de ses interlocuteurs. Hallie obtint l'autorisation de l'emmener se promener en voiture, ce qui lui permit de retrouver la caresse du soleil sur son visage pour la première fois depuis une petite vingtaine de jours. Sept semaines après avoir reçu cette injection de virus, tout indiquait que Beau commençait à sortir du gouffre.

Barack m'invita à jouer au golf avec lui ce samedi-là. Il m'expliqua qu'il s'inquiétait pour moi et souhaitait me changer les idées le temps de quelques heures. Jill me poussa à accepter puisque l'état de Beau semblait s'améliorer. Curieusement, je ne me souviens plus aujourd'hui si j'y allai ou pas.

Une semaine après la chute de Ramadi, le secrétaire à la Défense Ash Carter donna une interview sur CNN au cours de laquelle il critiqua l'armée irakienne.

« Tout indique que les forces irakiennes n'avaient aucune envie de se battre, déclara-t-il lors de cet entretien diffusé le dimanche 24 mai dans l'émission *State of the Union.* Ils n'étaient pourtant pas en position de faiblesse, ils étaient même en surnombre par rapport à l'adversaire, mais ils ne se sont pas battus. »

La position de Carter illustrait le scepticisme compréhensible des membres de notre administration quant à la volonté des Irakiens d'affronter l'EI, mais j'aurais de loin préféré qu'il ne dise rien.

Lorsque je préparai avec mon équipe l'appel que je devais passer au Premier ministre Al-Abadi le lendemain matin, jour du Memorial Day[1], je ne fus pas surpris d'apprendre que Stuart Jones, notre ambassadeur en Irak, et notre envoyé spécial Brett McGurk avaient été sollicités par les officiels irakiens. Tous leur avaient rapporté qu'Al-Abadi, piqué par les propos de Carter, craignait de voir les États-Unis abandonner l'Irak. Je savais d'avance dans quel état d'esprit j'allais trouver le Premier ministre. Lorsqu'il avait déclaré à la presse qu'il avait « le cœur meurtri d'avoir perdu Ramadi », je le savais sincère. Tous mes collaborateurs pensaient comme moi que ma mission ce jour-là consistait à le rassurer. Il se trouvait soumis à une pression terrible et je voulais qu'il m'entende lorsque je l'assurerais de notre soutien. Je savais à quel point la situation était difficile à Ramadi pour m'être rendu sur place en 2006, à l'époque où les précurseurs de l'EI, Al-Qaida en Irak, contrôlaient la ville. Plusieurs milliers de soldats et de Marines américains, les meilleurs combattants du monde, s'étaient battus comme des lions quatre mois durant pour reconquérir la cité. Soixante-quinze d'entre eux et un nombre incalculable d'Irakiens étaient morts à cette occasion. Je savais également, à travers l'exemple de Beau, quel courage il fallait pour mener une lutte aussi dure et terrifiante face à un ennemi sans pitié ni remords. J'étais pleinement conscient de la nécessité pour Al-Abadi de se sentir pleinement soutenu.

1. Ce jour de congé officiel, observé chaque année le dernier lundi de mai, célèbre la mémoire des soldats des forces armées américaines morts au combat.

Le Premier ministre se montra particulièrement aimable ce matin-là au téléphone. Je n'eus pas besoin de lui rappeler ce que nous attendions de lui, me contentant de lui affirmer que je connaissais l'ampleur des sacrifices consentis par les troupes irakiennes. Je le rassurai sur l'envoi des armes et du matériel promis. Je lui précisai surtout qu'en dépit des propos du ministre Carter, notre administration lui conservait toute sa confiance et que nous souhaitions plus que jamais l'aider à renverser le mouvement car nous étions convaincus qu'il en était capable. Je lui répétai que nous le considérions comme un vrai leader, doté d'un grand courage personnel et politique.

Une seule cérémonie publique m'attendait en ce Memorial Day, après laquelle j'ai repris le chemin de l'hôpital Walter Reed afin de passer ce jour férié avec Beau. J'étais impatient de le retrouver, en partie pour voir si son état continuait de s'améliorer, mais aussi à cause d'un rêve que j'avais fait la nuit précédente. Beau m'était apparu totalement guéri, tel que je l'avais toujours connu. Avec des images d'un réalisme saisissant, je le voyais de loin courir autour du lac derrière notre maison. Je cherchais désespérément Jill, ou d'autres membres de la famille, afin de partager avec eux la bonne nouvelle : « J'ai vu Beau courir ! J'ai vu Beau courir ! »

9

Vous leur devez la vérité

En arrivant à Walter Reed cet après-midi-là, je trouvai Beau mieux que je ne l'avais vu depuis des semaines. Il reprenait pied dans la réalité d'heure en heure. Ses médecins pensaient avoir identifié la raison de ses difficultés : un trop-plein de liquide cérébrospinal appuyait sur le ventricule gauche du cerveau. Les ventricules cervicaux produisent constamment du liquide dont ils contrôlent la quantité, mais ce n'était pas le cas chez Beau. Doc O'Connor m'avait dit qu'une accumulation de cellules cancéreuses mortes avait pu bloquer le canal d'évacuation, à la façon de feuilles mortes dans une gouttière. Les neurochirurgiens de Walter Reed avaient pratiqué quelques jours plus tôt une intervention qui semblait avoir réglé le problème et le ventricule gauche se libérait de l'excès de fluide. L'examen de ce dernier n'avait pas montré la présence de cellules cancéreuses et les chercheurs de l'établissement observaient de près les progrès de Beau, très excités à l'idée que ce nouveau traitement du glioblastome puisse réussir.

Le maintien d'un niveau de liquide adéquat, en faisant baisser la pression au niveau du cerveau, ne pouvait que soulager les souffrances de Beau et le ramener dans un état de conscience normal. Notre espoir renaissait, mais c'était une question de vie ou de mort, de sorte que nous étions sur des charbons ardents. Hallie, Jill et Ashley savaient comme moi qu'il était essentiel de maintenir le liquide cérébrospinal à un niveau normal et nous suivions l'évolution de l'état de Beau en permanence, balançant entre espoir et désespoir. En raison de la nature expérimentale du traitement, il était essentiel que Fred Lang et Al Yung puissent conserver la maîtrise du dosage, si bien que les médecins de l'hôpital Walter Reed procédaient à des examens quotidiens qu'il fallait envoyer à leurs collègues de l'Institut Anderson. Cependant, les incompatibilités entre les logiciels des deux établissements persistaient. Comme cela s'était produit à l'hôpital Jefferson, les techniciens de Walter Reed n'étaient pas en mesure de transférer directement les scanners à l'Institut Anderson, si bien que Howard et Hunt se voyaient à nouveau contraints de filmer en vidéo ou de photographier les scanners à l'aide d'un iPhone ou d'un iPad afin de les communiquer au Dr Yung et au Dr Lang. Il m'arrivait de les entendre maudire ce système absurde à un moment où Beau souffrait le martyre, où chaque jour, chaque heure et chaque minute qui s'écoulaient étaient source d'angoisse au sein de la famille. Je me disais qu'il devait bien y avoir une solution, qu'il me faudrait tenter de remédier au problème.

En dépit de tous ces obstacles, certains signes nous permettaient d'espérer que Beau puisse s'en sortir. Jill et moi lui fîmes faire une promenade à l'extérieur pendant une demi-heure dans un fauteuil roulant cet après-midi-là. Le temps était clément en cette fin de mois de mai, il faisait plus de vingt-cinq degrés en fin de journée, avec une légère brise rafraîchissante. Je savais que Beau souffrait, je le lisais dans ses yeux, mais il semblait aller mieux. Il lui arrivait de hocher la tête, de sourire, de lever le pouce. Le soleil commençait à se coucher, dorant les nuages, et je revis dans ma tête Beau petit garçon, assis sur le balcon de ma chambre, admirant le coucher de soleil au-dessus des arbres.

« Regarde, papa ! me disait-il en voyant le soleil s'enfoncer derrière les arbres. Il est en train de disparaître. »

Beau allait mieux et j'avais meilleur moral en me rendant le lendemain en début d'après-midi à la Brookings Institution, un *think tank* où je devais prononcer un discours consacré à la situation difficile de l'Ukraine. Poutine avait maintenu la pression sur ce pays voisin de la Russie tout au long des trois mois qui avaient suivi les seconds accords de Minsk. Il faisait tout pour déstabiliser l'économie et le gouvernement ukrainiens, refusant de retirer ses troupes comme son artillerie lourde. Nous savions même qu'il avait déployé à la frontière dix bataillons ainsi que des unités de défense aérienne dans la seule région de Rostov. Deux soldats de l'armée régulière russe avaient été blessés et capturés dix jours plus tôt alors qu'ils participaient à des combats *sur le sol ukrainien*. Les séparatistes, assistés par des soldats russes, poursuivaient sans relâche leurs attaques sporadiques, mais meurtrières. Lors d'une rencontre deux semaines auparavant, Poutine avait balayé d'un revers de main l'intervention du secrétaire d'État américain, John Kerry. Ce dernier, lui reprochant de continuer à entraîner et armer les forces séparatistes ukrainiennes, lui avait enjoint de retirer ses troupes de la frontière.

Le président ukrainien, Petro Porochenko, s'efforçait d'empêcher ses soldats de répondre aux provocations des séparatistes et de leurs alliés russes sur le front, mais le cessez-le-feu ne tenait jamais longtemps. En dépit de la campagne agressive menée par Poutine pour obtenir une scission de l'Ukraine, Porochenko parvenait à souder son gouvernement qu'il incitait à davantage de transparence. Au cours des trois mois précédents, je m'étais entretenu au téléphone avec lui ou son allié précaire Arseni Iatseniouk, parfois les deux, quasiment toutes les semaines, les encourageant à faire passer leur patriotisme avant leurs ambitions personnelles. Ensemble, le président et son Premier ministre avaient engagé d'importantes réformes politiques. Le gouvernement avait notamment mis sur pied une Commission nationale anticorruption dont Porochenko avait nommé le responsable, et nous soutenions ces réformes de notre mieux. Avec nos alliés européens, nous avions renforcé les sanctions économiques contre la Russie et versé aux Ukrainiens 75 millions de dollars d'équipement militaire non létal : des transports de troupe blindés, du matériel de communication, des drones de surveillance, ainsi que des radars anti-mortiers. Malgré cela, Poutine n'avait toujours pas rappelé ses chiens à la frontière avec l'Ukraine fin mai. Il continuait de violer de façon flagrante l'accord qu'il avait lui-même signé.

Le jour de mon intervention à la Brookings Institution, les dernières nouvelles indiquaient que Poutine s'apprêtait à passer à l'étape suivante, mettant à l'épreuve la résolution de l'Otan, de l'Union européenne et des États-Unis. Un correspondant de l'agence Reuters, de retour d'un campement militaire russe à cinquante kilomètres de la frontière ukrainienne, racontait avoir assisté à l'arrivée de quatre convois ferroviaires transportant troupes et armement. « Au nombre du matériel fourni, on compte des lance-roquettes Uragan, des chars et des obusiers autopropulsés, précisait le journaliste. Les stocks d'équipements militaires sur la base sont trois fois plus importants qu'en mars dernier, lorsque des confrères de Reuters se trouvaient dans la région. »

Autre nouvelle inquiétante, Poutine s'apprêtait à signer un décret interdisant le décompte des morts russes lors d'« opérations spéciales » en temps de paix, ce décompte étant proscrit depuis belle lurette en temps de guerre. Poutine souhaitait enfouir les preuves des combats meurtriers qui se déroulaient en Ukraine, les deux tiers de la population russe étant hostiles à l'idée de sacrifier ses soldats afin de récupérer une partie de ce pays voisin. « Certains observateurs ne voient dans ces décisions qu'une seule raison plausible : la Russie se prépare à une nouvelle incursion militaire en Ukraine », écrivait le *Washington Post*.

Je ne comptais pas y aller par quatre chemins dans mon intervention, conscient que tout le monde aux États-Unis et en Europe serait attentif à mes propos. Il était impératif de renforcer les sanctions contre l'agresseur russe et de débattre du bien-fondé d'armer les Ukrainiens de façon à ce qu'ils puissent se défendre. Surtout, il était grand temps de dénoncer la brutalité de Poutine et de rappeler au monde que l'Occident n'était pas disposé à le laisser agir impunément. Ce jour-là à la Brookings

Institution, j'expliquai à mon auditoire et au reste de la planète que nous étions « à un tournant de l'histoire des relations transatlantiques nécessitant de prendre des mesures comparables à celles adoptées en leur temps par nos parents et grands-parents.

« C'est aussi simple que ça. Les situations sont similaires et je crois même que celle que nous connaissons actuellement nous est favorable. Pas au nom d'un mouvement inéluctable vers l'unification, l'intégration, ou les libertés démocratiques. Chaque génération est porteuse d'un certain nombre de démagogues et de révisionnistes, les périodes de transition ne manquent pas d'occasions périlleuses susceptibles de leur fournir de nombreuses opportunités.

« Mon optimisme tient au fait que la vision du président Poutine n'a rien pour séduire les peuples européens, ni même le peuple russe, sinon en proposant des mythes et des illusions, ou encore la promesse vaine d'une résurrection d'un passé qui, avec le recul, n'était pas si glorieux. Un tour de passe-passe consistant à brutaliser la société civile, les dissidents et les homosexuels pour mieux faire oublier une absence de leadership fort comme les carences des institutions. Une propagande alliant agressivité et force pure. »

Le soir même, quand je retournai à Walter Reed, l'état de Beau continuait apparemment de s'améliorer.

Il passa une très mauvaise nuit le mercredi et c'est tout juste s'il était conscient le jeudi. Plus aucun hochement de tête, plus de check, plus de pouce levé. Nous étions tous portés par l'espoir qu'il s'agisse d'un recul temporaire que Beau finirait par surmonter. L'un des membres de l'équipe médicale nous retrouva le lendemain dans la chambre de Beau et nous proposa une rencontre avec les médecins. Ceux-ci disposaient de nouveaux résultats d'examens et je voulus croire que ces scanners montreraient une nouvelle accumulation de liquide cérébrospinal. Une fois celle-ci résorbée, Beau reprendrait du poil de la bête.

À 10 heures, toute la famille se trouvait réunie dans une salle de réunion tout en longueur, face aux médecins de Walter Reed. Un téléphone en position haut-parleur, installé au centre de la table, permettait aux équipes de l'Institut Anderson d'intervenir. Il était clair que Doc O'Connor et Howard, le mari d'Ashley, avaient déjà parlé aux praticiens de l'hôpital, avec lesquels ils présentaient un front uni. Ils étaient tous d'accord pour trouver la situation inquiétante. Les résultats des scanners étaient bien pires que ceux enregistrés à peine deux jours plus tôt, sans que l'on puisse déterminer si cette aggravation était attribuable au virus ou à la tumeur.

Je m'évertuais à croire que Beau pourrait tout de même s'en sortir, et je crois que le reste de la famille réagissait comme moi. Au terme de trois quarts d'heure de réunion, l'un des médecins de Walter Reed suggéra d'attendre vingt-quatre ou quarante-huit heures afin de voir comment évoluait la situation. Nous sortions de la pièce, portés par l'espoir que Beau allait se sortir de ce mauvais pas, lorsque Howard nous rappela.

« Vous leur devez la vérité, déclara-t-il à ses confrères, et ceux-ci nous expliquèrent alors que les dégâts au niveau du cerveau de Beau étaient irréversibles et qu'il ne serait pas possible de le sauver. "Il ne guérira pas." »

Ces quatre mots m'accablèrent comme jamais. « Il ne guérira pas. » Pourtant, bon Dieu, je voulais continuer de croire qu'un miracle pouvait survenir.

Hallie ayant demandé à Howard si elle pouvait venir avec les enfants le lundi suivant, il lui répondit qu'elle devait aller les chercher le jour même. Les parents de Hallie arrivèrent de Wilmington avec Natalie et Hunter ce soir-là. Ils souriaient, comme lors de leurs visites précédentes. Hallie les tenait par la main et ils passèrent à côté du bureau des infirmières en direction de la chambre de Beau. Les agents des Services secrets, pour beaucoup attachés à notre protection depuis six ans, baissèrent la tête ou détournèrent les yeux afin que les deux petits ne remarquent pas qu'ils pleuraient.

Nous passâmes tous la nuit à l'hôpital. Ma femme et les filles de Hunter nous rejoignirent. Ma sœur Val était là avec Jack, son mari, de même que mon frère Jim et sa femme Sarah. Ma nièce Missy, qui avait grandi avec Beau, arriva et nous attendîmes tous ensemble. Hunter et Howard s'absentèrent brièvement, peu après 19 heures, afin d'aller chercher de quoi dîner pour tout le monde. Ils venaient de sortir de la pièce lorsque la respiration de Beau, d'abord très pénible, ralentit, puis s'arrêta. Sur l'écran du moniteur, les battements de son cœur cessèrent. Hunt et Howard revinrent en toute hâte et nous trouvèrent rassemblés autour du lit. Hunt s'approcha, il embrassa son frère en lui posant la main sur la poitrine.

« Regardez ! » s'écria-t-il en voyant le cœur repartir.

Le répit fut de courte durée.

Je le notai sur mon journal : *30 mai, 19h51. Mon Dieu, mon petit garçon. Mon beau petit garçon.*

Jill et moi retournâmes chez nous à bord d'Air Force Two le dimanche vers 20 heures. Un jour s'était écoulé depuis la mort de Beau. Le général Frank Vavala, commandant de la Garde nationale du Delaware, au sein de laquelle avait servi Beau, nous attendait sur le tarmac en compagnie de son épouse. Ils étaient en pleurs.

« Nous aimions Beau », nous dit Vavala, et Jill et moi passâmes cinq bonnes minutes à les consoler.

Quand nous montâmes finalement à bord de la voiture qui nous attendait et que celle-ci démarra, le général se tenait toujours au garde-à-vous, droit comme un I, et il sanglotait.

Jill tint à ce que nous nous rendions sur le ponton en arrivant. Emmenant Champ avec nous, nous longeâmes le lac. On approchait du solstice d'été, de sorte qu'il faisait encore jour lorsque nous nous assîmes. Jill repéra un héron de l'autre côté du lac. Elle m'expliqua que ce lieu l'aidait à rester proche de Beau. À un moment, alors que la fin approchait, elle s'était penchée et lui avait glissé quelques mots à l'oreille : « Je te laisse rejoindre le ponton avec Hunter, Beau. Sois heureux. » Nous observâmes le héron en silence pendant vingt minutes, jusqu'à ce qu'il finisse par s'envoler. Il tourna au-dessus de nous à plusieurs reprises, puis il prit de l'altitude et s'éloigna en direction du sud, sous les nuages, avant de disparaître.

« C'est un signe de Dieu, déclara Jill. Beau a voulu voir le lac une dernière fois avant de monter au paradis. »

Elle alla se coucher peu après et je me retrouvai seul dans le petit salon voisin qui venait d'être refait. La pièce était en désordre à cause du passage des ouvriers, les meubles poussés de côté, les livres et autres souvenirs entassés ou rangés dans des cartons. Je demandai aux gens des Services secrets de m'aider à remettre en place le bureau de Jill et ma commode, ce qui ne prit qu'un instant. Incapable de dormir, j'avais besoin de m'occuper la tête, si bien que je commençai à ouvrir les cartons et ranger les livres en les classant soigneusement sur les rayonnages. Le dernier carton contenait des carnets et de vieilles photos de famille. Celle qui se trouvait en haut de la pile s'envola et je la ramassai. Il s'agissait d'un portrait en couleurs de Beau format 13 x 18. En short et baskets, coiffé d'une casquette, il devait avoir huit ou neuf ans. Il portait un blouson et longeait les haies de la Station, la maison que j'avais achetée peu après la mort de Neilia. C'est là qu'avaient grandi les garçons et Ashley. Sur la photo, Beau s'éloignait en me regardant par-dessus son épaule, un sourire aux lèvres, en agitant la main. Je me sentis brusquement submergé par l'émotion. Je n'avais pas vu cette photo depuis plus de trente ans, ce qui ne m'empêchait pas de toujours voir Beau dans ma tête à cet âge. Invariablement avec un sourire aux lèvres et ce même air rassurant.

Mon Dieu ! À cet instant précis, je sus à quel point il me manquait déjà. Beau avait toujours su dissiper mes peurs. C'est lui, avec Hunter, qui m'avait sauvé la vie quarante ans plus tôt, lorsque Neilia et Naomi avaient trouvé la mort dans cet accident de voiture. Comment allais-je me débrouiller désormais ? Depuis son enfance, j'avais toujours considéré Beau, au même titre que Hunt, comme une source de confiance et de courage. « Tu verras, papa, ça s'arrangera. Je suis là », me disait-il.

Je me trouvai ridicule, adulte comme je l'étais, avec la carrière qui était la mienne, de compter sur mes deux fils pour me remonter le moral, moi qui avais passé ma vie à insuffler à d'autres courage et détermination.

« Regarde-moi, papa, résonna la voix de Beau dans ma tête. N'oublie pas. N'oublie pas ton port d'attache. »

Je suis un personnage public depuis près d'un demi-siècle, si bien que mes enfants et petits-enfants ont toujours appartenu à une famille publique. Ils avaient donc conscience, sans qu'il me soit nécessaire de le leur rappeler, que leur comportement au cours des jours suivants et la façon dont ils feraient leurs adieux à Beau auraient une importance primordiale. Lui aussi était un personnage public, une figure aimée et respectée dans le Delaware, de sorte que sa mémoire et ses obsèques seraient célébrées publiquement. Un calendrier venait déjà de se mettre en place. Il était prévu que nous nous rendrions jeudi à Dover, la capitale de l'État, où serait exposé le cercueil enveloppé d'un drapeau tout au long d'une cérémonie de quatre heures au Capitole. Le soir même, nous reprendrions l'avion à destination de Washington où se déroulait la cérémonie de fin de troisième de Maisy Biden. Le lendemain matin, vendredi, c'était au tour de Natalie, la fille de Beau, de recevoir son diplôme de fin d'école primaire à Wilmington, en attendant que soit donnée une messe privée dans l'église de notre paroisse, St. Joseph on the Brandywine, suivie par une veillée publique à St. Anthony, dans le centre de Wilmington. La messe d'enterrement aurait lieu le samedi, également à St. Anthony, avant l'inhumation dans le caveau familial du cimetière de St. Joseph. Tout avait été planifié à ma demande en tenant compte des impératifs des uns et des autres, qu'il s'agisse de l'épouse et des enfants de Beau, de ma femme et de mes deux enfants restants, de mes autres petits-enfants, de mes frères et de ma sœur, de la famille plus éloignée, de mes amis, mais aussi de tous ceux qui assisteraient à la veillée ou aux obsèques, sur place ou à la télévision puisqu'une partie des cérémonies serait retransmise en direct dans tout le pays. Il était de mon devoir de montrer aux millions de personnes confrontées à une réalité similaire qu'il était possible de l'accepter et de s'en sortir. Ma famille et moi avions l'obligation de nous comporter avec élégance et persévérance.

Hallie, ma sœur Val, Hunter et moi organisâmes les journées suivantes dans leurs moindres détails. Tout en planifiant nos déplacements, en décidant des endroits où nous serions assis comme de ceux où nous nous tiendrions debout, je remarquai que Hunter, soucieux d'honorer les désirs de Beau, prenait la direction des opérations. Il savait de quelle façon son frère aurait voulu que l'on honore sa mémoire, en tant que mari et père, en tant que personnage public au service de *tous*, en tant que soldat aussi. Hunter tenait à ce que les différentes cérémonies soient le reflet vibrant de la vie de Beau. Il prit contact avec des pasteurs protestants, un rabbin et un imam afin de les inviter à prendre place devant l'autel aux côtés du cardinal et des prêtres catholiques chargés des célébrations. Dans le même temps, il s'assura de la présence des membres de la brigade de la Garde nationale à laquelle avait appartenu Beau et s'arrangea pour qu'un corbillard tiré par un cheval emporte le cercueil à travers les rues de Wilmington en présence d'une haie d'honneur constituée de soldats et des policiers locaux dont Beau avait eu la charge en tant que procureur de l'État. Hunt s'adressa également à une chorale afro-américaine pour le service religieux, ainsi qu'à un ensemble de joueurs de cornemuse qui apporteraient une touche irlandaise grave à la cérémonie.

Hallie apporta une dernière note à l'ensemble en pensant à ses enfants. Un jour où ils circulaient en voiture, un titre de Coldplay était passé à la radio.

« C'est la chanson préférée de papa », avait remarqué Hunter, du haut de ses neuf ans.

Depuis la mort de Beau, il s'était approprié l'iPod de son père et Hallie avait remarqué qu'il passait *Til Kingdom Come* en boucle. Elle appela Beth Buccini, dont le mari Robbie, le meilleur ami de Beau, avait la possibilité de faire passer un message au chanteur de Coldplay, Chris Martin. Celui-ci accepta de venir de Londres pour interpréter sa chanson pendant la messe, Robbie Buccini ayant généreusement pris les frais de déplacement à sa charge.

Barack m'avait proposé de prononcer l'éloge funèbre de Beau, et nous acceptâmes. Le général Ray Odierno, qui commandait la coalition militaire en Irak lorsque Beau se trouvait sous les drapeaux, devait également s'exprimer. Le général, devenu depuis chef d'État-Major des armées, avait appelé deux jours après le décès de Beau afin de savoir si sa femme et lui pourraient assister aux obsèques.

« J'étais convaincu que Beau dirigerait un jour ce pays », m'avait-il expliqué.

Quant à la famille, je pensais que le mieux était de demander à Hunter et Ashley de s'exprimer en notre nom à tous en prononçant l'éloge funèbre de leur frère, et ils avaient accepté. En dépit de ces préparatifs, lorsque nous quittâmes la maison tous ensemble pour nous rendre à la première cérémonie publique, nous avions bien conscience que ce ne serait pas facile.

Au soir du samedi 6 juin, cette épreuve enfin derrière nous, je me retirai dans la solitude de ma bibliothèque. Beau était mort une semaine plus tôt jour pour jour, mais je continuais de sentir sa présence. *Sa disparition me paraît irréelle*, écrivis-je ce soir-là dans mon journal. *Pour avoir tant voulu que la mémoire de Beau soit célébrée avec force et dignité, j'ai soigneusement évité de penser à l'énorme trou noir, au creux de ma poitrine, qui menace de m'aspirer. J'ai réussi à prétendre que Beau était toujours à mes côtés en reportant mon attention sur Hunt et Ash. Même aujourd'hui, sauf au moment où a retenti la chanson* Bring Him Home, *Beau restait au centre de tout, comme s'il continuait à tout organiser avec moi.*

Installé dans ma bibliothèque en repensant aux trois journées écoulées, je me sentis incroyablement fier de mon fils et de ma famille. Un sentiment de profonde réussite venait percer le mur de chagrin qui m'entourait. Beau « s'intéressait sincèrement à ses semblables, il traitait toujours les autres avec dignité et respect, avait dit le général Odierno lors de son intervention. Il était doté d'un charisme naturel que peu de gens possèdent. Les autres le suivaient sans hésiter, ils faisaient confiance à son jugement, ils croyaient en lui ». Je restais particulièrement ému au souvenir de la façon dont Barack avait accepté d'afficher son émotion en prononçant l'éloge funèbre de Beau. Nous avions traversé bien des épreuves ensemble, mais ce jour-là à St. Anthony, je me sentis plus proche que jamais du président, et infiniment reconnaissant de son amitié. « Michelle, Sasha, Malia et moi faisons partie du clan Biden. Nous en sommes désormais des membres honoraires, avait-il déclaré. Le code qui régit la famille Biden nous concerne pleinement à ce titre : nous serons toujours là pour vous. Parole de Biden. »

Lorsque Ashley et Hunt avaient rejoint l'autel, le plus grand silence s'était abattu sur la congrégation. Toutes les personnes présentes mesuraient la perte que représentait pour eux deux la mort de Beau. L'expérience m'avait enseigné combien il est ardu de prononcer l'éloge funèbre d'un être aimé. Leur douleur était telle qu'il leur fallut un courage admirable pour rester impassibles. Je ne fus jamais aussi fier de mon fils et de ma fille que ce jour-là. Ils évoquèrent leur frère avec une ferveur presque sacrée, comme s'ils formaient avec lui une Trinité. « Il m'est impossible de parler de Beau sans évoquer Hunter, dit Ashley avec des mots qu'elle avait insisté pour écrire elle-même. Hunter a toujours été le souffle qui a permis à Beau de voler, en lui donnant courage et confiance… Jamais Beau ne prenait une décision sans prendre l'avis de Hunter, ils se parlaient tous les jours, ils ne s'élançaient jamais sur les chemins sans que l'un soit le copilote de l'autre. Hunt était le confident de Beau. Sa retraite.

« À ma naissance, j'ai été accueillie à bras ouverts par Beauie et Huntie, comme je les ai toujours appelés avec adoration. Ce sont les garçons qui m'ont baptisée. Au même titre que je leur appartenais, j'ai toujours pensé qu'ils m'appartenaient. »

Hunter se tenait à côté d'Ashley pendant son intervention et, lorsqu'il s'empara du micro à son tour, elle resta près de son frère alors qu'il procédait aux remerciements au nom de la famille.

« Mon tout premier souvenir est de me retrouver couché dans un lit d'hôpital près de mon frère, se lança Hunter en faisant allusion à leur hospitalisation après l'accident qui avait coûté la vie à leur mère et leur sœur. J'avais presque trois ans et je me souviens de mon frère, mon aîné d'un an et un jour, me tenant la main, me regardant et me disant : "Je t'aime, je t'aime, je t'aime", en boucle. Tout au long des quarante-deux années qui ont suivi, il n'a jamais cessé de me tenir la main et de me dire combien il m'aimait. Mais je n'étais pas le seul dont Beau tenait la main. La main de Beau était celle que tout le monde cherchait en cas de besoin. La main de Beau se tendait vers la vôtre sans que vous ayez besoin de demander. »

Hunter parla pendant près de vingt-cinq minutes du parcours de vie de son frère et des gens qu'il avait touchés. Il réussit à traduire en mots l'âme de son frère sans la moindre fausse note.

« Il a tenu tellement de mains, dit-il en guise de conclusion. Les mains de ceux qui ont survécu à la maltraitance, les mains des parents de ses frères et sœurs d'armes, les mains des victimes de violences dans cette ville de Wilmington qu'il aimait tant. L'histoire de mon frère est celle-là. Une histoire que des milliers de gens racontent aujourd'hui. Toujours la même histoire, celle de Beau Biden leur tenant la main. Mon seul avantage sur eux est d'avoir été le premier dont mon frère a tenu la main…

« Cette histoire s'est achevée de la façon dont elle avait commencé. Beau était entouré par sa famille et chacun d'entre nous s'accrochait désespérément à lui. Chacun d'entre nous lui disait : "Je t'aime, je t'aime, je t'aime." Et je lui ai tenu la main, et j'ai recueilli son dernier souffle, et j'avais conscience d'avoir été aimé. Je sais surtout que sa main ne quittera jamais la mienne. »

J'ai le bonheur d'avoir une famille magnifique. Je me souviens d'avoir pensé sur le moment que nous avions beaucoup de chance de pouvoir nous soutenir les uns les autres tout au long de ces trois journées de cérémonies publiques. Chaque fois que l'un de nous flanchait ou menaçait de craquer, il se trouvait toujours quelqu'un pour l'aider. « Allez, papa », me dit Hunt en remarquant que je levais les yeux vers le ciel et que mes épaules se mettaient à trembler. C'est une bénédiction de pouvoir partager votre chagrin, d'avoir près de vous des personnes aimées capables d'absorber vos souffrances. En revanche, je compris que personne, même les plus proches, ne pouvait m'en délivrer totalement. À certains moments, nous sommes tous amenés à porter solitairement le fardeau du deuil, chacun à sa façon. Seules me comprendront les personnes qui connaissent le poids d'un tel fardeau. De ce fait, ils sont une source de réconfort. De toutes les manifestations d'amitié reçues au cours de cette semaine difficile, de toutes les pensées et autres condoléances exprimées par les milliers de personnes qui nous présentèrent leurs hommages, je gardai le souvenir d'une en particulier, lors de la veillée à l'église St. Anthony de Wilmington, la veille de la messe d'enterrement. Nous restâmes des heures durant près du cercueil, avec Jill et le reste de la famille, pendant que défilaient devant nous les amis, les connaissances et tous ceux qui nous apportaient leur soutien. Certains étaient venus de loin, à commencer par les infirmières de l'hôpital Walter Reed et leurs collègues de Jefferson, mais la plupart des gens présents étaient originaires du Delaware. L'État dans lequel nous vivons est petit et j'y vis depuis si longtemps que je connaissais le visage de la plupart de ceux qui se trouvaient là, lorsque je ne connaissais pas leur nom. À un moment, en relevant la tête, je vis dans la queue Wei Tang Liu, le père de ce policier tué en service à New York cinq mois plus tôt. Sa femme et lui avaient effectué le trajet depuis leur domicile de Brooklyn et fait la queue pendant des heures sur le trottoir avant d'entrer dans l'église et de voir le cercueil de Beau.

Wei Tang Liu n'essaya pas de s'exprimer, et moi non plus. Il ne parlait pas suffisamment bien anglais, pas plus que je ne parle le cantonais. Il se contenta de me serrer dans ses bras et je fus infiniment ému de recevoir ce geste de quelqu'un qui comprenait.

Il me tint longtemps, sans un mot. Il ne s'agissait pas de lui, contrairement à notre rencontre précédente, mais de moi.

« Merci, merci, merci, merci. »

C'est tout ce que je réussis à lui dire.

10

Tu peux rester un instant?

Ce n'était pas la première fois, je savais donc à quoi m'attendre. La sorte d'hébétude provoquée par le choc finit par se dissiper et la douleur prend le relais, lancinante. Il s'agit d'une souffrance physique qui refuse de s'en aller. Tout comme lors de la perte de Neilia et Naomi quarante-trois ans plus tôt, j'avais l'impression d'avoir un minuscule trou noir dans la poitrine dont je savais qu'il grossirait et finirait par m'aspirer tout entier si je m'attardais trop sur sa présence. Par moments, j'avais la tentation de me laisser avaler par ce vide afin d'échapper à la douleur. Des mois durant, je fus incapable de respirer normalement. Dans une certaine mesure, ma foi me servit de refuge. Les rituels associés à ma pratique du catholicisme m'ont toujours apporté du réconfort. Mon chapelet m'apaise. C'est pour moi une forme de méditation. Quant à la messe, elle me permet de me retrouver face à moi-même, au milieu de la foule. C'est pour moi un tête-à-tête avec Dieu. Lorsque je prie, je n'invoque pas seulement Dieu, je demande à Neilia et ma mère d'intercéder pour moi auprès de Lui. La prière me rappelle qu'elles font toujours partie de moi, qu'elles restent à l'intérieur de moi. Au cours des heures qui suivirent la disparition de Beau, je me mis à lui parler. J'y voyais une façon de me souvenir qu'il se trouvait toujours là, avec moi.

Ashley sut traduire en mots cette vérité à la fin de son éloge funèbre.

« Tu seras à nos côtés chaque fois qu'il nous faudra prendre une décision, dans les moments de tristesse et les tourments, la célébration et la joie. »

Elle parlait de Beau, mais c'est à nous qu'elle s'adressait.

« Nous te verrons partout où nous irons, dans la beauté des choses, dans le sourire d'un inconnu, dans chacun de tes merveilleux enfants dont nous saurons prendre soin tout comme tu as su prendre soin de nous. Tu es inscrit dans la moindre fibre de notre être. Tu es la moelle de nos os, la chair de notre chair, le sang de notre sang. Tu es à jamais présent dans nos vies, aujourd'hui, demain, et pour toujours. »

Par la suite, chaque fois que j'entendais ces mots dans ma tête, je me disais que, tant que Hunt serait à mes côtés, Beau serait là. Ils sont inséparables dans la mort, tout comme ils étaient inséparables dans la vie. Même après sa mort, Beau était présent pour moi. Plus que présent. Il était la voix qui résonnait dans ma tête. Les paroles que j'entendais tourner en boucle étaient les siennes.

Beau et Hallie nous avaient invités à dîner chez eux l'automne précédent, alors que les effets physiques du cancer commençaient à se manifester. Jill était venue en train de Wilmington après ses cours, dans sa tenue d'enseignante. Le dîner terminé, elle avait exprimé l'envie de rentrer à la maison afin de passer des vêtements plus confortables.

« Tu peux rester un instant, papa ? m'avait demandé Beau. On voudrait te parler avec Hallie. »

Nous attendîmes cette dernière pendant qu'elle montait coucher Natalie et Hunter. À son retour, elle prit place à côté de Beau, de l'autre côté de leur longue table.

« Écoute, papa. Je sais que personne au monde ne m'aime autant que toi. Je le sais, mais regarde-moi. Regarde-moi, papa. Quoi qu'il advienne, ça va aller. Ça va aller, papa. Je te le promets. »

Comprendre que mon fils était en train de composer avec sa propre mort me fit un choc. Il se pencha vers moi en posant sa main sur mon bras.

« Mais tu dois me promettre une chose, papa : quoi qu'il arrive, ça va aller. Donne-moi ta parole que tu vas poursuivre ton chemin, papa. Ne renonce pas, continue à te battre. Promets-le-moi, papa.

— Ça va aller, Beau. »

Mais cette réponse ne lui suffisait pas.

« Non, papa. Donne-moi ta parole de Biden. Donne-moi ta parole, papa. Promets-moi, papa. »

Alors je lui en fis la promesse.

À la Maison-Blanche, personne ne s'attendait à ce que je reprenne le travail dans la foulée. Le président Obama et ses plus proches conseillers me firent bien comprendre, en public comme en privé, que l'on m'accorderait tout le temps et l'espace dont j'avais besoin pour panser mes plaies.

« Le deuil ne s'arrête pas avec la messe d'enterrement. C'est même là qu'il commence, déclara à un journaliste Valerie Jarrett, une amie et proche conseillère du président. Il bénéficiera de tout l'amour et de tout le soutien nécessaires, nous veillerons à lui apporter ce dont il a besoin. Le deuil prend du temps, l'amitié consiste à le comprendre et à rester présent dans la durée. »

Je disposais également d'équipes formidables qui continuaient de gérer les dossiers liés aux Affaires étrangères durant mon absence. Colin Kahl, mon conseiller à la sécurité nationale, veillait au grain, en particulier à tout ce qui concernait l'Irak. Michael Carpenter surveillait les événements en Ukraine et Juan Gonzalez s'occupait du triangle du Nord en Amérique centrale. Victoria Nuland au département d'État et Charlie Kupchan au Conseil de sécurité nationale à la Maison-Blanche géraient la Russie, Brett McGurk s'intéressait à l'Irak, à la Syrie et à la Turquie, Jeffrey Prescott avait la charge de l'Extrême-Orient et Amos Hochstein pilotait les questions liées à la politique énergétique dans le monde. J'étais extrêmement bien entouré par des collaborateurs pleinement disposés à prendre le relais aussi longtemps que je le souhaiterais. Toutefois, je ne pouvais pas rester chez moi à ressasser mon chagrin. J'avais besoin de m'occuper.

Je décidai donc de retourner à la Maison-Blanche quatre jours après les obsèques de Beau afin d'expliquer au président que j'étais prêt à me remettre à l'ouvrage. Pour ma santé mentale, j'avais besoin de travailler, de m'occuper, de ne pas rester inactif. Le président rentrait tout juste d'un sommet du G7 en Allemagne où il avait incité la chancelière Merkel et d'autres dirigeants européens à poursuivre, voire à renforcer, les sanctions économiques contre la Russie tant que Poutine ne respecterait pas les termes du cessez-le-feu signé à Minsk et ne reculerait pas en Ukraine. Je fus très sensible à la détermination du président.

« La Russie a fait un pied de nez à ses propres engagements, avait annoncé le porte-parole du président. Le refus de la Russie de respecter les engagements en question contribue largement à son isolement croissant comme à la montée en puissance des sanctions économiques qui lui sont imposées. »

Le Premier ministre ukrainien Iatseniouk était en visite à Washington ce jour-là et je comptais bien lui signaler notre intention de soutenir son pays et son gouvernement, tout en lui faisant comprendre qu'il était impératif pour lui et le président Porochenko d'accélérer les réformes contre la corruption s'ils souhaitaient bénéficier durablement de notre assistance.

Deux jours plus tard, je devais recevoir le président du Parlement irakien, Salim al-Jabouri, qui était également le leader de la communauté sunnite. Le gouvernement d'Al-Abadi se trouvait sous pression depuis la chute de Ramadi, mais le président Obama n'en avait pas moins renforcé ses engagements auprès d'Al-Jabouri et d'Al-Abadi. Il venait de donner son feu vert au déploiement risqué de conseillers militaires américains sur une base aérienne située à vingt-cinq kilomètres de Ramadi afin de mobiliser, de former et d'équiper des combattants tribaux sunnites en prévision d'une contre-attaque. Je souhaitais expliquer moi-même à Al-Jabouri combien était essentielle à nos yeux l'unité du peuple irakien face à la menace posée durablement par l'EI.

Quelques jours après ce rendez-vous était prévue une rencontre à Washington avec le président du Honduras, Juan Orlando Hernández, afin de lui expliquer que cette administration était d'accord pour lui fournir de l'aide à la condition qu'il mette en œuvre les réformes décidées d'un commun accord à Guatemala City au début du mois de mars.

J'allais devoir me replonger dans l'ensemble de ces dossiers.

De retour à mon bureau le mercredi 10 juin, j'avais l'impression que Beau m'observait et me parlait.

« Ne leur montre pas ton chagrin, papa, me disait-il. Lève-toi, mets un pied devant l'autre, et avance. »

Je déjeunai avec le président Obama ce jour-là, juste avant mon rendez-vous avec Arseni Iatseniouk. Le président commençait à me connaître. Il savait que m'impliquer dans notre tâche m'aiderait à ne pas penser à Beau, de sorte qu'il me parla uniquement de travail lors de ce déjeuner. Nous discutâmes longuement de nos objectifs en matière de politique étrangère. Il n'en fut pas moins surpris lorsque je lui fis part du travail accompli par mes équipes et moi en Ukraine, en Irak, et dans le triangle du Nord. Il me demanda quelles missions précises je comptais accomplir pendant les dix-huit derniers mois qui nous restaient à la Maison-Blanche, quels défis je souhaitais relever. Il était important pour moi de terminer ce que j'avais entrepris en Ukraine, en Irak et dans le triangle du Nord, mais je ne savais pas précisément quel avenir immédiat m'attendait, aussi lui promis-je une réponse dès que j'aurais réfléchi à sa proposition.

Plus de soixante-dix mille mots et lettres de condoléances m'attendaient à la Maison-Blanche, avec près d'un millier de messages officiels émanant de hauts fonctionnaires, de dignitaires étrangers et de commentateurs politiques. Les plus marquants, rédigés par les amis et les proches collègues de Beau, étaient à la fois réconfortants et déchirants : « C'était un honneur de travailler à ses côtés alors qu'il se battait sans relâche pour les plus démunis en cherchant à protéger les plus fragiles, nos enfants… Sans parler de son amour absolu, sincère et inconditionnel du service public… On prend pleinement la mesure de l'homme en constatant qu'il n'a jamais perdu un seul ami. Ce constat le résume parfaitement… C'était vraiment un père formidable, toujours présent pour ses enfants. Beau n'a jamais manqué un match. Il connaissait tous les gamins par leur prénom et les soutenait avec le même entrain que s'il s'était agi de ses propres fils… Sa famille passait avant tout. La famille était à ses yeux l'alpha et l'oméga. »

Un camarade d'école primaire de Beau racontait l'avoir croisé par hasard quelques années plus tôt, à l'époque où il vivait avec Hallie et leurs enfants chez nous, pendant que leur maison était en travaux. Cet ami lui avait demandé s'il ne souffrait pas trop de retourner vivre chez ses parents. « Beau m'a expliqué que c'était une expérience formidable pour toute la famille de vivre sous le même toit, expliquait l'ami en question. Vivre en famille représentait tout pour lui. »

Deux autres courriers m'apportèrent un grand réconfort pendant les jours qui suivirent sa mort. L'un d'eux émanait d'Evan Ryan, une ancienne collaboratrice. Elle m'envoyait un extrait d'un poème : « J'ai regardé le petit navire prendre le large. Le soleil couchant nimbait ses voiles blanches d'une lumière dorée, et lorsqu'il a disparu à l'horizon, une petite voix m'a murmuré à l'oreille : "Il est parti." » La disparition d'un proche n'est pas une fin, mais un nouveau départ vers un lieu inconnu. « Très loin de l'autre côté de l'eau, une petite bande d'amis s'était réunie, qui attendait avec impatience en scrutant la mer. » À la lecture de ces lignes, je voulus m'imaginer que Neilia et la petite sœur de Beau, Naomi, mais aussi mon père et ma mère, l'attendaient sur le rivage, prêts à l'accueillir. « Ils aperçurent soudain une voile minuscule et, à l'instant précis où mon compagnon murmurait : "Il est parti", un cri joyeux s'éleva : "Le voilà." »

Je fus particulièrement touché à la lecture d'une lettre personnelle de Vicki, la veuve de Teddy Kennedy. Vicki, en se mariant, était entrée dans une famille américaine pour le moins singulière. Les Kennedy connurent à la fois les plus belles réussites et les pires tragédies. Leur histoire confirmait l'idée de mon père que le destin était indissociable de la vie, mais que chaque individu et chaque famille voyaient s'équilibrer chance et malchance au cours de leur existence. Plus les sommets étaient élevés, plus les gouffres étaient profonds. Ma propre existence en était l'exemple frappant, mais les Kennedy avaient porté cette logique à son paroxysme. Le père de Teddy, Joe Kennedy père, avait connu une réussite extraordinaire dans quasiment toutes ses entreprises, l'un de ses fils était même devenu président des États-Unis. En contrepartie, il avait enterré de son vivant trois de ses quatre fils et une fille qu'il adorait. Dans son courrier, Vicki citait un passage d'une lettre du père Kennedy écrite à un ami qui avait perdu son fils. Vicki m'expliquait que Teddy sortait cette lettre et la lisait dans les circonstances les plus douloureuses. « Lorsqu'un être cher disparaît de votre vie, vous réfléchissez à ce qu'il aurait pu accomplir s'il lui avait été accordé quelques années de plus, écrivait Joe Kennedy à son ami. Vous vous demandez dans le même temps à quoi vous allez occuper celles qui vous restent. Et puis un jour, parce que le monde mérite d'être vécu, vous y retrouvez votre place et vous tentez d'accomplir ce qu'il n'a pas eu le temps d'accomplir. C'est peut-être ce qui donne une raison à tout ça. Je l'espère. »

Je l'espère aussi.

Je savais ce qu'aurait fait Beau s'il avait disposé de quelques années de plus. Il aurait poursuivi sa lutte contre tous les abus, en particulier ceux dont sont victimes les enfants. Ce besoin était au cœur de son être. Hunter, Hallie, Ashley, Jill et moi décidâmes de poursuivre sur cette voie en son honneur. Nous créâmes la Fondation Beau Biden dans cette optique. Cela nous donna un but dont nous avions tous le plus grand besoin.

Le président fut sans doute quelque peu surpris lors de notre déjeuner suivant, six jours plus tard. Lorsqu'il me posa de nouveau la question de savoir quelles missions je souhaitais réaliser avant la fin de notre mandat, je me montrai évasif.

« Comptez-vous vous présenter ? » me demanda-t-il.

Je lui expliquai que, sans renoncer complètement à participer à la primaire démocrate de 2016, je n'avais pris aucune décision et que je n'étais pas en mesure de m'engager dans l'immédiat. La suite sortit spontanément : « Écoutez, monsieur le président. Je comprendrais très bien que vous vous soyez engagé explicitement auprès de Hillary et Bill Clinton. »

Je rassurai surtout Barack en lui disant que, si jamais je me présentais à la primaire, j'affronterais Hillary exclusivement sur le terrain politique, jamais sur des points touchant à son caractère ou sa personnalité afin de ne pas l'affaiblir si elle était choisie par le parti.

« Je vous le promets », l'assurai-je, et nous n'en parlâmes plus.

Le lendemain aura été la journée la plus remplie depuis mon retour. Mon emploi du temps était plein. Le point quotidien du renseignement fut suivi par une réunion de préparation d'un discours que je devais prononcer la semaine suivante au département d'État. Il y était question de la nécessité d'accroître notre engagement économique avec la Chine. Venait ensuite une réunion consacrée à l'Amérique centrale, suivie d'une rencontre avec le président Hernández. Je rentrais enfin en avion à Wilmington où Jill et moi devions célébrer notre anniversaire de mariage. L'humeur n'était pas à la fête, mais nous souhaitions être ensemble.

17 juin. Une bonne journée dans la mesure où j'étais très occupé, ce qui m'a apporté un certain soulagement, écrivis-je dans mon journal ce soir-là. *Je n'arrive toujours pas à croire que Beau nous a quittés. Je ressens sa présence autant que pendant l'année qu'il a passée en Irak. Je sais déjà que je deviendrai dingue si je n'arrive pas à cloisonner. Je l'entends me dire : « Je vais bien à présent, papa. C'est tout bon. Tout bon, papa. »*

Jill avait le cafard ce soir-là. L'été est habituellement sa saison préférée, mais elle n'y trouvait plus aucune joie. J'aurais voulu apaiser sa souffrance tout en étant conscient de mes limites. J'entretenais l'espoir, sans en être convaincu pour autant, que nos prochaines vacances pourraient y contribuer. Une semaine nous séparait d'un séjour familial dans l'une de nos stations balnéaires préférées en Caroline du Sud, mais tout le monde semblait redouter ce déplacement. Il serait douloureux de se retrouver tous ensemble pour la première fois sans Beau, dans cet endroit qu'il aimait tant. Après sa mort, je jugeais toutefois qu'il était essentiel de poursuivre ce qui avait fait battre le cœur de notre famille depuis toujours. Nous ne pouvions pas laisser les traditions se perdre, d'autant que Beau aurait voulu que nous fassions ce voyage. L'expérience m'avait montré que, en dépit des souffrances engendrées par un tel moment, mieux valait les accepter que les éviter. Nous avions besoin de passer du temps en famille. En fin de compte, il avait été décidé de passer cette semaine à Kiawah Island. Le reste de la famille s'envolerait pour la Caroline du Sud le mardi 23 juin et je les retrouverais quelques jours plus tard.

La période précédente et le séjour lui-même furent plus difficiles sur le plan émotionnel que je ne l'imaginais. Le soir de notre anniversaire de mariage, six jours avant la date fixée pour le départ, nous parvint la nouvelle que neuf innocents avaient trouvé la mort dans une église noire de Charleston, en Caroline du Sud. Au nombre des victimes figurait le pasteur de l'Emanuel AME Church, le révérend Clementa Pinckney, que j'avais eu l'occasion de rencontrer. Membre du Sénat de son État, le révérend Pinckney avait marqué de son empreinte l'univers politique local, de sorte que je l'avais vu à plusieurs reprises au cours des années passées, à l'occasion de rassemblements. À tout juste quarante et un ans, il était plus jeune encore que Beau et laissait derrière lui une femme et deux petites filles de onze et six ans.

Le meurtrier était un suprématiste blanc de vingt et un ans qui se trouvait dans l'église ce soir-là afin de prendre part au groupe biblique du mercredi soir. Après avoir assisté à la réunion pendant une demi-heure, il avait abattu froidement neuf des douze participants. La victime la plus âgée avait quatre-vingt-sept ans, la plus jeune vingt-six. De son propre aveu, l'assassin souhaitait déclencher une guerre raciale. Jill et moi fîmes une déclaration commune le soir même et je demandai les numéros des familles concernées afin de leur présenter nos condoléances. Il ne nous restait plus qu'à inclure dans notre programme de la semaine suivante une visite à Charleston afin d'assister à l'office célébré en mémoire du révérend Pinckney et des autres victimes, dans l'espoir d'apporter un peu de réconfort aux familles et aux proches des victimes.

J'offris de petits cadeaux à Jill le lendemain soir pour lui remonter le moral, mais obtins l'effet inverse. Elle n'avait aucun appétit et se contenta d'un bol de soupe avant de se mettre au lit à 20 h 30 alors qu'il faisait encore jour dehors. Je discutais avec Hunter au téléphone lorsqu'elle monta. Hunt entendait me pousser en direction de l'étape suivante. Il connaissait les intentions de Beau mieux que moi. Surtout, il me connaissait bien.

« Papa, si Dieu t'apparaissait demain et te disait qu'il t'accorde la nomination à condition de te décider immédiatement, je sais que tu refuserais.

— Au fond de moi, lui répondis-je, je pense sincèrement que nous avons une sérieuse chance de gagner si nous tentons notre chance. »

Hunt me rappela alors que notre famille, en dépit de son chagrin, ne pourrait qu'être plus forte et plus soudée sous la pression d'une campagne présidentielle.

Nous savions l'un comme l'autre que notre famille donnait invariablement le meilleur d'elle-même lorsqu'elle était unie autour d'un objectif clair, en particulier lorsque la partie était loin d'être gagnée. La mort de Beau avait toutefois changé la donne. Je n'étais pas certain d'être à la hauteur d'un tel défi sur le plan émotionnel. Même dans les meilleures circonstances du monde, la tâche était énorme.

À 10 heures le matin du 26 juin, nous étions à Kiawah, prêts à nous rendre à Charleston où se déroulait l'office religieux en mémoire des victimes, lorsque la nouvelle nous parvint. « Journée historique à la Cour suprême, annonçait le journaliste de CNN dépêché sur place. Vous entendez sans doute sur ma droite la joie des défenseurs des droits des homosexuels saluant cette décision, rédigée par le juge Kennedy, affirmant le droit au mariage comme un droit fondamental ouvert aux homosexuels des deux sexes. Par cet arrêt, le juge Kennedy affirme que "le droit au mariage est un droit fondamental", et que priver les couples du même sexe du droit au mariage est une privation de liberté. Conformément à l'arrêt de la Cour, le droit de se marier pour deux personnes du même sexe est désormais un droit constitutionnel partout aux États-Unis. Il s'agit de l'une des grandes causes actuelles en matière de droits civiques, et cette décision était espérée par les défenseurs des droits des homosexuels depuis des décennies. »

Cette décision avait été adoptée par cinq juges contre quatre. Anthony Kennedy, nommé pendant la dernière année de la présidence de Ronald Reagan, n'avait pas seulement fait pencher la balance, c'est à lui qu'avait échu la rédaction de l'arrêt voté par une majorité de la Cour. J'étais personnellement fier de cette décision, en partie pour avoir présidé la Commission judiciaire à l'époque où Kennedy avait été auditionné, avant sa confirmation à la Cour suprême. Anthony Kennedy n'était pas le candidat préféré de Reagan. Il avait été nommé après le rejet par le Sénat du magistrat initialement choisi par Reagan, Robert Bork. Lors de son audition, ce dernier avait apporté la preuve de sa vision particulièrement étroite du droit au respect de la vie privée tel que l'accordait la Constitution. Le Sénat avait rejeté sa nomination par une majorité de 58 sénateurs, dont 6 étaient membres du parti de Reagan. Lors de l'audition, j'avais soigneusement veillé à me montrer impartial vis-à-vis de Bork qui était un brillant juriste doublé d'un homme d'une intelligence remarquable. Cela ne m'avait pas empêché d'apporter la preuve que ses positions, tout comme la nature des jurisprudences qu'on lui devait, étaient contraires à la vision de la Constitution portée par la plupart des Américains. Le juge Bork estimait que les droits individuels se limitaient strictement aux droits expressément accordés par la Constitution. Dans la mesure où celle-ci ne mentionnait pas explicitement le droit à la vie privée, le droit à la contraception, le droit à l'égalité des femmes, ou encore le droit de se marier avec une personne du même sexe, c'était le rôle du corps législatif de les accorder s'il le jugeait utile. À entendre Bork, les tribunaux devaient se plier à la volonté politique majoritaire.

Lors de son audition, Anthony Kennedy avait montré qu'il avait de la Constitution une lecture nettement plus généreuse. Il possédait une vision beaucoup plus large des droits individuels comme de l'égalité devant la loi, et l'histoire nous apporta la preuve de sa sincérité. Son choix de faire basculer la Cour suprême en faveur du mariage homosexuel en 2015 aura été le moment fort des trois décennies qu'il passa au sein de cette institution.

Le combat pour le droit au mariage pour tous fut long ; il nécessita une force morale et physique incroyable de la part des homosexuels qui le menèrent. Jusqu'à récemment, il leur fallait beaucoup de courage pour s'afficher publiquement. Les homosexuels des deux sexes qui se battirent pour affirmer leur droit à l'égalité de traitement risquaient gros. Ils durent affronter des adversaires parfois haineux, prêts à les maltraiter physiquement et moralement. Je me souviens qu'au pire de la vague du sida, nombre de prêtres fondamentalistes et de personnalités conservatrices n'hésitaient pas à clamer que cette maladie, responsable chaque année de la mort de milliers d'homosexuels, était une punition divine. L'obstacle le plus dur à surmonter pour les homosexuels des deux sexes n'était toutefois pas la haine, mais l'ignorance de la plupart de leurs concitoyens. Il fallut longtemps aux Américains pour commencer à comprendre que les homosexuels étaient, dans leur immense majorité, des individus bienveillants et parfaitement honorables méritant de disposer des mêmes droits que tout le monde. Je ne pris moi-même pleinement la mesure des difficultés auxquelles ils étaient confrontés que dans les années

1990. Sénateur à l'époque, je rentrais en train à Wilmington un soir, après une audition de la Commission judiciaire consacrée à la question des homosexuels au sein des forces armées. L'un des barmen de mon train, que je connaissais depuis des années, avait regardé la retransmission de cette audition à la télévision et les positions des homophobes l'avaient démoralisé.

« Vous savez, sénateur, je suis gay, me dit-il.

— Non, je ne le savais pas.

— J'ai deux fils, dont l'un est également gay, poursuivit-il. Et vous savez ce qui me dérange le plus chez tous ces gens qui nous critiquent ? Ils sont persuadés que l'homosexualité relève d'un "comportement déviant". Ils s'imaginent qu'on s'est levés un beau matin en se disant : "Putain, ça doit être super d'être gay. Ma vie sera tellement plus facile, ce sera génial. Je crois que je vais devenir gay." »

J'ai également le souvenir d'avoir vu un collègue sénateur s'efforcer désespérément de comprendre Jeffrey Levi, le directeur exécutif du Groupe de travail national des gays et des lesbiennes, venu témoigner devant la Commission judiciaire en 1986. Levi était l'un des derniers parmi les nombreux intervenants extérieurs venus s'exprimer lors de l'audition du juge William Rehnquist, avant sa nomination à la présidence de la Cour suprême.

Lorsque Levi entama sa déclaration, nous n'étions plus que deux membres de la Commission à siéger, avec mon collègue Strom Thurmond. Nous fûmes donc les seuls à entendre Levi nous expliquer qu'approximativement 10 % cent de la population américaine était homosexuelle, ce qui représentait trente millions d'Américains. Strom était ébahi. Ce sénateur de quatre-vingt-quatre ans, en poste depuis 1933, était sincèrement persuadé de n'avoir jamais croisé un homosexuel de sa vie.

« C'est *vrai*, Joe ? » me glissa-t-il à l'oreille pendant le témoignage de Levi.

Je lui murmurai en retour que c'était l'avis des experts.

Strom se tourna alors vers Levi, un jeune homme d'apparence très conventionnelle.

« Vous êtes certain de vos chiffres ? »

Levi lui détailla les statistiques établies une génération plus tôt par le célèbre spécialiste du comportement sexuel Alfred Kinsey, mais Strom peinait à le croire et il se lança dans une série de questions qui, sans être malveillantes, étaient pour le moins offensantes.

« L'organisation que vous dirigez prône-t-elle des traitements à l'intention des homosexuels de façon qu'ils changent et deviennent des personnes normales ?

— À vrai dire, sénateur, nous sommes des gens parfaitement normaux, merci. Nous sommes simplement différents des autres. Le génie de la société américaine est, à terme, d'accepter toutes les différences, de mode de vie comme de point de vue... Tous les membres responsables de la communauté médicale ont cessé de considérer l'homosexualité comme une maladie, estimant qu'il s'agissait d'une simple variante de la norme comportementale.

— Vous ne pensez pas que les gays et les lesbiennes peuvent changer, ou bien qu'ils pourraient...

— Pas davantage, sénateur, que...

— ... vous ne croyez pas qu'on pourrait les modifier de façon qu'ils soient comme les autres ?

— En fait, nous pensons être comme les autres, à une petite exception près. Malheureusement, le reste de la société fait beaucoup de foin autour de cette exception.

— Une petite exception ? C'est une grosse exception, vous ne trouvez pas ?

— C'est malheureusement la société qui en fait une grosse exception. »

Strom posa sa main sur le micro pour le museler et se tourna vers moi.

« Je crois que je ferais mieux de m'en aller, vous ne croyez pas ? »

À compter du 26 juin 2015, la loi ne ferait plus d'exception et reconnaîtrait le droit au mariage pour tous. « En s'unissant par le mariage, deux personnes forment un tout supérieur à la somme de ce qu'elles représentaient précédemment. Ainsi que le démontrent certains requérants, le mariage incarne un amour susceptible de durer après la mort, écrivait Kennedy dans l'arrêt qu'il lut à voix haute ce matin-là. Leur espoir est de ne pas être condamnés à vivre dans la solitude, exclus de l'une des plus vieilles institutions propres à la civilisation. Ils demandent un accès égal à la dignité aux yeux de la loi. La Constitution leur accorde ce droit. »

Je ne prétends pas avoir pris un grand risque en défendant l'égalité des droits de la communauté LGBT. J'étais néanmoins fier d'avoir joué un rôle dans cette décision. Je pensai à Beau qui, comme procureur général du Delaware, avait mis un point d'honneur à assister à un mariage homosexuel le 1er juillet 2013, le jour où était entrée en vigueur la loi sur le mariage pour tous dans notre État. Il avait également introduit une requête juridique en soutien au mariage pour tous lors d'une affaire jugée devant la 9e chambre à l'automne 2013, à l'époque où s'achevaient ses premières séances de radiothérapie et sa première chimiothérapie. Quelques mois plus tard, il annonçait que le Delaware acceptait de reconnaître les mariages homosexuels enregistrés en Utah pendant la courte période où ceux-ci avaient été légaux dans cet État. « Le mariage pour tous est reconnu par la loi dans le Delaware, avait-il affirmé, et je suis convaincu que les personnes vivant en dehors de cet État devraient disposer du libre choix de choisir qui elles aiment, et avec qui elles souhaitent passer leur vie. »

Ce matin-là à Kiawah, je repensai aussi à mon père, à l'une des grandes leçons de vie qu'il m'avait inculquées lorsque j'étais adolescent. Nous étions arrêtés à un feu rouge dans le centre de Wilmington lorsque nous avions entraperçu deux hommes dans un recoin. Enlacés, ils s'étaient embrassés avant de se séparer, à l'instar de milliers de couples hétérosexuels chaque matin. Je m'étais tourné vers mon père d'un air perplexe.

« Joey, me dit-il. C'est tout simple, ils s'aiment. »

Barack s'exprima lors de l'office religieux en mémoire des victimes de Charleston cet après-midi-là, et il le fit de façon magnifique. Je ne crois pas l'avoir jamais entendu prononcer un plus beau discours. Personnellement, je me contentai de serrer dans mes bras les proches des victimes que j'avais eues au téléphone précédemment, dans l'espoir de leur apporter un peu de chaleur. Après cette rencontre, je décidai de revenir deux jours plus tard, à l'occasion de l'office dominical. Peu désireux d'attirer l'attention sur ma présence, je pris contact avec un vieil ami et soutien de longue date, le révérend Joseph

Darby, président des congrégations AME d'un secteur voisin. Il nous conseilla sur le meilleur moyen d'entrer discrètement dans le sanctuaire, en accord avec le pasteur intérimaire de l'église Emanuel. Le révérend Darby comprit immédiatement ma motivation. Les membres de la congrégation étaient dans le besoin et la souffrance, ma présence à quelques semaines de la mort de mon fils pouvait être pour eux une source de force et de réconfort. De mon côté, les aider à surmonter leur douleur serait pour moi une consolation. Consoler autrui m'a toujours aidé à mieux me sentir, et j'en avais le plus grand besoin.

Au-delà de ces considérations, je tenais à sentir l'atmosphère de l'église Emanuel et de ses paroissiens. J'avais besoin de leur force d'âme, de leur sens de la grâce. Il vous suffit de lire l'histoire de cette congrégation, de voir la façon dont elle a traversé cette tragédie épouvantable pour le comprendre. L'église Emanuel avait servi de refuge et de rempart contre les horreurs de l'esclavage et de la discrimination depuis près de deux siècles. Si elle peinait à fédérer les jeunes générations et voyait diminuer le nombre de ses fidèles en 2015, elle n'avait rien perdu de son allant. Les fidèles d'Emanuel dont j'avais pu lire les témoignages, au même titre que les paroissiens rencontrés lors de la célébration deux jours plus tôt, semblaient épargnés par l'amertume et le cynisme auxquels on aurait pu s'attendre de gens qui luttaient depuis si longtemps contre ceux dont la détermination à les haïr ne faiblissait pas. J'étais admiratif de leur capacité à pardonner, y compris le tueur qui avait assassiné neuf des leurs sans le moindre remords. La fille de l'une des victimes s'était même rendue à l'audience de mise en accusation du meurtrier de sa mère.

« Je ne pourrai jamais plus lui parler et je ne pourrai jamais plus la prendre dans mes bras, avait déclaré Nadine Collier pendant que le tireur posait sur elle un regard vide. Mais je vous pardonne et j'ai pitié de votre âme. Vous m'avez fait souffrir et vous avez fait souffrir beaucoup de gens, mais Dieu vous pardonne. Alors je vous pardonne. »

La mère de la plus jeune victime avait davantage de mal à accorder son pardon. Felicia Sanders se trouvait dans le sanctuaire au moment des faits, tremblante de peur, et elle avait entendu les dernières paroles de son fils :

« Vous n'avez aucune raison de faire ça, avait-il déclaré au tueur. On ne vous veut aucun mal.

— Je n'ai pas le choix, avait répondu l'assassin avant d'abattre le fils de Felicia, âgé de vingt-six ans. Je dois accomplir ma mission. »

Felicia Sanders reconnaissait avoir du mal.

« Chez moi, le pardon relève d'un processus, expliquait-elle. Il arrive que Dieu soit obligé de me pousser pour que j'accepte de pardonner aux autres des peccadilles. Dans le cas d'un acte aussi grave, il me faudra du temps. »

Personnellement, je voyais une grâce inouïe dans le fait qu'elle essaye.

Hunter avait tenu à m'accompagner, de sorte que nous avons pris la route ensemble le dimanche matin, veillant à accrocher au revers de nos vestes des rubans à la mémoire des « neuf d'Emanuel ». L'église était pleine à craquer ce jour-là, et lorsque le remplaçant du révérend Pinckney, le pasteur Norvel Goff Senior, demanda aux visiteurs de se manifester, je fus surpris de voir autant de fidèles se lever. Il y avait là des gens venus de tous les coins du pays afin de réconforter la congrégation en lui manifestant leur solidarité. Ce matin-là, il y avait autant de Blancs que de Noirs dans l'église. Loin de déclencher une guerre entre communautés, le tueur avait fait naître un mouvement de soutien universel.

Le révérend Goff me demanda de prendre la parole et je m'adressai à l'assistance.

« J'aimerais pouvoir trouver les mots capables de soulager la douleur des familles et de cette église, mais l'expérience m'a montré que les mots n'ont pas le pouvoir d'alléger les souffrances du cœur. J'en ai eu une nouvelle preuve il y a vingt-neuf jours. La musique n'a pas le pouvoir de combler le vide… Et parfois, comme le savent tous les prédicateurs ici présents, il arrive même que la foi nous abandonne l'espace d'une seconde. Il nous arrive de douter… Une expression célèbre affirme que la foi ne voit jamais aussi bien que dans l'obscurité, et pour les neuf familles concernées, ces heures sont particulièrement sombres. »

Sans avoir prévu de parler, j'avais pris quelques notes en cas de besoin, et préparé un psaume qui m'avait personnellement aidé :

Ton amour, Seigneur, atteint les cieux,
Ta fidélité s'étend jusqu'aux nues.
Ta droiture est semblable aux montagnes les plus élevées ;
Ta justice est aussi profonde que l'abîme.
Seigneur, toi qui protèges hommes et bêtes,
Combien précieux est ton amour indéfectible, ô Dieu !
L'ombre de tes ailes est le refuge des hommes.

« Je prie, je prie pour que les familles trouvent refuge à l'ombre de Ses ailes. Je prie pour que l'amour que vous leur avez tous donné, et que les gens du pays tout entier ont manifesté à mon égard, puisse contribuer à alléger la souffrance de leurs proches comme il a soulagé la mienne. »

L'office terminé, le révérend Goff, le révérend Darby et sa femme, ainsi que le maire de Charleston, Joe Riley, tinrent à m'emmener visiter les lieux. Un soleil aveuglant éclairait la façade blanche de l'église lorsque nous sortîmes, éclaboussant de sa lumière le mémorial couvert de fleurs et de petits mots déposés par des anonymes au lendemain de la tuerie. Nous passâmes un long moment à regarder ces manifestations de sympathie. Je m'apprêtais à repartir lorsque le maire Riley me prit par le bras. Il nous entraîna vers une porte latérale, accessible en descendant une demi-douzaine de marches, qui permettait de rejoindre le bureau de Clementa Pinckney. La femme du pasteur et sa petite fille de six ans s'étaient terrées dans cette pièce au moment du massacre. Sur notre droite, à quelques mètres de là, se trouvait la grande salle dans laquelle se réunissait le groupe biblique. Neuf personnes avaient trouvé la mort ici, au pied de ces bancs, onze jours plus tôt, mais la paroisse continuait de vivre. Les membres de la congrégation avaient bouché les trous des balles à l'aide de mastic et les réunions bibliques avaient repris dès la semaine suivante. Cent cinquante personnes s'étaient présentées le mercredi qui avait suivi le drame.

« Ce lieu est habité par Dieu », avait annoncé le révérend Goff au reste du monde.

J'avais la gorge nouée par l'émotion en pénétrant dans cet endroit. J'éprouvais un immense sentiment de gratitude envers les paroissiens d'Emanuel et tous ceux qui les avaient soutenus, financièrement ou par leurs prières. J'étais porté par la conviction que le soutien du grand public à Emanuel inciterait les responsables politiques de Caroline du Sud à s'impliquer, inspirés par leur courage et leur humanité. Je pensais sincèrement que de cette tragédie sortirait un bien, heureux de constater que tous les élus locaux, sans considération partisane, évoquaient déjà la possibilité de retirer du Capitole l'un des symboles les plus douloureux aux yeux de la population noire du Sud : le drapeau confédéré.

« J'ai tenté de défendre le drapeau confédéré, avait déclaré le sénateur d'État républicain Paul Thurmond, fils de l'ancien apôtre de la ségrégation Strom Thurmond. Mais comment aurais-je pu ? C'était tout simplement impossible. »

Le maire de Charleston m'entraîna ensuite dans le bureau du révérend Pinckney. Je me figeai en découvrant, accrochée au mur par Pinckney, une photo de ce dernier avec moi, prise sept mois auparavant à l'occasion d'un meeting organisé par le clergé local à la veille des élections de mi-mandat de 2014. Ce jour-là, nous avions tous les deux un sourire aux lèvres. Ce jour-là, Clementa Pinckney avait la vie devant lui. Et voilà qu'il avait disparu.

Je me levai tôt le lendemain avec l'intention de me promener à vélo sur la plage de sable dur. Le temps touchait à la perfection, comme depuis le début de notre séjour. Seuls de rares nuages traversaient épisodiquement le ciel, aussitôt chassés par le vent. Le visage caressé par une petite brise, je longeai les villas donnant sur la plage et dépassai le terrain de golf jusqu'à ce que le sable devienne trop meuble pour rouler dessus et que les arbres rejoignent l'océan. Les agents des Services secrets se tenaient loin derrière moi au volant de leur buggy, la plage était déserte. Un souvenir me revint brusquement. Je me revis au même endroit avec Beau la dernière fois qu'il était venu ici avec nous.

« Papa, m'avait-il dit à cette occasion. On devrait s'arrêter et s'asseoir un petit moment. »

Et c'est ce que nous avions fait, prenant le temps d'admirer le paysage.

« Tu ne trouves pas que c'est magnifique, papa ? Tu ne trouves pas ça splendide ? »

J'entendais encore sa voix. *Papa, on devrait s'arrêter et s'asseoir un petit moment.* Je suis descendu de bicyclette avec l'impression de me retrouver au bout du monde, face à l'océan, la plage et les bois. C'était magnifique et j'en étais bouleversé. Ma gorge se noua, je n'arrivais plus à respirer. Je tournai le dos aux agents des services de sécurité, le regard perdu entre l'immensité de l'océan et le manteau sombre de la forêt. Je m'assis sur le sable et je sanglotai.

11

Allez, Joe. Présente-toi !

Le dernier jour de nos vacances en Caroline du Sud parut dans les colonnes du *Wall Street Journal* un article intitulé « Se lancera-t-il ? Biden s'interroge ».

« Ce n'est un secret pour personne que Beau le poussait à se présenter, affirmait le quotidien en citant l'un de mes vieux amis, fidèle soutien politique. S'il se plie à la volonté de Beau, il se présentera. » L'article ne fit pas grand bruit dans le reste de la presse, à mon grand soulagement car j'avais du mal à remonter la pente. Juste après la mort de Beau, l'idée même de me présenter à la présidence me dépassait.

« Tout ce que nous avons évoqué est caduc », avais-je déclaré à mon chef de cabinet, Steve Ricchetti, chargé d'établir mon planning de campagne avec Mike Donilon.

La course à l'investiture démocrate était forcément liée à Beau, comme au reste de ma famille. Avant de tomber malade, Beau m'avait fait savoir son envie que je pose ma candidature, tout comme Hunt. Jill et Ashley avaient beaucoup soutenu cette démarche. Nous savions tous ce qui était en jeu dans le pays, et nous étions convaincus que j'étais le mieux placé pour terminer ce que Barack et moi avions commencé. Si Beau n'était pas tombé malade, je me serais déjà retrouvé en campagne. Nous y aurions travaillé ensemble, avec enthousiasme. *N'oublie pas, papa*, me répétait Beau. *Ton port d'attache. Ton port d'attache.* L'idée de me lancer sans lui m'était douloureuse, mais à mesure que les jours s'écoulaient, j'avais de plus en plus l'impression de le laisser tomber, lui et tous les autres, si je ne me lançais pas dans la course. Hunt pensait plus que jamais que cette campagne nous redonnerait une raison d'avancer tout en nous aidant à gérer notre chagrin. Jill, de son côté, estimait qu'il ne fallait pas écarter d'emblée une telle possibilité. Quant à moi, il m'arrivait de me souvenir avec quel courage Beau s'était battu contre un ennemi quasiment invincible.

« Beau a perdu son combat, m'avait dit un jour l'un des médecins de l'Institut Anderson, mais il n'a pas subi de défaite pour autant. »

J'avais envie de rassembler mes forces pour me montrer digne de Beau, sans savoir si je parviendrais à trouver l'énergie nécessaire sur le plan émotionnel. L'expérience m'avait montré que le deuil ne connaît ni planning, ni calendrier. Je serais prêt quand je serais prêt, si je devais être prêt à terme, et pas un jour plus tôt. Sans pouvoir fixer de date.

Je savais également que, si je me lançais, je devrais tenir compte de la mécanique complexe qui préside à la mise sur pied d'une campagne. Je demandai donc à Mike et Steve d'analyser la situation, en dehors de leurs fonctions officielles. Une campagne était-elle possible ? N'était-il pas trop tard pour gagner ? Ils ne mirent pas longtemps à relancer la machine. Il est vrai que nous avions commencé à parler sérieusement de la course à la présidence dès l'été 2013. Lorsque Steve m'avait déposé à la gare cette année-là à la veille des vacances du mois d'août, nous avions déjà pensé à une profession de foi et à une stratégie. Tout s'était arrêté quelques jours plus tard lorsque nous nous étions retrouvés avec Jill et le reste de la famille au Centre MD Anderson où nous attendait la nouvelle du mal qui rongeait Beau.

Mike et Steve se mirent rapidement à l'ouvrage. Dès la deuxième semaine du mois de juillet, après en avoir discuté avec d'autres conseillers, ils me proposèrent un état des lieux de la course à la présidence, telle qu'elle se présentait, afin de déterminer si nous disposions d'une ouverture. Trois jours durant, nous profitâmes des quelques trous dans mon emploi du temps officiel pour discuter de la plausibilité d'une telle candidature. Notre petit groupe était constitué des membres de mon cercle le plus rapproché : Jill, Hunter et Ashley ; ma sœur Val ; Ted Kaufman, un ami de longue date qui avait occupé les fonctions de chef de cabinet lorsque j'étais jeune sénateur ; Steve et Mike, bien évidemment. Tous étaient d'accord sur le fait que la course restait ouverte et que, à condition d'obtenir des résultats encourageants dans les premiers États concernés par les primaires, nous avions la possibilité de rester en lice jusqu'à la fin et d'obtenir la nomination. Nous estimions disposer d'un laps de temps suffisant pour réunir des fonds et mettre au point une stratégie dans les quatre États concernés : l'Iowa, le New Hampshire, le Nevada et la Caroline du Sud. Si les résultats étaient à la hauteur de nos espérances, nous savions déjà que trouver de l'argent pour le reste de la campagne ne poserait aucun problème. Quelqu'un souligna qu'une défaite, en particulier la défaite cuisante d'un vice-président en exercice, viendrait ternir mon héritage politique.

« Perdre n'a rien de digne ou de romantique, estimait-on. Si vous perdez, ce sera un grave échec. »

Je me contentai d'écouter, conscient de la différence entre une défaite électorale et un échec. Je n'avais pas peur de perdre une bataille politique, convaincu que si je trouvais le courage de me lancer, je serais le candidat le mieux qualifié. Poussé par son instinct, mon entourage penchait pour une candidature.

Ma petite équipe mit donc les mains dans le cambouis. Une campagne présidentielle nécessite une équipe de terrain, une levée de fonds et un message. Greg Schultz, qui s'était occupé de la campagne Obama-Biden dans l'Ohio et connaissait les meilleurs spécialistes du pays en la matière, proposa de monter une équipe de terrain tandis que Michael Schrum, l'ancien directeur financier adjoint du Comité national démocrate, nous offrit ses services en matière de levée de fonds. Mike Donilon avait déjà une idée précise de la nature de notre message de campagne. Celui-ci ne serait pas fondamentalement différent de celui mis au point deux ans plus tôt, sur lequel il comptait s'appuyer pour rédiger mon discours d'entrée en lice. Son contenu servirait également de base à ma profession de foi : voici les raisons pour lesquelles je me lance, et voici pourquoi je crois à cette mission.

« Sans un discours d'entrée en lice solide, remarqua quelqu'un, il serait vain de se lancer dans la course. »

Nous sortîmes de cette série de réunions avec la conviction que nous disposions de suffisamment de temps et qu'il nous fallait avancer, mais il ne me fallut pas longtemps pour m'apercevoir que je n'étais pas prêt, sur le plan émotionnel. Prendre la décision de me lancer dans la course à la présidence serait très difficile pour moi. Le 21 juillet, je m'envolais pour le Colorado afin de prendre la parole lors de meetings au profit du Parti démocrate. À mon atterrissage sur la base aérienne de Buckley à Aurora, des militaires accompagnés de leurs familles nous adressèrent de grands signes de loin. Je parcourus à petites foulées les quelques dizaines de mètres qui nous séparaient.

« Merci. Merci pour tout ce que vous faites pour le pays. »

Je serrais des mains lorsqu'une voix s'éleva dans mon dos.

« Le major Beau Biden, monsieur le vice-président ! J'ai servi dans la même unité que lui en Irak ! Un excellent soldat, monsieur le vice-président ! Un type formidable ! »

Ma gorge se noua, je peinais brusquement à respirer et ma voix se voila. J'eus peur d'un seul coup d'être submergé par l'émotion et je crois que ces gens s'en aperçurent. Je leur adressai un signe de la main en m'éloignant en direction de la voiture qui m'attendait. Un candidat à la présidence des États-Unis ne se comporte pas de la sorte en public.

Six jours plus tard, j'étais à Rochester, dans le nord de l'État de New York. Je retrouvai là-bas le gouverneur Andrew Cuomo avec qui je devais annoncer une série d'investissements dans une technologie de pointe utilisée dans des domaines aussi divers que les énergies alternatives, la médecine, le bâtiment et l'industrie. Je repris ensuite l'avion avec lui. Nous nous rendions à New York où il comptait informer la presse de la rénovation complète de l'aéroport LaGuardia. Je passai donc cinq heures ce jour-là en compagnie d'Andrew Cuomo et cette rencontre prit un tour nettement plus personnel que politique. Andrew, qui avait vu son père, l'ancien gouverneur Mario Cuomo, hésiter à se lancer dans la course à la présidence, savait à quel point la décision qui m'attendait était difficile. Mario était mort en début d'année, de sorte qu'il était très présent dans les pensées de son fils. En outre, Andrew avait bien connu Beau. Il avait été élu au poste de procureur général de l'État de New York le jour où Beau accédait à la même fonction dans le Delaware. Ils avaient eu l'occasion de travailler ensemble et de devenir amis. Andrew m'expliqua que Beau et lui se plaignaient souvent de la difficulté pour un homme politique en devenir d'être le fils d'une personnalité de premier plan. Tout en étant fiers de cet héritage, ils avaient conscience de la difficulté de se frayer un chemin personnel. Andrew me dit qu'ils riaient en se racontant comment ils s'efforçaient de « gérer » leurs pères respectifs, plaisantant sur notre niveau d'exigence, particulièrement en ce qui concerne nos discours.

« Mon père était constamment en quête de perfection, me confia-t-il ce jour-là. Si la musique des mots d'une allocution n'était pas juste, il refusait de la prononcer. Quelles que soient les circonstances, même si son auditoire se limitait à trente personnes. Beau m'a dit que vous aviez la même exigence. »

Je m'étais toujours senti proche de Mario Cuomo. Lorsque je l'entendis prononcer son célèbre discours lors de la Convention nationale démocrate en 1984, je fus frappé par notre identité de pensée ; comme moi, il avait hérité de l'Église catholique le sens de l'équité et de la justice, ainsi qu'un dédain profond à l'endroit de ceux qui abusaient de leur pouvoir. À sa mort au mois de janvier précédent, j'avais eu l'occasion de dire aux siens, avant de le répéter publiquement, que Mario Cuomo était l'une des rares personnalités politiques dont je pensais qu'il était peut-être encore plus honnête que moi.

Je commençais à mesurer les affres que Mario avait traversées lorsqu'il avait hésité à se présenter à la présidence. Quel que soit l'avis du monde extérieur, que les autres soient pour ou contre, c'était à lui qu'était revenue la décision. Au même titre que ma propre décision me concernait au premier chef. Ce jour de la fin du mois de juillet, Andrew m'avoua que son père n'avait jamais vraiment fait le deuil de son refus de se lancer dans la course.

« Quel que soit votre choix, me dit-il, veillez surtout à ne pas le regretter. Vous allez devoir vivre avec jusqu'à la fin de vos jours. »

« Le vice-président Joseph R. Biden Junior et son entourage envisagent la possibilité de se lancer dans la campagne présidentielle, ce qui viendrait bouleverser la donne dans le camp démocrate en menaçant directement Hillary Rodham Clinton, affirment plusieurs personnes qui se sont entretenues avec M. Biden ou ses proches conseillers », pouvait-on lire à la une du *New York Times* le 2 août. L'article s'appuyait sur un éditorial publié le même jour par Maureen Dowd, dans lequel elle signalait, à juste titre, que Beau m'avait poussé à me présenter. L'article de la une, contrairement à l'édito de Maureen, racontait la scène de façon erronée comme si Beau m'avait fait cette recommandation sur son lit de mort. Pour mémoire, le *Times* corrigea son erreur, mais quelques mois plus tard. Quoi qu'il en soit, cette annonce déclencha une multitude d'appels au cours des jours suivants, émanant de personnes qui soutenaient cette démarche comme de gens qui la critiquaient.

Quelques jours plus tard, Mike m'apporta une version plus élaborée du discours de lancement de campagne qu'il avait rédigé. La mission que je m'étais fixée était résumée en dix pages, toute la campagne s'appuyait sur un principe simple: « Nous sommes tous américains, liés par une expérience unique faite d'équité, d'égalité des chances et de démocratie. Chaque citoyen sans exception est concerné par ce pacte. »

Il était impératif de s'adresser à tous les laissés-pour-compte. Ceux-ci devaient savoir que nous mesurions leur désespoir. J'étais toujours étonné par la réaction de mon auditoire chaque fois que je lui annonçais une triste vérité: le trajet le plus douloureux pour un parent est celui qu'il fait pour se rendre dans la chambre de son fils ou de sa fille afin de lui annoncer qu'il est contraint de déménager parce qu'il a perdu son emploi ou que la banque saisit sa maison. Je racontais aux gens que mon père avait dû faire un jour ce triste trajet, je leur demandais d'imaginer le nombre de familles qui avaient traversé cette épreuve au cours de la période récente. Les yeux de beaucoup se mouillaient de larmes, ils savaient de quoi je parlais parce qu'ils le vivaient.

Nous devions aussi nous adresser à ceux que la crise épargnait. On me raillait volontiers lorsque je disais que les riches étaient aussi patriotes que les autres, pourtant je le pense. Il ne fait aucun doute à mes yeux que la plupart des Américains les plus fortunés sont prêts à renoncer à une niche fiscale pour que nos enfants reçoivent une meilleure éducation, pour rénover les infrastructures du pays ou fournir à tous ceux qui en ont besoin des services de santé dignes de ce nom. Les concernés savent que la vie ne s'arrête pas à l'enrichissement personnel. Porter le pays vers de nouveaux sommets fait également partie de l'équation.

Il nous fallait rappeler au monde des affaires et à Wall Street que veiller sur eux-mêmes et sur leurs actionnaires ne suffisait pas. Ils avaient une responsabilité vis-à-vis de leurs salariés, de leur quartier, de leur pays. Il ne s'agissait pas de les humilier ou de leur faire la morale, mais de leur rappeler que la stabilité démocratique de l'Amérique était le fruit d'une longue histoire de prospérité partagée, fondée sur l'accroissement paisible de la classe moyenne. Si nous perdions cet atout, ce qui était en train de se produire, l'argent ne suffirait jamais à calmer la colère et émousser les fourches. L'argent et le profit étaient une chose, la stabilité sociale de la nation en était une autre.

Le plus important à mon sens était de s'adresser à la masse de ceux qui appartiennent à la classe moyenne. Pas seulement pour évoquer leurs problèmes, mais aussi afin de recueillir leurs aspirations. La campagne que j'entendais mener ferait renaître les espérances de la classe moyenne, au lieu de les étouffer.

Parler à cette classe moyenne impliquait un autre changement : la campagne « Biden président » devait rejeter le système des PAC, les Comités d'action politique[1]. Il était pourtant tentant de s'appuyer sur eux

1. Très puissants aux États-Unis, les Political Action Committees sont des organismes privés visant à soutenir, ou au contraire à combattre, les candidats aux élections fédérales.

puisque nous démarrions aussi tardivement. Pour la première fois de ma carrière politique, je savais que j'avais le moyen de récolter beaucoup d'argent par ce biais, mais je savais aussi que les électeurs en avaient assez de tout ce cirque. La formule « Nous, le peuple[1] » ne correspondait plus à rien, elle avait été remplacée par « Nous, les nantis ». Il était évident aux yeux de tous que la classe moyenne n'avait aucune chance de se faire entendre face au pouvoir de l'argent. Personnellement, je n'éprouvais aucun état d'âme à me passer de la manne des PAC, car j'avais l'impression d'avoir bouclé la boucle. L'une des premières lois que j'ai rédigées à mes débuts en tant que sénateur concernait le financement public des élections. Peut-être était-ce de l'inconscience de ma part, mais je comptais bien m'attaquer à présent aux énormes quantités d'argent qui inondaient le monde politique.

J'étais certain que ce message serait entendu car le début de campagne auquel j'assistais en cette année 2015 prenait un tour à la fois négatif, inquiétant, clivant, personnel et médiocre. Je refusais d'accepter le côté « pauvre de moi » adopté par les autres candidats lorsqu'ils évoquaient l'avenir du pays. Cette nation avait traversé bien des épreuves, mais elle allait dans la bonne direction. Grâce au président Obama, le pays avait réussi à sortir du gouffre en l'espace de six années. Notre administration avait contribué à la création de treize millions de nouveaux emplois et battu tous les records en voyant le secteur privé embaucher sans discontinuer pendant soixante-sept mois. Le déficit public avait été réduit

1. *We, the People* sont les premiers mots du préambule de la Constitution des États-Unis.

de moitié et le pays prenait enfin son envol après une longue convalescence.

J'étais fier du travail accompli aux côtés du président, et fier de présenter notre bilan, sans excuse ni faux-semblant. Comme je le disais volontiers à tous ceux qui me posaient la question, j'étais prêt à assumer les reproches liés à nos erreurs à condition qu'on me fasse crédit de nos réussites. Nous nous trouvions à un tournant. Nous étions en position de passer du projet à la réalisation de nos envies.

Cette perspective rendait l'idée d'une campagne présidentielle à la fois excitante et libératrice. Je savais ce qui m'attendait en me lançant aussi tard, sans argent, alors que les plus « malins » ne me donnaient aucune chance. Mener une campagne prudente n'avait aucun sens. Le projet « Biden président » devait être ambitieux. En toute franchise, à ce stade de ma carrière et après tout ce qu'avait subi ma famille, viser plus bas n'avait aucun sens. Nous allions nous attaquer à un système fiscal inepte qui avait perdu de vue toute notion d'équité. Nous allions mettre un terme à une politique qui consistait à taxer davantage les revenus du travail que les revenus du capital car je ne voyais pas au nom de quoi les investisseurs seraient mieux traités que ceux qui travaillaient pour gagner leur vie. Et nous allions prendre pour cible la montagne de niches fiscales accumulées au fil des années. Nous étions passés de 600 milliards de dollars de dépenses fiscales (c'est-à-dire de niches fiscales) au niveau du budget fédéral à l'époque où Ronald Reagan était aux affaires, à plus dc 1 300 milliards désormais. Personne n'aurait pu me convaincre que cet état de fait avait un sens.

Pour cette raison, et depuis longtemps, je trouvais inepte l'argument de ceux qui disaient le pays trop pauvre pour régler nos problèmes. L'abolition de l'exemption fiscale accordée aux fonds fiduciaires permettrait à elle seule de financer les frais de scolarité de tous ceux qui suivent des études dans les établissements supérieurs publics.

Le salaire minimum horaire à 15 dollars, la gratuité de l'enseignement dans les établissements universitaires publics, une formation digne de ce nom, des crèches à des prix abordables, l'égalité salariale entre hommes et femmes, le renforcement de la protection sociale, un programme de création d'emploi autour de la modernisation des routes, des ponts et de l'eau, une baisse des impôts pour la classe moyenne… Toutes ces avancées étaient possibles, à condition d'en avoir la volonté.

La plupart des candidats qui faisaient campagne cet été-là restaient figés dans le passé. Il était uniquement question de ce qui était arrivé, de ce qui avait dérapé, de ce que l'Amérique avait perdu. Si je me lançais, je comptais bien dresser le portrait de l'Amérique future, de ce qu'elle pouvait devenir, de tous ceux qu'elle ne voulait plus laisser sur le bord du chemin. Nous avions besoin de ce que j'appelais le Projet du renouveau américain. Il ne s'agissait pas uniquement de nos besoins, mais aussi de notre philosophie. Il n'était pas uniquement question de voter une loi pour financer les routes, les réseaux ferrés et les aéroports ; il fallait financer les routes de demain, équipées de milliers de bornes électriques et de voies spécifiques pour les véhicules autonomes. Une telle politique permettrait de réduire les temps de transport de moitié aux heures de pointe à Los Angeles. Nous avions besoin de trains à grande vitesse capables de circuler à plus de 350 km/h, d'avions qui relieraient les deux côtes en une ou deux heures. C'est là que se jouait l'avenir. Je m'étais battu pour mettre sur pied un réseau électrique intelligent dans le cadre de la loi de Redressement industriel et je comptais bien continuer de me battre en tant que président. J'avais aussi l'intention de lutter pour un meilleur contrôle des armes. Il était temps de retrouver notre courage et de faire face à la NRA. L'usage de nouvelles technologies comme la reconnaissance digitale au niveau de la crosse des armes à feu pourrait par exemple éviter des drames comme ceux de Newtown et de Charleston. Il était impératif de mieux financer la recherche contre le cancer en imaginant un projet aussi ambitieux que celui de la course à la lune qui modifierait en profondeur les systèmes de prévention, de recherche et de traitement en réunissant cliniciens, chercheurs et autres experts de façon à doubler le rythme des progrès jusqu'à l'obtention de véritables progrès pour les malades. Pourquoi ne serions-nous pas capables de vaincre le cancer ?

Mike me poussait plus que jamais à me lancer dans la course à l'investiture. Au début du mois d'août, il m'expliqua que j'avais davantage de chances que six mois plus tôt, que les sondages me concernant étaient en progression constante. Les chiffres que j'obtenais étaient meilleurs que ceux de n'importe quel autre candidat, républicains et démocrates confondus. Jamais les électeurs ne m'avaient trouvé aussi fiable, honnête et proche d'eux. J'étais surtout en position de force dans l'ensemble des États où ma principale concurrente, Hillary Clinton, affichait sa faiblesse. C'était particulièrement vrai d'États pivots tels que la Pennsylvanie, l'Ohio et la Floride. Le président eut certainement vent de tous ces éléments par le biais de ses conseillers politiques, dont certains œuvraient activement pour la nomination d'Hillary, car il me demanda de but en blanc quelles étaient mes intentions lors de notre déjeuner suivant.

« Je n'ai pas encore pris ma décision, monsieur le président, lui répondis-je, alors que je n'étais pas sûr de vouloir consacrer toute mon énergie à ce combat durant les dix-huit mois à venir. Je vis au jour le jour, mais si je décide d'y aller, je le ferai suffisamment tôt. »

Le président ne me donna aucun encouragement.

Les événements se précipitent, notai-je dans mon journal lorsque je trouvai enfin le temps de souffler à Wilmington le week-end suivant. *Je vais devoir veiller à ne pas perdre pied. J'ai besoin de ralentir le rythme en allégeant mon emploi du temps en août. Il me faut savoir de quoi j'ai besoin avant de me décider.*

Tout en veillant à ne me confier qu'à mon entourage immédiat, je recevais de nombreux conseils de l'extérieur. Pour les initiés du Parti démocrate et les pontes de la politique, je m'y prenais trop tard. Jamais je n'arriverais à réunir assez d'argent. Tous les spécialistes qui auraient pu m'aider à monter une structure de campagne étaient déjà pris ailleurs. Quant aux sondages qui m'étaient si favorables, ils s'effondreraient dès que je me lancerais dans la course. On me répétait à l'envi que ma cote de popularité était un feu de paille dû à la compassion du grand public après la mort de Beau. Un journaliste de *Politico* chargé de couvrir une opération de levée de fonds pour Hillary à Martha's Vineyard, où Barack jouait fréquemment au golf avec Bill Clinton, consacra un article à ma candidature chimérique. « Alors que Joe Biden envisage de se lancer dans la course à la présidence, écrivit-il le 16 août, les donateurs dont il aurait besoin semblent l'avoir délaissé. »

« Les jeux sont faits, affirmait un donateur. Les gens serrent les rangs autour d'Hillary. »

Quelques membres de l'équipe politique du président Obama nous disaient que la course était perdue d'avance pour moi. Cet avertissement était habituellement précédé d'un préambule : « Nous souhaitons protéger le vice-président. Nous ne voudrions pas que Joe prenne des coups, surtout au regard de l'épreuve qu'il traverse actuellement. » Leur petit jeu était assez transparent. Ils demandaient à Steve et Mike s'ils se souvenaient de l'incroyable poussée historique qui avait accompagné la candidature de Barack Obama en 2008 alors qu'il affrontait la machine de guerre Clinton, et qui avait bien failli ne pas lui suffire. Si Hillary a raté de peu son coup à l'époque, sous-entendaient-ils, elle ne fera de vous qu'une bouchée. J'entendais tous ces avis et mesurais pleinement les difficultés, mais cela ne me concernait pas. Au même titre que la montée inexorable de Bernie Sanders et la vulnérabilité soudaine d'Hillary ne me concernaient pas. Peu m'importaient les autres candidats.

Je passai une semaine au mois d'août dans notre maison de Wilmington. Ces vacances me permirent de peaufiner l'annonce de ma candidature tout en m'efforçant de retrouver goût à mon ancienne vie. Comme nous n'avions plus guère l'occasion de profiter de cette maison et du lac, je savourai pleinement ces quelques jours chez moi. Je sortis ma tronçonneuse et abattis quelques arbres morts, changeai des ampoules grillées, passai au Kärcher le crépi de la maison, fis établir un devis pour l'installation d'un nouveau toit en zinc sur la cabane proche du lac où nous entreposions nos cannes à pêche.

Parallèlement, je reçus de nombreux appels de personnes m'encourageant à me présenter, à commencer par d'anciens collègues sénateurs. Don Riegle, Bob Kerrey, Chris Dodd, Tom Daschle m'avaient déjà assuré quelques mois plus tôt qu'ils étaient à fond derrière moi si je me décidais. Bill Bradley devait avoir entré mon numéro dans la liste de ses favoris, à en juger par la fréquence de ses coups de fil. Gary Hart y alla de son grain de sel, tout comme Kent Conrad: « Joe est doté d'un côté humain manifeste, déclara publiquement cet ancien sénateur du Dakota du Nord. C'est un homme sincère. Il possède la capacité d'exprimer ses valeurs avec beaucoup de clarté et je suis persuadé qu'il s'acquitterait de sa tâche extrêmement bien. » L'ancien gouverneur de l'Iowa, Chet Culver, me téléphona pour me dire que son État m'accueillerait les bras ouverts en me proposant son aide. L'ancien responsable du Parti démocrate en Caroline du Sud, Dick Harpootlian, me poussait à me lancer. « Le pays a besoin de Joe Biden », disait-il en public. Quant à mon meilleur relais dans ce même État, Trip King, il disposait d'une liste de soutiens de poids, parmi lesquels Joe Riley, le maire de Charleston, ainsi que plus de la moitié des vingt-trois parlementaires afro-américains de son État. Certains des plus importants donateurs d'Obama me rejoignirent, à l'image d'Azita Raji, qui venait d'être nommée ambassadrice en Suède et qui me proposa de renoncer à son poste pour rester aux États-Unis et gérer les finances de ma campagne. Quant à Denise Bauer, elle était disposée à rentrer de Belgique où elle était ambassadrice afin de m'apporter son aide. Je pense aussi à plusieurs dizaines d'autres, parmi lesquels des maires, des parlementaires locaux, des donateurs, des consultants politiques du Parti démocrate. Je m'engageai auprès de chacun d'eux à ne parler à personne de leur soutien, de façon à leur éviter toute difficulté éventuelle si je décidais de ne pas me présenter. Je n'aurais pas voulu que leur loyauté vis-à-vis de moi vienne mettre en péril leurs relations avec d'autres candidats.

Divers messages me parvinrent par le biais des médias. « Je souhaite que le vice-président agisse au mieux pour lui et sa famille, déclara Hillary lors d'un meeting dans l'Iowa. J'ai pour lui beaucoup d'admiration et d'affection. Je pense que la décision qui l'attend, lui comme sa famille, sera difficile à prendre. Il faut lui laisser le temps et l'opportunité de décider ce qu'il veut. » À ce stade, les premières flèches étaient déjà décochées. À la fin du mois d'août paraissait un grand article consacré à une loi sur la police de proximité dont j'étais l'auteur, et que Bill Clinton avait considérée comme un important pas en avant lorsqu'il en avait signé les décrets d'application en 1994. Il jugeait désormais que cette loi avait été une grave erreur. Un autre article suivit, affirmant que je m'étais toujours montré laxiste avec les banques et les émetteurs de cartes de crédit à l'époque où j'étais sénateur. Les soutiens d'Hillary Clinton firent clairement entendre qu'ils ne s'en tiendraient pas à écumer mon passé de législateur si je me lançais dans la course. « Le problème, déclarait l'un d'eux dans les colonnes de *Politico*, c'est qu'on n'a pas grand-chose à lui reprocher.

Il faudra l'attaquer sur sa capacité à assurer la présidence, ce qui ne sera pas facile. »

Je préférai me concentrer sur les appels de soutien, qui me faisaient chaud au cœur, en particulier de la part de gens qui me connaissaient de longue date et avec qui j'avais travaillé. Leur appui compterait beaucoup si je me présentais, tout en rendant ma décision plus difficile. La véritable question, le nœud du problème, m'apparut au cours de cette semaine de vacances en août à Wilmington. Les enfants de Beau, Hunter et Natalie, vivaient à cinq minutes en voiture de chez nous, aussi étaient-ils souvent présents à la maison. Hunter sautait dans son petit bateau en plastique et traversait le lac en diagonale à la rame depuis le ponton, à cent cinquante mètres de là, avant d'explorer les bois dont il revenait régulièrement avec une tortue. Quant à Natalie, elle passait le plus clair de son temps au bord de la piscine. Les meilleurs moments étaient précisément ceux que nous passions là tous ensemble, en contrebas de la véranda et du jardin d'hiver, à nous baigner ou à lézarder au soleil.

« Pop, me disait parfois Natalie. Je vois papa tout le temps. »

Hunter posait la tête sur ma poitrine et s'endormait sous la caresse du soleil.

« Tu as la même odeur que papa, me dit-il un après-midi. Tu ne vas pas nous quitter, au moins, Pop ? »

À la suite de cette réflexion, la décision me parut simple. Mon chagrin était immense, et il ne s'était pas allégé à la fin du mois d'août. Je savais aussi, pour avoir déjà traversé une crise similaire, que la deuxième année est la pire à bien des égards. Une fois le choc passé, de même que le malaise qui accompagne les jours de fête et les anniversaires, le sentiment de permanence lié à la perte d'un être cher commence à s'installer. Si d'aventure j'étais investi l'été suivant, nous serions tous confrontés à cette nouvelle étape du deuil en pleine élection.

La sagesse me dictait de me retirer tout de suite, au moment où tous ceux qui me soutenaient pouvaient encore trouver une place à leur mesure dans l'équipe de campagne de quelqu'un d'autre. Je continuais pourtant d'entendre la voix de Beau me souffler : *Promets-moi, papa. Promets-moi que ça va aller.* Jill ne me poussait pas à me présenter, mais elle ne voulait pas non plus que je me décide avant d'avoir la certitude de prendre la bonne décision. Elle savait parfaitement ce que je ressentais et combien je souffrais puisqu'elle traversait les mêmes affres.

« Tiens-toi droit, Joe, me répétait-elle. Tiens-toi bien droit, et souris quand tu parles de Beau. »

Steve et Mike me conseillaient de leur côté de prendre le temps de la réflexion, sûrs que ma capacité de résistance ferait la différence.

Et puis arriva Labor Day[1]. J'assistais ce jour-là à un défilé dans le centre de Pittsburgh quand je compris qu'il se passait quelque chose. J'avoue que je fus étonné par la réception qu'on m'avait réservée. Leo Gerard, le président du syndicat de la sidérurgie, et Rich Trumka, le patron de la centrale syndicale AFL-CIO, tous deux présents à mes côtés, manifestèrent également leur surprise en découvrant des milliers de personnes dans les

1. Aux États-Unis, la Fête du travail se célèbre chaque année le premier lundi de septembre.

rues. Plus de mille personnes défilaient en présence d'une foule enthousiaste, composée de jeunes et de moins jeunes, de Blancs, de Noirs, de Latinos. Il y avait là un garçon de huit ans avec un T-shirt à l'effigie de Superman, des adolescentes avec des bandeaux aux couleurs vives dans les cheveux, des ouvrières arborant des chemises en l'honneur des travailleuses de la sidérurgie, des hommes d'âge mûr avec leurs petits-enfants sur les épaules, des gens en skateboard, à vélo, dans des fauteuils roulants. Je me retrouvais soudain au cœur de l'Amérique. L'air vibrait du slogan « Allez, Joe ! Présente-toi ! » et certains agitaient des pancartes manuscrites « Biden président ». Cet enthousiasme prit visiblement de court les médias. Je retrouvais brusquement ma forme d'antan. Je percevais pleinement pour la première fois la force du mouvement que j'avais senti monter depuis six semaines. La foule était trop nombreuse pour que je puisse saluer tout le monde, mais je serrai un grand nombre de mains. Je courais presque, zigzaguant d'un trottoir à l'autre, les épaules bien droites et le torse bombé, de façon à voir le plus de gens possible. J'avais trop chaud, mais je me sentais renaître à la vie et ce sentiment était formidable. Vraiment formidable.

Le journal du soir de la chaîne ABC ouvrit ce jour-là sur un reportage qui m'était consacré. « Un Joe Biden en pleine forme… Reste à savoir s'il a l'intention de se présenter. » Le reste suivit tout naturellement. Trois jours plus tard, j'étais l'invité principal de la nouvelle formule du *Late Show*, animé par Stephen Colbert. Pendant la première partie de l'émission, celui-ci me fit parler de Beau et de ce qu'il représentait pour moi. C'était un test dont je me tirai bien, je crois, sans me laisser submerger par l'émotion. Peut-être était-ce le signe que j'avais franchi un cap. Lorsque le *Late Show* reprit après la coupure publicitaire, le public scandait : « Joe ! Joe ! Joe ! Joe ! »

« Pourriez-vous nous en dire un peu plus sur vos intentions ? me demanda Colbert.

— Écoutez, il me semble que personne, homme ou femme, ne devrait se présenter à la présidence avant d'avoir mené une réflexion poussée sur deux points précis. En premier chef, il est impératif d'examiner les raisons pour lesquelles vous souhaitez accéder à la présidence ; en second lieu, vous devez être capable de regarder les électeurs dans les yeux et de leur dire : "Je vous fais la promesse solennelle de mettre tout mon cœur, toute mon âme, toute mon énergie et toute ma passion à votre service." Je vous mentirais en vous affirmant ce soir en être à ce stade. Je veux être totalement honnête avec vous. À mon sens, personne ne peut s'arroger le droit de postuler à une telle fonction à moins d'être disposé à donner 110 % de sa personne. Je suis optimiste, et sûr de la direction à prendre, mais je me trouve personnellement dans une position… »

Je dus me reprendre car j'étais débordé par mes émotions.

« On se sent parfois submergé », repris-je, et je racontai à Colbert l'incident survenu sur la base aérienne de Denver, lorsque j'avais perdu pied.

Je quittai le plateau de l'émission soulagé d'avoir tenu bon, mais vidé. Hunter vit combien l'exercice avait été difficile pour moi.

« Tu as été super, papa, me dit-il, mais il faut cesser d'évoquer la mort de Beau. Tu dois parler de tout ce qu'il a accompli dans sa vie, et de l'avenir. »

Les chroniques sur le *Late Show* le lendemain alimentèrent largement les commentaires autour de ma candidature. « Nous avons eu droit à un spectacle extrêmement rare, au regard de notre culture et des habitudes politiques actuelles, déclara Mike Barnicle en ouverture de l'émission *Morning Joe*. Nous nous sommes trouvés en présence d'un être humain. » Je retournai à New York ce jour-là afin d'être présent aux côtés du gouverneur Cuomo pour l'anniversaire des attentats du 11 Septembre. Andrew affichait déjà son soutien à Hillary Clinton, qui avait été membre du Sénat de l'État de New York, néanmoins il me poussa à réfléchir. *Ne prenez pas une décision que vous pourriez regretter.* Il se montra d'ailleurs très chaleureux. « De nos jours, déclara-t-il aux secouristes présents ce jour-là, c'est avant tout une question de personnalité et de caractère. Cet homme est authentique. Il est sincère… Lorsque vous discutez avec lui, il vous regarde droit dans les yeux et vous accorde toute son attention… C'est un homme de cœur, plein de bonnes intentions. C'est un ami fidèle, dans les bons comme dans les mauvais moments. »

Quatre jours plus tard, l'éditorialiste néoconservateur David Brooks du *New York Times* écrivait que mon passage dans l'émission de Colbert l'avait fait changer d'avis. Il était désormais persuadé que je devais me présenter : « Tous les candidats à l'élection présidentielle s'appuient sur un récit pour expliquer comment s'est forgé leur caractère. Face à Stephen Colbert, Joe Biden nous a révélé la nature de ce récit en évoquant la possibilité d'une campagne convaincante, on le sent capable d'aller de l'avant tout en restant à l'écoute de notre époque. » Quarante-huit heures plus tard, lors d'un déplacement qui allait me permettre de franchir la barre du million six cent mille kilomètres parcourus officiellement dans le cadre de ma fonction de vice-président, le maire de Los Angeles me poussa à son tour à me présenter. De façon plus surprenante encore, un dirigeant de l'industrie du cinéma m'expliqua de façon insistante que je disposais de davantage de soutiens à Hollywood que Hillary. Il affirma que je n'aurais aucun mal à recueillir des dons dans le milieu des comédiens. J'en eus la conformation lorsque George Clooney prit contact avec Steve Ricchetti peu après.

« J'apprécie beaucoup Joe Biden, affirma-t-il à mon chef de cabinet. S'il décide de se lancer, il peut compter sur mon aide pleine et entière. J'ai apporté la preuve par le passé de mon efficacité à réunir des fonds, ce qui explique qu'on me sollicite autant. Je suis prêt à m'investir dans la campagne si on veut bien me confier un rôle. »

Mike me répétait à l'envi que la vague de soutien ne faiblissait pas, que les chiffres étaient même en hausse. Qu'il s'agisse de mon caractère, du message que je faisais passer ou de mon parcours personnel, tout allait dans le sens d'une candidature, d'après lui. Les électeurs réclamaient avant tout de l'authenticité. Il devenait urgent de s'adresser à la classe moyenne et de trouver un candidat capable de s'affranchir des lignes de fracture entre les partis. Mike croyait en mes chances de victoire plus encore qu'au mois de juillet.

Bill Bradley me téléphona une fois de plus à mon retour de Californie, insistant sur le fait que c'était mon heure. Il me raconta qu'il avait entendu une femme dans un café dire que je devrais me présenter. « Et pas question que les autres l'attaquent, avait-elle précisé à la personne qui l'accompagnait. Il a déjà assez souffert comme ça. »

« Tu sais, Joe. Il arrive qu'on se retrouve à un tournant de l'Histoire, ajouta mon ancien collègue sénateur. Le drame que tu as vécu a créé un vrai lien avec le grand public, tu devrais t'appuyer dessus. Ton heure est arrivée, Joe. Tu entraîneras le pays avec toi si tu te présentes. »

Il précisa qu'il ne cherchait nullement à me bousculer, qu'il me fallait prendre mon temps et m'assurer que j'étais prêt. À son avis, la réflexion de cette femme entendue dans un café était la preuve qu'il n'était pas trop tard.

« Tu es différent des autres. »

Personnellement, tout en sachant que la lutte serait rude face à Hillary, j'étais convaincu de pouvoir l'emporter. Elle-même avait sans doute longuement hésité avant de se lancer, sachant que ses détracteurs ne la laisseraient pas en paix. Elle avait vu juste. Sa courbe dans les sondages commençait à baisser à cause des attaques incessantes des républicains et des critiques des médias. Bernie Sanders avait onze points de plus qu'elle dans le New Hampshire et ils étaient *ex aequo* dans l'Iowa. Elle ne parvenait pas à se défaire des critiques liées à ses e-mails et à ses interventions lucratives devant les banquiers de Wall Street. Je ne sais pas dans quelle mesure cela jouait, mais il était certain que j'étais mieux placé qu'elle face aux candidats républicains potentiels. « Pour quelqu'un qui ne s'est pas présenté, déclarait le directeur de l'institut de sondage de la Monmouth University, Biden enregistre de sérieux progrès face à celle qui fait la course en tête. » Le syndicat des pompiers avait choisi d'attendre que j'aie pris ma décision avant de soutenir

Hillary. Le patron du syndicat AFL-CIO multipliait les déclarations flatteuses à mon égard, ce qui était source de consternation au QG d'Hillary. De toute évidence, l'équipe de campagne de Clinton s'inquiétait à l'idée que je me lance dans la course.

Une dynamique se mettait en place. Depuis des mois, Steve et Mike recevaient des coups de fil d'amis proches impliqués dans la campagne de Clinton et d'anciens collègues de l'équipe du président Obama. La plupart du temps, leurs interlocuteurs tâtaient le terrain. « Vous en êtes où, les gars ? Vous ne comptez tout de même pas y aller ? » Depuis quelque temps, ces appels se faisaient plus pressants. Le camp Clinton commençait à revoir ses positions à mon sujet. Il n'était plus question de me présenter comme un candidat égaré dont l'entreprise était vouée à l'échec, mais de dire que je risquais de scinder le Parti démocrate en deux si je m'entêtais. À force de siphonner des voix à Hillary, Bernie finirait par obtenir l'investiture, ce qui sonnerait le glas de la présidentielle pour les démocrates. Quelques proches conseillers d'Obama continuaient de dire à Steve et Mike que nous ne pouvions pas gagner. « Pourquoi n'en tirez-vous pas les leçons ? »

Je dois bien reconnaître que notre position d'outsider était plutôt confortable. Plus on nous attaquait, plus notre détermination, teintée de colère, était grande. Steve affirmait à qui voulait l'entendre que le droit de savoir si je me présentais ou non me revenait seul, ajoutant qu'il serait illusoire de prévoir qui obtiendrait l'investiture démocrate avant les primaires. À mes yeux, il ne faisait aucun doute que mes équipes commençaient à endosser leurs habits de campagne alors que nous entrions dans l'automne.

Le 5 octobre eut lieu une réunion décisive au cours de laquelle nous devions décider de la mise en place d'une équipe de terrain et de la recherche de financements. Steve et Mike étaient là, de même que Greg Schultz et Michael Schrum qui géraient l'intendance depuis le mois de juillet. Jill, Val et Hunter étaient également présents, ainsi que Ted Kaufman, mais le cercle s'était élargi avec l'arrivée de gens tels que Bob Bauer et Anita Dunn qui avaient joué un rôle clé dans l'équipe d'Obama. Bob, en tant qu'ancien conseiller juridique de la Maison-Blanche, avait négocié un accord avec le cabinet qui l'employait lui permettant d'occuper, sur son temps personnel, une place de premier plan à mes côtés en attendant que je prenne ma décision. Je les écoutai, non sans surprise, mettre au point la mécanique de campagne. Il nous restait tout le temps nécessaire pour nous présenter aux primaires en respectant les échéances imposées par les États concernés. Nous savions très exactement combien d'argent serait nécessaire pour nous engager dans la course au niveau des quatre premiers États, et nous avions le moyen de réunir les fonds, en dépit de notre décision de ne pas recourir aux PAC qui nous auraient permis de recueillir les contributions de riches donateurs. Plus de cinquante personnes ayant chacune réuni plus de 250 000 dollars lors de la campagne Obama-Biden étaient disposées à recommencer en mon nom en 2016. Il nous suffisait de demander.

Greg Schultz avait trouvé des responsables de campagne dans l'Iowa, le New Hampshire, le Nevada et la Caroline du Sud. Il avait également sollicité les meilleurs spécialistes dans des États pivots tels que la Pennsylvanie, l'Ohio et la Floride. À l'évidence, les gens qualifiés ne manquaient pas, beaucoup d'entre eux étaient prêts à nous rejoindre. Anita Dunn, l'ancienne responsable de la communication d'Obama, était déjà là. Pete Rouse, qui avait occupé la fonction de chef de cabinet adjoint auprès d'Obama, avait donné son accord. J'étais particulièrement fier de recevoir l'aide d'un aussi grand nombre d'anciens ténors de l'équipe de campagne du président, d'employés de la Maison-Blanche, et même de personnes attachées à son cabinet.

La liste de nos soutiens était impressionnante. Anita avait mis au point un plan de communication pour annoncer ma candidature deux ou trois semaines plus tard. Il ne nous restait plus qu'à louer des bureaux à Wilmington afin d'y établir notre QG. À la fin de la réunion, tous les participants étaient convaincus que nous avions les moyens de mettre sur pied une équipe de terrain de premier ordre et la capacité de réunir l'argent nécessaire pour participer aux quatre primaires initiales. Si je pouvais encore entretenir des doutes à ce sujet au début du mois de juillet, ils n'avaient plus de raison d'être à présent. Un seul obstacle pouvait m'arrêter : moi-même.

Le lendemain, 6 octobre, la parution d'un article publié dans *Politico* me déconcerta. Mon équipe ne voulait même pas que je lise son titre : EN EXCLUSIVITÉ : BIDEN RÉVÈLE LUI-MÊME LES DERNIÈRES VOLONTÉS DE SON FILS. « Les hésitations de Joe Biden au sujet de l'élection de 2016 sont liées depuis le mois d'août à son fils disparu, écrivait *Politico*. Plus exactement depuis le 1er août, date à laquelle Maureen Dowd, critique assumée d'Hillary Clinton, publiait un éditorial qui a marqué un tournant dans la campagne… Biden a choisi le *New York Times* pour faire sa pub. »

J'aurais dû voir venir le coup, probablement.

À ceci près que l'article de *Politico* dépassait de beaucoup les pires attaques auxquelles je m'attendais. L'idée que je puisse me servir de la mort de mon fils à des fins électorales était répugnante. Je voyais mal qui aurait pu y croire, mais j'étais très en colère, ce qui était dangereux, surtout dans l'état de fragilité émotionnelle qui était le mien. Si jamais une telle horreur se trouvait un jour propagée en ma présence, je ne répondrais de rien. J'aurais forcément une réaction que je serais amené à regretter.

Notre dernière réunion de campagne dura jusque très tard le soir du mardi 20 octobre. Mon équipe achevait de nous exposer les détails des derniers préparatifs lorsque je remarquai que Mike Donilon m'observait. Mike me connaissait depuis trois décennies. Il était à mes côtés lorsque nous avions mis au point le message de campagne de la présidentielle de 2016 et il avait systématiquement repoussé depuis les arguments de tous ceux qui nous conseillaient de ne pas y aller.

« Ne lui ôtez pas ça », plaidait-il.

Mike m'expliqua par la suite qu'à l'approche de minuit, il avait remarqué que je serrais de plus en plus les mâchoires. La douleur qu'il lisait sur mon visage relevait de l'indicible. Mike savait aussi que Jill m'aurait apporté son soutien si j'avais pris la décision de me lancer, mais il était convaincu qu'elle avait peur. Voyant qu'il me dévisageait, je lui fis signe de s'expliquer.

« Je ne crois pas que vous devriez vous lancer. »

C'était la première fois qu'il exprimait une telle opinion depuis deux ans que nous en parlions. Je compris tout de suite que Mike ne s'exprimait pas en tant que conseiller stratégique. Je savais trop bien combien il y croyait, et combien il était persuadé que nous pouvions gagner. Il me parlait en ami.

Une fois tous les participants à la réunion partis ce soir-là, je compris que l'heure était venue de prendre une décision. Ce que je fis. La première personne que je mis dans la confidence fut Jill, avant de m'en ouvrir à Hunter et Ashley.

À mon réveil le lendemain matin, je téléphonai au président Obama afin de l'informer, puis j'appelai Steve et Mike. Steve contacta le secrétaire général de la Maison-Blanche et celui-ci lui confirma que le président était de tout cœur avec moi. Barack proposa notamment, avec beaucoup de générosité, de m'accompagner lorsque je m'exprimerais, suggérant de faire mon annonce depuis la roseraie, derrière le Bureau ovale. Mike et Steve me rejoignirent de bonne heure à la résidence officielle du vice-président et montèrent avec moi dans la voiture qui me conduisait à la Maison-Blanche de façon à discuter de la façon de présenter ma décision. Je me montrai clair :

« C'est mieux pour ma famille, et c'est mieux pour moi. »

Le président nous accueillit, Jill et moi, dans le Bureau ovale afin que je lui expose mon annonce. Il m'apporta un soutien sans faille. Je compris que j'avais pris la bonne décision en arrivant à la roseraie, entouré par Jill et Barack. J'expliquai que je n'étais pas en mesure de tenir mon engagement si je me lançais dans la course. J'insistai sur le manque de temps, sur le fait que « le processus de deuil se moque des échéances, des débats et des primaires ».

Ce qui est vrai.

Je veillai à me montrer enjoué, à garder les épaules droites, à sourire. Je n'avais pas préparé de discours, m'appuyant sur quelques notes, mais je tenais à exposer clairement ma vision optimiste de l'avenir du pays, comme mon intention de continuer à m'exprimer.

« Je crois qu'il est temps d'en finir avec les divisions partisanes qui coupent notre pays en deux. Je crois que c'est possible. Ces divisions étriquées et mesquines durent depuis trop longtemps. Je ne crois pas, contrairement à d'autres, que c'est afficher sa naïveté de vouloir parler aux républicains. Je ne crois pas que nous devons les considérer comme des ennemis. Ce sont des opposants, et non des ennemis. Pour le bien de ce pays, nous devons travailler ensemble… Le pays supportera difficilement quatre années de plus de ces guerres de tranchées. »

Au dernier moment me vint l'envie d'exprimer un regret.

« Avant toute chose, j'aurais aimé être le président qui vaincrait le cancer, car c'est possible. »

Mike était présent dans la roseraie ce jour-là, en observateur.

« Joe Biden donnait l'impression d'être moins triste, déclara-t-il par la suite. »

Épilogue

Le 6 décembre, je m'envolai pour Kiev, ajoutant quelques milliers de kilomètres à mon carnet de voyage de vice-président. J'étais invité à m'exprimer devant la Rada, le Parlement ukrainien, et ce discours était probablement le plus important de tous ceux que j'avais pu prononcer en Europe. L'Ukraine se trouvait à un tournant de son histoire en cette fin d'année 2015. J'entendais souligner l'importance de ce moment en expliquant aux hommes et aux femmes siégeant à la Rada qu'ils se trouvaient à la veille d'un instant à la fois crucial et fragile. J'avais consacré plusieurs semaines à l'élaboration des thèmes de cette allocution en veillant non seulement au choix des termes, mais aussi à la tonalité de cette intervention dont je souhaitais qu'elle frappe l'assistance. Il ne me restait plus qu'à mettre la dernière main à mon texte dans l'avion qui me conduisait vers l'Europe.

Je pensais à la centaine de citoyens d'Ukraine tués près de deux ans auparavant lors des manifestations qui avaient accompagné la révolution de la Dignité à Kiev. Les « Cent Héros célestes », ainsi qu'ils avaient été baptisés. Avant de devenir des martyrs, tombés au nom de la liberté et de l'indépendance, ces Ukrainiens avaient été des êtres de chair et de sang aspirant à l'espérance et au bonheur. À ce titre, j'avais pleinement conscience des souffrances endurées par la centaine de familles qui avaient perdu un mari, un père, un fils, une épouse, une mère, une sœur, sans compter leurs proches et leurs amis. Ces milliers d'Ukrainiens pouvaient trouver une consolation dans la possibilité que ces vies perdues permettent au pays de prendre un nouveau départ. «Au milieu du feu et du froid, sous la menace des tireurs d'élite postés sur les toits, les Cent Héros célestes ont payé le prix ultime à l'instar des patriotes du monde entier, disait mon allocution. Leur sang et leur courage ont donné au peuple ukrainien une nouvelle chance d'acquérir la liberté. Leur sacrifice, pour dire la vérité crûment, a aujourd'hui valeur pour vous d'obligation.»

Il était grand temps que le gouvernement ukrainien assume ses responsabilités. L'économie était au bord de l'effondrement et Vladimir Poutine en profitait pour appuyer aux endroits les plus sensibles: la fourniture d'énergie, le marché obligataire, la vénalité qui rongeait depuis longtemps les milieux des affaires et de la politique en Ukraine. La corruption étouffait l'essor économique du pays, affaiblissait l'armée et annihilait la confiance dans le gouvernement. La Rada avait mis sur pied un Bureau national de lutte contre la corruption et nommé des inspecteurs, mais cette nouvelle institution n'avait pas encore entamé la moindre poursuite, de sorte que le trafic d'influence continuait de gangrener les deux principaux partis politiques. La rumeur disait que le procureur général était lui-même corrompu. Les plus chauds partisans du mouvement de réforme commençaient à perdre courage, l'un d'eux se demandait si l'on n'assistait pas à l'agonie de son pays. Rien n'indiquait que le sacrifice des Cent Héros célestes, ou celui des milliers d'Ukrainiens qui avaient perdu la vie au combat depuis, ne serait pas finalement vain. Telle était la situation qui m'attendait en Ukraine où je retournais pour la première fois depuis le séjour effectué un an plus tôt, juste avant Thanksgiving.

Le plan de vol de cette journée de décembre prévoyait la traversée de l'Atlantique nord. Par temps clair, la première terre que l'on découvre à l'approche de l'Europe est celle d'Irlande, un pays qui joua un rôle éminent dans mon histoire personnelle et familiale. L'un de mes anciens collègues au sénat, Daniel Patrick Moynihan, fit un jour une observation d'une grande pertinence en parlant de nous autres Irlandais : « Ne pas comprendre que la vie vous donnera des coups, c'est ne pas comprendre à quel point la vie est irlandaise par nature. » J'étais conscient de cette vérité avant même de l'entendre de la bouche du sénateur Moynihan, en digne descendant du clan Blewitt dans le comté de Mayo, où le fleuve Moy commence à s'élargir avant de se perdre dans l'Atlantique nord, et du clan Finnegan du comté de Lough, situé dans une crique fragile baignée par la mer d'Irlande. J'avais pris suffisamment de coups dans mon existence pour comprendre que la vie était irlandaise par nature, et les événements récents s'étaient chargés de me ramener à cette vérité.

Mais mes origines irlandaises ne se limitent pas à cela, tant s'en faut.

« Ne perds jamais la foi, Joey, me disait mon grand-père Finnegan chaque fois que je repartais de chez lui.

Souviens-toi que la plus belle goutte de ton sang est irlandaise. »

Comme je le dis souvent, nous autres Irlandais sommes les seuls êtres au monde capables d'éprouver de la nostalgie pour l'avenir. Je n'ai jamais cessé de rêver. Je refuse de croire à l'impossible. À bord d'Air Force Two, au-dessus de l'Atlantique nord, mettre la dernière main au discours que je devais prononcer devant la Rada me fit penser à tout cela. Je repensai également à une autre caractéristique vitale que je partageais sans doute avec tous les élus de la Rada.

Être en contact avec des politiques et des dirigeants du monde entier m'a appris que nous sommes plus proches que différents les uns des autres. Pour la plupart, nous avons le même but : œuvrer à des réalisations qui influent significativement sur nos pays respectifs, jouer un rôle dans le mouvement de l'Histoire, et laisser une empreinte pour le courage visionnaire avec lequel nous avons agi. J'avais donc une petite idée de la façon de toucher ces parlementaires ukrainiens avec mon sermon politique. Jeune adolescent, ma mère me demanda un jour ce que je voulais devenir quand je serais adulte. Je n'avais alors qu'une seule certitude : je voulais contribuer à changer le cours de l'Histoire, sans doute parce que ma préoccupation première à l'époque était la lutte pour les droits civiques.

Cette volonté de changement est un moteur d'une force incroyable, et je crois sincèrement que mettre cette volonté au service d'un projet positif est notre plus bel espoir d'un avenir meilleur. Tout en préparant mon allocution, je compris que je ne pouvais pas me contenter d'annoncer aux parlementaires ukrainiens l'octroi d'une aide supplémentaire américaine de 190 millions de dollars. Il n'était pas uniquement question de les assurer du soutien des États-Unis et de leurs alliés face à la pression militaire et économique à laquelle les soumettait Poutine, de leur garantir la défense de leurs droits en tant que nation souveraine dans le choix de leur politique et de leurs alliances, ou encore de leur rappeler qu'il leur fallait continuer à combattre une corruption omniprésente au sein de leurs structures politiques. Rien de tout cela ne suffirait face au défi qui les attendait. Je devais avant tout les rappeler à leur mission.

En montant à la tribune de la Rada le 7 décembre, mon intention n'était pas uniquement de faire vibrer la corde de leur intérêt personnel. Je souhaitais leur dire qu'ils avaient la possibilité de léguer à leurs enfants et petits-enfants la liberté et la démocratie auxquelles ils n'avaient pas eu droit pendant des siècles. Je leur expliquai qu'ils se trouvaient à un tournant comparable à celui qu'avait vécu l'Amérique plus de deux siècles auparavant, à l'heure de sa propre révolution, et que s'ouvrait devant eux la possibilité de mettre sur pied en Ukraine une démocratie sincère, indépendante et durable.

« Tout a débuté lorsque des hommes de conscience ont constitué des corps législatifs dans l'ensemble des anciennes colonies américaines, le Massachusetts, la Pennsylvanie, la Virginie. En dépit de leurs différences, ils se sont tous accordés sur le droit inhérent d'être libres. Ils se sont emparés d'un vaste continent peuplé d'individus très divers que John Adams, l'un de nos Pères fondateurs et futurs présidents, qualifiait de "machinerie lourde". Ils sont parvenus à transformer cette machinerie lourde en une démocratie représentative unie dont les citoyens se considéraient avant tout comme américains, reléguant leur région d'origine au second plan. »

Cette prouesse projeta Washington, Adams, Jefferson, Franklin, Madison, Hamilton et des dizaines d'autres à la une de l'Histoire.

« Vous disposez de la chance historique d'être les parlementaires qui auront enfin, et de façon permanente, jeté les bases de cette liberté à laquelle aspire votre peuple depuis si longtemps. Votre heure a sonné, il en va de votre responsabilité. »

J'ajoutai qu'il leur fallait mettre à l'écart leurs intérêts partisans afin de se battre pour ce que l'homme politique et philosophe irlandais Edmund Burke appelait « le bien commun ». S'ils y parvenaient, leurs petits-enfants prononceraient leurs noms avec révérence.

« Vous en avez les moyens, insistai-je auprès des membres de la Rada. Vous tenez entre vos mains, non pas le destin d'autrui, mais le vôtre. »

Personne ne m'a jamais dit qu'une carrière politique serait de tout repos. Au même titre que les autres domaines, je ne m'attendais pas à ce que la politique m'épargne déceptions et chagrins, mais j'ai néanmoins estimé que le jeu en valait la chandelle. Ayant mené une carrière d'élu au service du public depuis l'âge de vingt-sept ans, j'ai eu l'occasion de m'apercevoir que le progrès prend du temps et ne se fait pas sans heurts. Il faudrait peut-être attendre une génération avant de savoir si la révolution de la Dignité en Ukraine avait été vraiment couronnée de succès. Tout comme il faudrait au moins une génération avant de savoir si les efforts américains dans le triangle du Nord en Amérique centrale permettraient au Honduras, au Guatemala et au Salvador de devenir des nations démocratiques et sûres, dotées d'une économie florissante et d'une classe moyenne convenablement éduquée. Tout comme il faudrait une génération au moins pour savoir si le coût humain et financier, si tous les efforts déployés par Beau et des centaines de milliers d'autres soldats américains en Irak donneraient naissance à une démocratie ouverte et unie, fondée sur la liberté et la tolérance religieuse. Je comptais employer l'année qui me restait jusqu'à la fin de mon mandat à faire bouger les lignes dans la bonne direction. Ce qui était déjà le cas.

Une semaine après mon retour de Kiev, le Congrès vota une dotation de 750 millions de dollars pour les pays du triangle du Nord. Je m'étais énormément battu pour obtenir ce résultat, au point de mettre en jeu ma réputation. Ce montant, du triple de la dotation votée l'année précédente, suffirait à aider les dirigeants politiques du triangle du Nord à installer des gouvernements civils élus par les citoyens concernés, aidant par là même à l'amélioration de la situation économique et sécuritaire dans leurs pays respectifs. À la fin du mois de décembre, grâce à l'aide des conseillers militaires américains et après plus de six cents frappes aériennes de la coalition sur des sites de l'État islamique, les forces de sécurité irakiennes chassaient les djihadistes de Ramadi. La coalition de combattants chiites et sunnites mise sur pied par le Premier ministre Al-Abadi était parvenue à reprendre et tenir la ville. Les chefs militaires placés sous sa direction envisageaient déjà de libérer d'autres villes clés de la province d'Al-Anbar avant de se pencher sur le cas de Mossoul. J'étais fier d'avoir apporté mon soutien à Al-Abadi lorsqu'il m'avait téléphoné neuf mois plus tôt en réclamant mon aide. Je suis convaincu que cette décision avait pesé.

Le président Obama me réserva une surprise lors de son dernier discours sur l'état de l'Union au mois de janvier 2016.

« L'année dernière, le vice-président Biden nous a dit qu'à condition d'imaginer un projet aussi ambitieux que la course à la lune l'Amérique pouvait vaincre le cancer, déclarait-il après moins d'une demi-heure d'allocution. Ce soir, je vous annonce un nouvel effort national visant à atteindre cet objectif. Parce qu'il s'est battu en notre nom à tous dans tant de domaines depuis quarante ans, je charge Joe de piloter cette mission. Pour tous les êtres aimés que nous avons perdus, pour les proches que nous pouvons encore sauver, faisons de l'Amérique le pays qui nous débarrasse du cancer une bonne fois pour toutes. Qu'en penses-tu, Joe ? »

J'apprenais la nouvelle en même temps que le reste du pays. Alors que le président se tournait vers moi et me regardait en hochant la tête, mes anciens collègues de tous bords se levèrent pour applaudir. Leur réaction me donna bon espoir de faire bouger les lignes.

Barack savait par quoi mes proches et moi étions passés depuis quelques années. Je ne parle pas uniquement des moments les plus difficiles, mais aussi de ceux au cours desquels les équipes médicales du Centre MD Anderson nous avaient donné de l'espoir. Il m'avait entendu quelques mois plus tôt, à l'occasion de mon discours de renonciation dans la roseraie de la Maison-Blanche, lorsque j'avais affirmé que mon seul véritable regret en ne me lançant pas dans la course à la présidence était de ne pas être celui sous le mandat duquel disparaîtrait le cancer tel que nous le connaissions. En me confiant une telle mission, le président me donnait toute l'autorité nécessaire auprès de l'administration fédérale pour mobiliser l'ensemble des ressources gouvernementales et la communauté scientifique, aux États-Unis comme sur le plan international. C'était la première fois qu'un président plaçait une telle autorité entre les mains d'un seul individu. Il m'offrait une chance unique, celle d'épargner à de nombreuses familles l'épreuve que la mienne venait de traverser.

J'ai consacré ces dernières années à accélérer la lutte contre le cancer. Convaincu que nous nous trouvons à la veille de découvertes majeures, je me suis engagé dans deux directions différentes : montrer l'urgence de ce combat, et m'assurer que la prévention, la recherche et les soins s'appuient pleinement sur les recherches et les technologies de pointe du XXIe siècle. Très bientôt, les capacités des superordinateurs permettront de réaliser un milliard de milliards de calculs par seconde, augmentant d'autant nos chances d'obtenir des résultats, à condition de réunir les informations prélevées sur des milliers, des millions de malades. Je tiens à encourager le travail d'équipe dans le domaine scientifique, mais aussi le partage d'informations entre cliniciens, chercheurs et spécialistes dans l'ensemble des centres anticancéreux du pays et de la planète tout entière. Je veille à ce que les meilleures techniques de prévention et les meilleurs soins soient accessibles à tous, et pas seulement à ceux qui vivent dans les zones les plus riches. Je m'efforce de pousser les différents acteurs de l'industrie pharmaceutique à travailler ensemble afin de multiplier les essais thérapeutiques. Avant tout, je souhaite encourager ceux qui font passer l'intérêt des malades et de leurs proches avant toute autre considération. J'ai appris à mes dépens que la lutte contre le cancer est une épreuve aussi effrayante que coûteuse pour les familles les plus résistantes. Il nous faut identifier tous les obstacles auxquels sont confrontés ceux qui souffrent, et trouver le moyen de les surmonter car ils n'ont pas de raison d'être.

Ce projet est soutenu par tous au Congrès, sans distinction de parti, mais aussi par des entreprises, sans compter l'engagement de nombreuses autres nations qui partagent notre volonté de vaincre le cancer. Le but est à portée de main, l'atteindre nous rappellerait une vérité que ce pays semble avoir perdue de vue : rien n'est impossible aux Américains s'ils en ont la volonté. Aucun défi n'est trop audacieux pour nous. Je suis plus optimiste aujourd'hui que lors de mon élection au Sénat à l'âge de vingt-neuf ans. Le XXIe siècle sera à nouveau américain.

Au moment où j'écris ces lignes, au cours de l'été 2017, je repense à la question que me posa Barack un jour de janvier 2015, dans la petite salle à manger privée voisine du Bureau ovale.

« Joe, me demanda-t-il. À quoi voulez-vous consacrer le reste de votre vie ? »

Je ne changerais rien aujourd'hui à la réponse que je lui donnai ce jour-là. À vrai dire, j'aurais déjà répondu de la même façon à mes débuts en politique, comme à chaque fois que je me présentai au Sénat, ou encore lorsque je renonçai à une carrière sénatoriale de trente-six ans pour devenir vice-président. J'aurais eu la même réaction avant que le cancer de Beau ne soit diagnostiqué, tout au long de son combat contre la tumeur, et tous les jours depuis. À la différence qu'une voix dans ma tête, à la fois calme et insistante, me rappelle constamment à mon devoir. *Promets-moi, papa. Quoi qu'il arrive, ne renonce pas, continue à te battre. Donne-moi ta parole que ça va aller, papa.*

Ce soir-là, à la table de la salle à manger, à quelques semaines de notre dernier week-end de Thanksgiving à Nantucket ensemble, Beau ne s'était pas expliqué sur la nature de la promesse qu'il me demandait. C'était inutile. Lui et moi pouvions toujours finir la pensée de l'autre, son intention était limpide. Il comptait aussi sur Hunt pour me rappeler à ma promesse. Je porte en permanence autour de mon poignet le chapelet de Beau depuis sa mort, histoire de ne jamais oublier ce qu'il attendait de moi. Il voulait que je fasse mon devoir, en tant que mari, père et grand-père. Il voulait que j'aide Hallie à s'occuper de leurs enfants, Natalie et Hunter. Il voulait que je sois là pour Jill, et Hunt, et Ashley. Mais ce n'était pas l'essentiel. Beau savait que notre famille était solide, qu'aucune tempête ne pourrait la balayer. Il avait foi en notre capacité de résistance. Mais j'avais tant à donner en dehors des miens, et Beau craignait que je ne renonce à mes obligations vis-à-vis du monde. Il entendait que je reste fidèle à moi-même et à tout ce pour quoi j'avais œuvré au fil des ans. Il me faisait promettre de continuer à m'engager dans la vie de la nation et de la planète. *Ton port d'attache, papa. Ton port d'attache.*

Alors, pour répondre à la question de Barack, à quoi vais-je consacrer le reste de ma vie ? Je compte passer le plus de temps possible avec les miens, et j'entends contribuer à améliorer le pays comme le reste du monde. Ce devoir est bien davantage qu'un simple but : il est porteur d'espoir. Il me rend nostalgique de l'avenir.

Postface

Un cadeau de Beau

En 2017, nous nous retrouvâmes tous en famille à Nantucket le week-end de Thanksgiving.

Jill et moi avions nos cinq petits-enfants avec nous, et il n'était pas question d'oublier un seul des rituels de la famille Biden : les dîners de famille, les longues escapades dans nos boutiques préférées en ville (le cadeau que Pop offre à chacun), les balades sur la plage de Sconset, la décoration du sapin et, bien évidemment, les listes à l'intention du Père Noël. Nous retrouvions cette joie si familière d'être ensemble, tout simplement, avec le plaisir additionnel d'apprendre, le premier soir à Nantucket, que *Promets-moi, papa* était en tête des ventes de livres autres que des romans cette semaine-là. Les neuf mois écoulés depuis mon départ de la vice-présidence avaient été plus satisfaisants à bien des égards que je ne l'aurais imaginé : la période avait été à la fois chargée, productive et riche. Le Centre Penn Biden pour la diplomatie et l'engagement mondial était sur les rails, de même que l'Institut Biden de l'université du Delaware, la Fondation

Biden, l'association Biden contre le cancer et, surtout, la Fondation Beau Biden pour la protection de l'enfance. Je venais d'entamer une tournée de promotion de mon livre qui totaliserait trente-huit villes. Tout le monde au sein de la famille reprenait des forces de jour en jour.

Nous prolongeâmes même nos vacances d'un jour, afin que je puisse participer à une fête du livre organisée à l'auditorium Mary P. Walker de Nantucket. Je venais de prendre un café en ville le samedi, deux jours après Thanksgiving, lorsqu'un vieil homme âgé m'arrêta dans la rue.

« Vous ne me connaissez pas, me dit-il avec courtoisie, mais je me trouvais dans cette même rue il y a quatre ans, au niveau de la pharmacie, quand un charmant jeune homme s'est approché en voyant que j'étais perdu. Il m'a proposé de porter le sac que j'avais à la main et m'a accompagné jusqu'au coin de la rue. Le jeune homme en question était votre fils Beau. »

Je m'y attendais si peu, le seul fait d'entendre le nom de Beau me fit un choc. Tout comme j'avais été pris de court une semaine auparavant lorsque le modérateur d'une rencontre avec le public à Nashville, l'éminent rédacteur en chef et historien Jon Meacham, s'était tourné vers moi, face à un auditoire de près de deux mille personnes, et m'avait déclaré : « Je connaissais un peu Beau. Je me souviens d'avoir pris un café avec lui, un jour à New York, et d'avoir pensé qu'il serait président un jour. » Où que j'aille, et quelles que soient les circonstances, les gens me parlaient de Beau, ou bien de la relation qu'ils avaient eue avec lui, à l'image de ce garçon qui avait travaillé avec lui à l'époque où il se trouvait au Kosovo. Depuis la parution du livre, des personnes de connaissance comme des inconnus venaient me trouver presque quotidiennement pour me raconter des anecdotes liées à Beau : la gentillesse dont il avait fait preuve à l'endroit d'untel, la ténacité avec laquelle il prenait la défense de ses administrés à l'époque où il occupait les fonctions de procureur général du Delaware, l'avenir prometteur qui l'attendait. *Il sera président un jour.*

Cela fait près de trois ans que Beau nous a quittés, mais son absence reste douloureuse. Aujourd'hui encore, un matin sur quatre, c'est son absence qui m'assaille au réveil et je me lève avec le cœur lourd. J'aimerais pouvoir prendre mon téléphone, l'appeler, et entendre le son de sa voix. *Au réveil,* [il] *a fui, et le jour a fait renaître la nuit*[1].

Mais j'ai fait à Beau une promesse que j'entends tenir. Aussi dures qu'aient initialement été la tournée de promotion du livre et la nécessité d'évoquer la disparition de Beau sans perdre mes moyens, aussi dur qu'ait été le fait de répondre à tant de questions liées à la politique américaine actuelle et aux relations internationales alors que je n'aspirais qu'à évoquer Beau et tout ce qu'il représentait, cette expérience m'a curieusement fait le plus grand bien. J'avais le sentiment de faire œuvre utile, de donner un sens à ma vie, de tenir la promesse faite à mon fils. Le plus surprenant, le plus gratifiant aussi, aura été de constater que beaucoup de gens participent à ces rencontres autour du livre en quête de réconfort, et non pour parler politique. Ils cherchent du lien. Il m'arrive de

1. Il s'agit d'une citation, adaptée au masculin, du sonnet XXIII du poète anglais John Milton, écrit en l'honneur d'une épouse disparue.

demander à ceux qui ont perdu un proche, ou bien qui se sont battus contre le cancer ou une maladie grave, de lever la main. La plupart du temps, j'ai l'impression que les trois quarts des personnes présentes lèvent la main.

La rencontre terminée, nombreux étaient ceux qui venaient me demander de signer leur exemplaire du livre et de poser avec eux le temps d'une photo. Je restais une bonne heure à chaque fois, ce qui me permit de comprendre très vite que ces anonymes recherchaient bien davantage qu'une poignée de main éphémère et un souvenir qui finirait sur une étagère, ou dans un cadre. Un soir, à Los Angeles, une femme très digne vint me trouver et me serra dans ses bras, sans un mot. Mon premier réflexe fut de tenter de me dégager, mais elle me glissa à voix basse, les yeux embués de larmes :

« Je suis désolée, mais j'ai perdu ma fille il y a cinq jours d'un glioblastome. Je vous en prie, prenez-moi dans vos bras quelques instants. S'il vous plaît. »

On me posait souvent la question lors de ces rencontres :

« Puis-je vous prendre dans mes bras ? »

La requête émanait aussi bien d'hommes que de femmes. Il y avait toujours une demi-douzaine de personnes au minimum qui m'expliquaient avoir perdu un proche quelques jours plus tôt, et bien d'autres qui faisaient face à une incertitude terrible. Tous étaient à la recherche d'une bouée affective, aussi fragile fût-elle. De quelqu'un qui puisse comprendre ce qu'ils vivaient à ce moment précis. D'un talisman susceptible de rendre l'avenir supportable, à défaut de pouvoir changer le cours de l'histoire. « Je vous ai vu, me disaient-ils. Comment avez-vous pu supporter cette seconde épreuve, après la première ?» Ils voulaient essentiellement savoir s'ils s'en tireraient eux-mêmes.

L'expérience m'a montré que je ne pouvais rien leur dire, encore moins leur fournir l'avis rassurant qu'ils espéraient. Les mots sont insuffisants, en pareil cas. En fin de compte, je sais que le combat contre le chagrin et la douleur relève de l'intime, aussi bien entouré soit-on, aussi solide soit la foi que l'on peut avoir. Ma présence physique, le fait de me voir debout, faisait pourtant une différence. C'était un moyen de leur donner de l'espoir. Le simple fait d'apporter un peu de consolation à mes semblables est sans doute l'action la plus gratifiante qu'il m'a été donné de réaliser dans ma carrière. Les gens ont le plus grand besoin de consolation par les temps qui courent, et j'avoue qu'avoir le sentiment de mettre un peu de baume au cœur de ceux qui souffrent a contribué à ma propre guérison.

C'était d'ailleurs autant à mon bénéfice qu'au sien que je rendis visite à John McCain en Arizona à la fin du mois d'avril 2018. Mon vieil ami était très malade, ses chances de guérison étaient minces. J'avais eu l'occasion de lui rendre service à plusieurs reprises. Je m'étais notamment exprimé à sa demande quand il avait reçu une importante distinction lors de la conférence de Munich sur la Sécurité, ou bien lorsque l'École navale des États-Unis lui avait accordé une médaille au titre de son engagement au service de la nation, tout au long de sa vie. Peu après la cérémonie, j'avais appelé John.

« John, ces gens t'aiment. Ce n'est pas pour rien qu'ils se sont tous levés pour t'ovationner. »

Ce séjour dans le ranch de John en Arizona me donna l'occasion de passer un peu de temps avec un vieux collègue et ami. Je voulais juste le serrer dans mes bras et lui dire, les yeux dans les yeux, que j'étais de tout cœur avec lui. Je savais trop bien ce que lui et les siens vivaient puisqu'il se battait contre la même horrible maladie que Beau : un glioblastome de stade 4. Le pronostic était le même que pour les autres, y compris Beau : à moins d'une découverte scientifique miraculeuse, il ne pouvait espérer vivre plus d'un an, ou un an et demi.

Lorsque je pensais à John, à la façon dont il s'était comporté au cours des neuf mois qui avaient suivi le diagnostic de son mal, je ne pouvais m'empêcher de revoir Beau. Ce n'était pas tant leur maladie commune qui me frappait que le sens du devoir qu'ils partageaient, même face à ce qui était de fait une condamnation à mort. John avait tenu à remplir sa mission d'élu le plus longtemps possible. Il était retourné à Washington quelques jours seulement après la découverte de sa tumeur et l'opération subie dans la foulée au mois de juillet 2017, alors que ses médecins lui déconseillaient fortement de voyager, dans le seul but de s'acquitter de sa tâche. Désormais incapable de retourner dans la capitale afin de participer aux travaux habituels dévolus aux sénateurs, il travaillait d'arrache-pied à l'écriture d'un nouvel ouvrage qu'il considérait comme un message d'adieu à un pays qu'il aimait et défendait bec et ongles depuis toujours. Une phrase du livre me frappa particulièrement. « J'ai été porté par la volonté d'accomplir une mission qui dépasse de beaucoup mon bien-être ou mon intérêt », écrit John.

Je trouve dans ces mots une autre similitude avec l'attitude de Beau. À l'instar de John, Beau conserva intacte sa mission jusqu'à son dernier souffle. À l'instar de John, il fit preuve d'un grand courage. Je le revoyais montant dans sa voiture pour se rendre à Philadelphie avant d'entamer sa journée de travail, et participer à de longues séances d'ergothérapie et d'orthophonie. L'épreuve était si pénible et frustrante qu'il lui arrivait de demander à sa sœur Ashley de quitter la pièce. Jamais il n'avait failli dans sa volonté de se maintenir au mieux de sa forme physique et mentale dans l'espoir d'achever son mandat de procureur général du Delaware. Il se consacrait avec passion à la protection des membres les plus vulnérables de la société, en particulier les enfants. C'était cette passion et ce sens du devoir qui le motivaient avant tout. Il continuait d'envisager une candidature au poste de gouverneur afin de continuer à œuvrer pour l'amélioration du Delaware et du pays tout entier. C'était cette détermination qui le poussait à se lever le matin. Jusqu'à la fin, Beau voulut « accomplir une mission qui dépasse de beaucoup mon bien-être ou mon intérêt », pour reprendre la formule de John.

Nous devrions tous nous laisser guider par ces mots. Ils me confirment dans ma lecture de son ultime recommandation : « Promets-moi, papa, que ça va aller. » J'avais compris instantanément le message sans qu'il lui soit besoin de s'expliquer. *Engage-toi, papa. Ne renonce pas. Continue de te battre pour tes convictions. Ne renonce pas.* À l'époque où je mettais la dernière main au manuscrit de ce livre, au printemps 2017, j'étais persuadé d'avoir compris ce que me disait Beau parce que nous étions si proches. Lorsque deux personnes partagent une forte intimité, je pense tout particulièrement à la relation entre un parent et un enfant, les mots sont souvent superflus. Mais à force de parcourir le pays et de discuter avec les gens de la vie de Beau comme de ce qu'il nous laisse en héritage, de réfléchir au sens de son passage sur cette terre, au message qu'il nous lègue, je fis une découverte. Mon fils ne se contentait pas de me recommander de poursuivre mon action après son départ. Il ne se contentait pas de me dire ce qu'il attendait de moi, il me montrait la voie. Au-delà des mots et de la pensée, il me laissait un héritage autrement plus solide : il me montrait l'exemple. Avant même sa maladie, et tout au long de son combat contre le cancer du cerveau, Beau nous montra, à moi comme au reste de la famille ou à ses amis, combien il est essentiel d'accomplir sa mission contre vents et marées. Cela reste un honneur pour nous d'essayer de nous conformer à l'exemple qu'il nous donna, parfaitement résumé dans la deuxième épître à Timothée, chapitre IV, verset 7 : « J'ai mené le bon combat, ma course s'achève et j'ai conservé la foi. »

Éloges funèbres

6 juin 2015

ASHLEY BIDEN

Les mots ne sont pas en mesure d'exprimer pleinement l'amour, l'admiration et l'adoration que je portais à mon frère. Rien de ce que je pourrai dire ici ne sera à la hauteur de ce qu'il représente à mes yeux. À nos yeux à tous.

Au moment où me reviennent certains souvenirs, je me sens perdue car ma vie tout entière est un patchwork de réminiscences et de moments particuliers. Et la présence de Beau a été une constante chaque jour de ma vie.

À mon entrée à l'école primaire, j'ai fait un dessin de ce qui me rendait heureuse ; on m'y voyait tenant la main de mes deux frères, et j'avais écrit, en guise de légende : « Le bonheur, c'est d'être avec mes frères. » C'était vrai à l'époque, ça l'est resté depuis.

J'ai le sentiment d'avoir beaucoup de chance d'être la petite sœur de ces deux garçons extraordinaires qui m'ont élevée et construite. Même si, comme le souligne parfois mon mari, ils n'avaient pas forcément lu le mode d'emploi jusqu'au bout.

Il m'est impossible de parler de Beau sans évoquer Hunter.

Ils étaient inséparables et partageaient un amour inconditionnel.

Beau avait un an et un jour de plus que lui, mais Hunter a toujours été le souffle qui a permis à Beau de voler, en lui donnant courage et confiance…

Beau se fiait à Hunter et croyait en lui plus que quiconque. De son côté, Hunter lui a inculqué la sagesse, la compassion et son esprit d'indépendance. Hunter a donné à Beau force, réconfort et courage. Jamais Beau ne prenait une décision sans recueillir l'avis de Hunter, ils se parlaient tous les jours, ils ne s'élançaient jamais sur les chemins sans que l'un soit le copilote de l'autre.

Hunt était le confident de Beau.

À ma naissance, j'ai été accueillie à bras ouverts par Beauie et Huntie, comme je les ai toujours appelés avec adoration. Ce sont les garçons qui m'ont baptisée. Au même titre que je leur appartenais, j'ai toujours pensé qu'ils m'appartenaient.

Beau n'aspirait qu'à passer du temps avec Hunter et le reste de la famille. Il ne nous quittera jamais.

En tant que petite sœur, je voulais toujours être avec lui.

Pendant ses années de lycée, puis de fac, il m'autorisait à traîner avec lui à condition que je chante « Fire on the Mountain » du groupe Grateful Dead. Il m'emmenait à l'école, même si inviter sa petite sœur de huit ans à passer la nuit dans son appartement d'étudiant n'était pas forcément gratifiant pour un jeune adulte.

Beau s'en moquait, c'était comme ça, et rien d'autre. Je passais tant de temps avec mes frères que les amis de Beau m'avaient surnommée « la puce ».

Beau était systématiquement le premier à qui je téléphonais quand j'avais besoin d'aide. Pour être honnête, c'était toujours à lui que je faisais appel pour prendre ma défense face à maman et papa.

On discutait beaucoup autour de la table de la cuisine. J'ai le souvenir d'un nombre infini de conversations interminables au cours desquelles Beau me torturait. Jusqu'au jour où j'ai compris à quel point ses conseils étaient avisés.

Jamais il ne jugeait les autres. Il se contentait d'écouter, de tendre la main, de proposer son épaule, de donner un bon conseil, d'offrir son amour. Il lui suffisait d'un regard pour savoir instantanément ce que je pensais. Et il ne manquait jamais de m'adresser un clin d'œil, un signe de tête, un geste qui m'apaisait.

Beau n'aimait rien tant que les moments en famille. Qu'il s'agisse de passer un instant assis dans la véranda de nos parents, de pêcher avec Natalie et Hunter, de se retrouver tous ensemble autour de la table de la cuisine. Il avait besoin de nous, et nous avions besoin de lui.

Il adorait nos vacances en famille, en particulier les vacances de Thanksgiving à Nantucket, lorsque nous passions la semaine à lire, discuter, nous promener, nous retrouver autour du feu.

Aussi loin que me portent mes souvenirs, le rituel de cette semaine de Thanksgiving était immuable : mes frères venaient me chercher à la sortie de l'école, on s'entassait dans le Jeep Wagoneer familial et on roulait pendant sept heures. Jamais je n'ai été aussi heureuse en voiture.

Beau aimait tant Nantucket, il a choisi d'y demander Hallie en mariage et ils se sont mariés là-bas.

Beau était le rocher sur lequel je m'appuyais, tout comme mon frère, notre père et notre mère. C'était notre protecteur, notre médiateur, celui qui guidait nos vies.

Beau a été la première personne que j'ai aimée. Quel bel exemple d'amour il nous a montré.

Ce sont mes frères qui m'ont donné un mari. Après l'avoir rencontré en 2008 lors d'une soirée et croisé à plusieurs reprises par la suite, Hunter est rentré un jour à la maison en me parlant de ce garçon drôle, beau et droit dont il avait fait la connaissance avec Beau. Sur le moment, je n'y ai pas accordé beaucoup d'importance, mais deux ans plus tard, dans la chambre d'hôpital de Beau, avec la toque et la toge que j'avais dû enfiler pour recevoir mon diplôme, j'ai finalement fait la connaissance de celui qui allait devenir mon mari, et le frère de Beau et Hunt.

C'est grâce à Beau que Howard a fait son entrée au sein de cette famille. Il savait combien Howard nous serait précieux, il nous a fait un cadeau incroyable ce jour-là.

Beau nous a également donné une sœur, Hallie, qu'il aimait de tout son cœur et qu'il a épousée pour sa force de caractère et sa détermination. J'ai passé de nombreuses soirées avec eux, à arbitrer leurs débats. Ils se comprenaient et s'aimaient naturellement. Le soir, on les retrouvait invariablement lovés sur le canapé en train de regarder leurs émissions préférées, lorsque Beau ne suppliait pas Hallie de lui masser les pieds.

Beau nous a donné Natalie et Hunter, leur père incarné dont ils ont hérité le courage, l'intelligence et la générosité. Natalie qui a une âme de leader, Hunter qui possède celle d'un jeune shérif et d'un protecteur.

Beau aimait la vie et ne se plaignait jamais, à une exception près : il détestait qu'on se fasse du souci pour lui. Cela ne l'empêchait pas de prendre en charge les soucis des autres, fort de la formule qui le caractérisait : « On finira par s'en tirer. » Il nous a appris à ne jamais baisser les bras, pour nous-mêmes ou entre nous.

J'ai eu le triste privilège d'accompagner Beau à ses séances de chimiothérapie un vendredi sur deux. On prenait invariablement un petit-déjeuner en sortant, ou bien on se promenait dans les rues, quand il n'allait pas chez le coiffeur. Je chérirai jusqu'à ma mort ces moments passés ensemble, les discussions sur l'existence que nous avons eues. Quand on petit-déjeunait tous les deux, il me faisait souvent écouter ce que je croyais être sa chanson fétiche, « You Get What You Give » des New Radicals. Beau n'a jamais cessé de se battre, fort d'un appétit de vie plus fort que celui de la plupart des gens, mais il savait que ses jours étaient comptés. Je voudrais vous citer les paroles de cette chanson :

Ce fichu monde pourrait bien s'écrouler
Tout ira bien si tu te laisses guider par ton cœur
Tu es dans la tourmente, mais je suis là.

Avec le recul, je pense que Beau me faisait écouter cette chanson pour moi, et non pour lui-même. Il voulait me dire de ne jamais renoncer, de ne pas me laisser, *nous* laisser ronger par le chagrin.

Déjà quand j'étais petite, Beauie ne mettait jamais fin à une conversation téléphonique en disant « au revoir ». C'était toujours : « À bientôt, je t'aime. »

Beauie, nous verrons ton visage et tes yeux chaque matin en nous levant. Nous t'entendrons rire. Nous te verrons sourire, nous sentirons tes mains sur nous. Tu seras à nos côtés chaque fois qu'il nous faudra prendre une décision, dans les moments de tristesse et les tourments, la célébration et la joie.

Nous te verrons partout où nous irons, dans la beauté des choses, dans le sourire d'un inconnu, dans chacun de tes merveilleux enfants dont nous saurons prendre soin tout comme tu as su prendre soin de nous.

Tu es inscrit dans la moindre fibre de notre être. Tu es la moelle de nos os, la chair de notre chair, le sang de notre sang. Tu es à jamais présent dans nos vies, aujourd'hui, demain, et pour toujours.

Merci pour tout ce que tu nous as offert, pour tout ce que tu continueras à nous donner pendant que nous continuerons de vivre en ton honneur, comme tu l'aurais souhaité. Alors Beauie... À bientôt, je t'aime tant.

BARACK OBAMA

Ainsi que l'a écrit un poète irlandais, « l'homme manifeste son originalité lorsqu'il exprime une vérité connue de longue date par les justes ». Beau Biden était un original, et c'était un juste. Un homme de caractère. Un homme qui aimait profondément, et que l'on aimait en retour.

Éminences, Excellences, général Odierno, chers invités ; à Hallie, Natalie et Hunter ; à Hunter, Kathleen,

Ashley, Howard ; à tout le reste de la superbe famille de Beau, à ses amis, à ses collègues ; à Jill et à Joe. Nous sommes rassemblés ici pour partager votre chagrin et, de façon plus essentielle, nous sommes ici parce que nous vous aimons.

Sans amour, l'existence peut se révéler froide et cruelle. La cruauté relève parfois d'un acte délibéré, ainsi que le montrent les brutes ou les sectaires, ou bien de l'inaction de ceux que la souffrance d'autrui indiffère. Le plus souvent, la cruauté n'est qu'une simple conséquence de la vie, causée par le destin ou la volonté de Dieu, indéchiffrable par nous autres mortels. Souffrir des conséquences d'une cruauté anonyme, apparemment aléatoire, peut endurcir les cœurs les plus tendres, ou racornir les plus résistants. La cruauté peut rendre mauvais, ou amer, ou complaisant. Pour paraphraser un vieux proverbe, elle peut vous pousser à implorer un fardeau moins pesant.

À condition d'être doté d'une certaine force de caractère, elle peut aussi vous conduire à demander à Dieu des épaules plus larges. Suffisamment larges pour supporter le fardeau des autres, en plus du sien. Suffisamment larges pour abriter ceux qui ont le plus besoin d'un refuge.

Ceux qui connaissaient Beau Biden savent quel choix il a fait dans sa vie. Ceux qui connaissent Joe et le reste de la famille Biden comprendront pourquoi Beau a vécu comme il a vécu. Beau a été très jeune frappé par le destin. Je veux parler de l'accident de voiture qui lui a ravi sa mère et sa sœur, qui a cloué Beau et Hunter, alors tout petits, dans un hôpital pendant les fêtes de Noël.

Mais Beau était un Biden, et il a retenu très tôt la règle familiale : appeler à l'aide revient à dire qu'il est déjà trop tard. En clair, cela signifie que vous n'êtes jamais seul et qu'il n'est nul besoin d'appeler car quelqu'un sera toujours présent pour vous en cas de besoin.

En vertu de cette règle, au lendemain de l'accident, leur tante Valerie s'est précipitée au chevet des garçons et elle est restée pour participer à leur éducation. Joe a poursuivi son travail d'élu, évitant les salons de Washington, préférant retourner chez lui tous les soirs. Un rythme qu'il a maintenu pendant des décennies, ce qui l'autorisait à remplir son devoir le plus cher : conduire ses enfants à l'école, les border le soir, leur inculquer l'idée que le monde était stable et qu'ils avaient les pieds ancrés sur une terre ferme.

Ainsi que Joe me l'a lui-même avoué, il n'agissait pas uniquement de la sorte parce que ses enfants avaient besoin de lui ; il le faisait parce qu'il avait besoin de ses enfants. D'une façon ou d'une autre, Beau aura senti à quel point sa famille et son père étaient meurtris, de façon bien compréhensive. Alors, au lieu d'user de son traumatisme comme d'un alibi pour se vautrer dans l'autocomplaisance et l'égocentrisme, il a très jeune pris une décision mature : celle de donner un sens à son existence. De vivre pour les autres. De demander à Dieu des épaules plus larges.

Beau a veillé sur son petit frère tout en le guidant. Il a adopté sa nouvelle maman – apparemment, les deux garçons ont timidement demandé un jour à leur père quand ils pourraient tous épouser Jill – et, tout au long de sa vie, Beau a fait rire Jill comme personne. Il s'est ensuite occupé de leur petite sœur, Ashley, au point de s'imposer comme celui qui faisait toujours ce qu'on attendait de lui en veillant à ne pas causer le moindre souci à sa famille ou à ses amis.

Ce n'est un secret pour personne que Beau était qui il était en grande partie à cause de l'amour et de l'admiration qu'il vouait à son père. Il s'est lancé dans des études de droit, comme son père, allant jusqu'à choisir la même université. Il s'est présenté devant les électeurs, comme son père, convaincu de remplir une mission aussi noble qu'essentielle. De son père, il a hérité la capacité de se relever lorsque la vie le mettait à terre. Il a compris qu'il n'était supérieur à personne, pas plus qu'il n'était inférieur aux autres. Un trait de caractère qu'il tient de sa mère, à vrai dire. Il a aussi appris à persuader les autres qu'ils comptaient à ses yeux, parce que son père lui avait montré que chacun doit compter à nos yeux.

Il allait jusqu'à ressembler à Joe, dont il avait la voix, même si Joe sera d'accord pour reconnaître que Beau était une version améliorée de lui-même. Un Joe 2.0, en quelque sorte. Mais quand bien même Beau faisait penser à Joe, cela ne l'empêchait pas d'avoir une personnalité bien à lui. C'était un original.

Voilà donc ce fils issu d'une famille incroyable renonçant à une vie dorée pour le plaisir de mener sa propre barque, en dépit des difficultés. Voilà un soldat fuyant la gloire au nom d'une humilité sincère. Voilà un procureur prenant la défense des sans-défenses. Un homme politique d'une espèce rare qui avait plus d'amis que d'ennemis, un personnage public d'une espèce encore plus rare qui faisait passer sa vie de famille au-dessus de tout.

Beau n'empruntait aucun raccourci. Il a refusé une nomination au poste de procureur général parce qu'il préférait être choisi par les électeurs. Et le jour où s'est présentée la possibilité de devenir sénateur, il a préféré achever son mandat de procureur général. Sa préoccupation n'a jamais été d'obtenir les faveurs d'un public cynique, il se contentait de suivre sa nature. Alors qu'il avait une vingtaine d'années, alors qu'il se trouvait au volant de sa voiture avec une connaissance, il s'est fait arrêter pour excès de vitesse près de Scranton. L'agent, reconnaissant sur le permis de conduire le nom de famille de Joe, dont il appréciait le travail, a voulu laisser repartir Beau avec un simple avertissement. Beau lui a demandé de rédiger le PV, car il n'était pas homme à profiter de son patronyme.

Au lendemain des attentats du 11 Septembre, il s'est engagé dans la Garde nationale. Il considérait que c'était son devoir, conformément à sa volonté d'avoir de larges épaules. Dans le cadre de sa mission pour le pays, il a été envoyé en Irak, et le général Odierno a évoqué avec éloquence les états de service du major Biden. Je peux vous dire que, à l'époque où il effectuait ses préparatifs de départ, un grand nombre de journalistes ont voulu l'interviewer, mais il a refusé, estimant être un soldat parmi d'autres.

Pour avoir eu l'occasion de le voir lors d'un séjour en Irak, j'ai pu constater qu'il avait adopté le même comportement là-bas. Cette mission en Irak a été pénible pour Hallie et leurs enfants, comme elle l'a été pour tant de familles au cours des quatorze années écoulées. Elle a été pénible pour Joe et pénible pour Jill. Cela explique en partie les raisons qui ont incité Jill à mener autant d'efforts au profit des familles de soldats déployés en Irak. Et quand Joe clamait haut et fort « que Dieu protège nos troupes » dans tous ses discours, vous pouvez avoir l'assurance qu'il est sincère.

Comme son père, Beau ne possédait pas une once de méchanceté. La cruauté du sort que lui réservait la vie, loin de l'endurcir, l'a rendu bienveillant et ouvert à autrui. En revanche, elle lui a inculqué la haine des brutes.

Le grand-père de Beau, le père de Joe, estimait que le pire des péchés était d'abuser de son pouvoir pour faire souffrir les autres. Fort de ce constat, Beau a joué de ses épaules larges pour protéger les victimes de cette sorte d'abus. Il se battait pour les propriétaires spoliés, les personnes âgées victimes d'escroquerie. Il s'est surtout attaqué lui-même à la question du harcèlement en créant un Comité de lutte contre les prédateurs, faisant condamner plus de deux cents coupables d'agressions sur des enfants vulnérables. À chaque fois, il agissait avec le souci d'alléger les souffrances de chacun en demandant l'aide d'experts afin d'épargner des traumatismes futurs aux enfants concernés comme à leurs parents.

Voilà qui était Beau. Un homme qui prenait soin des autres. Un homme au charme désarmant qui vous mettait tout de suite à l'aise. Chaque fois qu'il lui fallait participer à une cérémonie officielle en compagnie de personnes qui se prenaient un peu trop au sérieux, il trouvait le moyen de vous glisser à l'oreille une plaisanterie bien sentie. Voilà un fils de sénateur, un major au sein de l'armée, l'élu le plus populaire de l'État du Delaware, qui n'hésitait pas – désolé, Joe – à se mettre en short, un sombrero sur la tête, pour danser à Thanksgiving si cela pouvait faire rire ceux qu'il aimait. Dans le même temps, son action publique était irréprochable. Un petit carnet dans sa poche revolver, il était toujours prêt à prendre note des problèmes de tous ceux dont il croisait la route, avant de retourner à son bureau afin de les régler.

Parce que c'était un Biden, les fonctions familiales, celles de mari, de père, de fils, de frère, d'oncle, étaient celles qu'il respectait le plus. Lors de la Convention nationale démocrate, au lieu de passer son temps à serrer des mains ou à flatter les donateurs en coulisse, il jouait au manège avec son fils en montant et descendant inlassablement les escalators du palais des congrès parce qu'il savait, tout comme Joe, ce qui compte le plus dans la vie.

Nous savons tous qu'à l'heure de la téléréalité, il est aisé de se faire un nom, en particulier dans le domaine politique. À condition de parler assez fort ou de multiplier les controverses, il est possible d'attirer l'attention sur soi. Mais se faire un nom sans faux-semblant, avec dignité et intégrité, relève de l'exploit. Il n'existe pas de recette toute faite pour y parvenir. Cela ne s'achète pas. On peut en revanche y arriver en élevant bien ses enfants. Quel plus bel héritage peut-on laisser derrière soi ?

Quel plus bel héritage que d'appartenir à une famille fondée sur de vraies valeurs parentales, de vraies valeurs citoyennes, de vraies valeurs de partage, de générosité et de désintéressement ?

Notre pays s'est construit grâce à des individus tels que Beau. Grâce à des familles telles que celle-ci. Nous n'avons ni roi, ni reine, ni lord. Nous n'avons pas besoin de naître riches pour avoir un impact. Nous n'avons pas besoin d'écraser le voisin pour réussir. Nous avons la chance inouïe de récolter ce que nous avons semé, avec la conscience que nous ne sommes en rien supérieurs aux autres, ou inférieurs aux autres. Nous le savons, et pas uniquement parce que ces critères figurent dans les documents fondateurs de ce pays. Nous le savons parce que des familles comme celle des Biden l'ont démontré. Parce que des individus tels que Beau l'ont démontré.

Il a accompli en quarante-six ans ce que la plupart d'entre nous ne parviendraient pas à faire en cent quarante-six ans. Il a utilisé jusqu'à la dernière goutte d'essence de son réservoir. Il a mené une vie tout au long de laquelle les moyens étaient aussi importants que le résultat final. Son exemple nous aura donné l'envie d'être un meilleur père, un meilleur fils, un meilleur frère ou une meilleure sœur, d'être meilleur dans son travail, meilleur soldat. Il nous aura donné l'envie d'être une personne meilleure. En fin de compte, le plus sûr moyen de juger un homme n'est-il pas de regarder la façon dont il vit, dont il traite les autres, quoi que lui réserve l'existence ?

Aucun d'entre nous ne sait combien de temps lui sera accordé. Aucun d'entre nous ne sait à quel moment interviendra le destin. Nous ne connaissons pas les plans de Dieu. Nous savons en revanche que chacune des minutes dont nous disposons peut être vécue sans jamais rien prendre pour argent comptant. Nous avons le pouvoir d'aimer profondément. Nous avons le pouvoir d'aider ceux qui en ont besoin. Nous avons le pouvoir d'enseigner à nos enfants ce qui compte, de leur transmettre des valeurs de partage, de générosité et de désintéressement. Nous pouvons leur apprendre qu'il leur faut des épaules larges.

Je sais que le clan Biden et leurs proches ressentent un vide immense depuis la mort de Beau. Hallie, je ne peux que tenter d'imaginer le fardeau qui a été le vôtre au cours de ces deux années écoulées. Mais c'est parce que vous lui avez tout donné qu'il a pu tout nous donner. Et, au même titre que vous avez été là pour lui, nous serons là pour vous.

Natalie et Hunter. Je n'ai pas les mots pour vous dire combien votre père vous aimait, combien il aimait votre mère. Je peux pourtant vous dire que Michelle, Sasha, Malia et moi faisons partie du clan Biden. Nous en sommes désormais des membres honoraires. Le code qui régit la famille Biden nous concerne pleinement à ce titre : nous serons toujours là pour vous. Parole de Biden.

Joe et Jill. Comme chacun d'entre nous ici, Michelle et moi sommes reconnaissants à Dieu de vous avoir placés sur notre route. Effectuer ce bout de chemin avec vous est l'une des grandes satisfactions de notre vie. Joe, je vous considère comme mon frère. Je vous suis reconnaissant, jour après jour, d'avoir autant de cœur, d'avoir autant d'âme, d'avoir les épaules aussi larges. Mon admiration pour vous est sans borne.

J'ai eu la chance de connaître la mère de Joe, Catherine Eugenia Finnegan Biden, avant sa disparition. Elle se trouvait sur scène avec nous le soir de notre première élection. Elle a dit un jour à Joe que de tout mal sortait un bien, à condition de bien regarder. Je suppose qu'elle citait à sa manière ce même poète irlandais avec les mots duquel j'ai entamé cette intervention tout à l'heure, Patrick Kavanagh, lorsqu'il écrivait : « Je vous le dis, le chagrin est une feuille morte à l'aube d'un nouveau jour. »

Aussi difficile que ce soit actuellement, en dépit de la douleur et des pleurs, nous devons à Beau de ne pas penser à ce qui a été, ou ce qui aurait pu être, mais de nous concentrer sur ce qui est, grâce à lui. Nous devons penser au nouveau jour qui attend les enfants dont la vie sera plus sûre et mieux remplie, grâce à Beau. Nous devons penser au nouveau jour qui attend les parents dont la tranquillité est assurée grâce à lui, aux familles qui sont plus libres grâce à lui. Certains ne sauront sans doute jamais que leur existence s'est enrichie grâce à Beau Biden, mais là n'est pas l'essentiel. Beau ne s'est jamais consacré aux autres pour se valoriser à leurs yeux.

En revanche, la masse de ceux qui se sont manifestés tout au long de cette semaine savent ce qu'ils lui doivent. Le service du courrier de la Maison-Blanche s'est trouvé inondé de lettres écrites par des gens qui savent. Je pense aux militaires qui ont servi avec Beau, à ceux qui se sont engagés dans la Garde nationale grâce à lui. Je pense aux employés de Verdi's qui ont pu conserver leurs maisons grâce à lui, et qui l'ont remercié de les avoir aidés un soir après une journée particulièrement chargé. Je pense aux étudiants de Newark qui n'ont jamais oublié ce jour où il a discuté avec eux des heures durant, infatigablement, alors qu'il venait de prononcer un discours après avoir passé l'examen médical de la Garde nationale. Je pense à cette femme de Rehoboth Beach qui a gardé pendant cinq ans sur son répondeur le gentil message laissé par Beau à son intention, et qui dit dans sa lettre: « J'adorais sa façon d'adorer sa famille. » Je pense à cet inconnu, vivant à l'autre bout de notre grand pays, qui nous a écrit: « Notre plus bel espoir est que nos enfants nous rendent fiers en rendant le monde meilleur. C'est précisément ce qu'a fait Beau, et même plus. Le monde le sait. »

Jill, Joe, Hallie, Hunter et Natalie. Oui, le monde le sait. Le monde a remarqué. Le monde a pris bonne note de sa présence. Beau continue de vivre à travers la vie des autres. N'est-ce pas notre but ultime sur cette terre? Rendre ce pays que nous aimons plus beau et plus juste, pas uniquement pour Natalie et Hunter, Naomi, Finnegan ou Maisy, Malia ou Sasha, mais pour chaque enfant. N'est-ce pas le sens de l'étonnant périple que nous effectuons ici, améliorer la vie des jeunes générations?

Beau l'a compris très tôt dans son existence, et quel bel héritage il nous laisse. Quel bel exemple il nous donne.

«Parce que la fortune nous a souri, notre jeunesse et notre cœur ont été touchés par le feu, dit Oliver Wendell Holmes Jr. Mais, avant tout, nous avons appris que si l'on accepte des mains de la Fortune une pelle, que l'on baisse les yeux et creuse, ou que l'on s'empare de la hache et de la corde de l'Ambition et que l'on casse la glace, le seul et unique succès à notre portée est de mettre du cœur à l'ouvrage.»

Beau Biden aura mis beaucoup de cœur à l'ouvrage. Il aura donné aux siens beaucoup de cœur. J'y vois la marque d'un homme bon. D'un original.

Que Dieu bénisse sa mémoire, et les vies de tous ceux qu'il a touchés.

HUNTER BIDEN

Bonjour,

Au nom de toute notre famille, je tiens à saluer et remercier tous les représentants religieux venus honorer ici la vie de mon frère.

Mon général, je vous remercie de votre présence. Beau était fier d'avoir servi son pays, et il était fier d'avoir servi sous vos ordres.

Monsieur le président, merci pour tout ce que vous avez fait pour notre famille en ces jours difficiles. Et merci pour l'hommage remarquable que vous avez rendu à Beau. Vous savez combien nous vous aimons.

Ashley, Beau était si fier de toi. Ta façon d'aimer les autres le touchait profondément, tout comme la profondeur de tes émotions. Il savait de quelle joie tu illuminais non seulement la vie de notre famille, mais aussi celle de tant de gens.

Il aimait ton rire. Il aimait ton sourire. Il était si fier d'avoir pu travailler avec toi pour le bien des citoyens du Delaware. Il était heureux que tu aies fait entrer Howard dans notre famille, me donnant au passage un autre grand frère.

Natalie et Hunter, nous en avons déjà discuté ensemble. Votre père se trouvera toujours parmi nous. Votre père se trouvera toujours à vos côtés. Votre père vous aimera toujours. Et je peux vous promettre que vous serez toujours aimés. Au sein de notre famille, l'amour ne connaît pas de limites.

Il fait partie de vous.

Natalie, il est cette partie de toi qui te permet d'être si attentive et généreuse. Il est la raison pour laquelle tu veilles tant sur ton frère, tout comme ton père veillait sur moi.

Hunter, Hunter Robert Biden, deuxième du nom, ton père a établi entre nous un lien inaltérable. Tu es l'incarnation de son calme et de sa détermination. Tu ressembles si fort à ton père que vous regarder tous les deux pêcher l'un à côté de l'autre, à l'extrémité du ponton, donnait l'impression d'être en présence de deux images de la même personne.

Au même titre que tante Valerie a été présente pour votre papa et moi, forte d'un amour inépuisable, au même titre que nous avons eu oncle Jimmy, oncle Frankie, oncle Jack, oncle John, Mom-Mom et Dada, vous aurez tante Ashley, tante Liz, tante Kathleen, Poppy et Mimi, Nana et Pop.

Nous saurons vous offrir le même amour. Un amour aussi immense que magnifique. Le même amour qui nous a réchauffés, votre papa et moi, vous réchauffera à votre tour.

L'amour que votre père avait pour vous est le même qu'il avait pour votre mère.

Il aimait tant votre mère, personne d'autre qu'elle ne lui insufflait autant de confiance et de courage.

Votre mère est la personne la plus loyale et la plus protectrice que je connaisse, je n'ai nul besoin de vous dire qu'elle ferait n'importe quoi pour vous.

Elle était plus dévouée à votre père qu'à n'importe qui d'autre. Elle aurait tout fait pour lui. Et elle a tout fait pour lui.

Elle lui a donné tant d'amour qu'il pouvait le redistribuer à tous ceux dont il croisait la route.

Votre mère acceptait de partager votre père avec le reste du monde. Ce qui compte le plus à mes yeux, c'est qu'elle le partageait avec tante Kathleen, sa confidente et sa complice pendant presque la moitié de sa vie, et vos cousins Naomi, Finnegan et Maisy, qui savent que votre père faisait partie de moi.

Vous aussi, vous savez que votre père fait partie de moi. De mon côté, je ferai toujours partie de vous. Nous ferons toujours tous partie de vous. Nous formerons toujours tous une même famille, parce qu'il en a toujours été ainsi.

Vous vous trouvez au cœur de l'amour le plus formidable qu'il vous sera jamais donné de connaître.

Maman... tu as su guérir nos cœurs autrefois. Tu as su nous reconstruire tous les trois. Et tu nous as donné le plus cadeau que l'on puisse imaginer: Ashley. Tu as donné à Beau sa force et sa droiture, tu lui as donné un amour que seule une mère est capable de donner. Tu l'aimais de tout ton cœur, et nous savons tous qu'il était l'être au monde dont tu étais la plus fière.

Tu adorais Beau et il t'adorait. Ta force et ta droiture sont le ciment qui unit cette famille, et je sais déjà que tu sauras nous guérir à nouveau.

Mon tout premier souvenir est de me retrouver couché dans un lit d'hôpital près de mon frère. J'avais presque trois ans et je me souviens de mon frère, mon aîné d'un an et un jour, me tenant la main, me regardant et me répétant en boucle: «Je t'aime, je t'aime, je t'aime.»

Tout au long des quarante-deux années qui ont suivi, il n'a jamais cessé de me tenir la main et de me dire combien il m'aimait.

Mais je n'étais pas le seul dont Beau tenait la main. La main de Beau était celle que tout le monde cherchait en cas de besoin. La main de Beau se tendait vers la vôtre sans que vous ayez besoin de demander.

L'histoire de mon frère, c'est celle-là. Ce ne sont pas ses réussites, aussi nombreuses soient-elles. Mon frère a été greffier au sein d'une cour fédérale, conseiller spécial du procureur général des États-Unis, conseiller juridique au Kosovo une fois la guerre terminée, procureur général, élu à une majorité inégalée, major au sein de la Garde nationale. Ce n'est toutefois pas ce CV impressionnant qui définit le mieux mon frère. Ce sont ses qualités humaines.

Le petit garçon, puis l'homme, qui vous serrait dans ses bras. Celui qui vous donnait constamment le sentiment d'être en sécurité. Celui qui vous rendait plus courageux que vous ne l'auriez été sans lui. Celui sur lequel vous pouviez compter pour recevoir un geste de bonté. Celui qui vous écoutait. Celui qui était toujours là lorsque vous en aviez le plus besoin. Celui qui s'effaçait pour vous accorder le crédit de ses propres actes.

C'était notre leader sans jamais le demander, celui qui ne jugeait jamais, se contentant de nous inspirer à travers son exemple.

Il était la clarté, une clarté qui nous illuminait tous. Il était la clarté d'un lever de soleil sur le lac Skaneateles. Une clarté sur laquelle on pouvait flotter. Une clarté contagieuse. Une clarté dont bénéficiait sa famille, mais aussi tous ceux qui le considéraient comme un ami.

Et il ne manquait pas d'amis.

Les amis en question peuvent attester de toutes les fois où Beau est venu les aider sans qu'il soit besoin de le solliciter. C'est la raison pour laquelle nous l'avions surnommé le Shérif quand on était gamins. Pas parce qu'il était austère et impitoyable. Il nous faisait rire plus que n'importe qui d'autre. Mais il faut bien reconnaître aussi qu'il s'amusait plus que la plupart d'entre nous. Nous l'avions surnommé le Shérif parce que nous étions tous conscients qu'en cas de danger, si d'aventure nous avions besoin de nous appuyer sur quelqu'un, si nous cherchions la bonne réponse à une question, nous pouvions compter sur Beau.

Plus tard, toutes les mères de famille ont compris que si leurs enfants étaient avec Beau, il ne pouvait rien leur arriver. Le Shérif nous tirait de tous les mauvais pas, il nous protégeait, il nous montrait le chemin du salut. Il veillait sur nous tous. Il n'était nul besoin de requérir son aide, il était toujours là quand on avait besoin de lui, sans jamais rien attendre en retour.

Il ne nous faisait pas d'ombre pour autant. Il nous prenait sous son aile.

Déjà lorsque nous étions enfants, aucune bêtise n'était trop grave pour être impardonnable, trop mineure pour ne pas nécessiter qu'il vous console. Vos problèmes étaient les problèmes de Beau, et il les portait sans effort apparent. De la même façon, il gardait vos secrets. Vous pouviez vous confier à Beau avec l'assurance que jamais il ne trahirait votre confiance.

Beau était celui que l'on voulait avoir à ses côtés, parce que l'on savait qu'il vous ferait sourire, qu'il vous ferait rire, qu'il vous laisserait pleurer. Il avait le don de laisser chacun être lui-même. Et non seulement il ne vous en tenait pas rigueur, mais il ne vous en aimait que plus.

Bien des personnes dans cette église, ou à travers le pays aujourd'hui, peuvent légitimement affirmer: « Beau était mon meilleur ami. » C'était le cas. Il était le meilleur ami qu'il nous sera jamais donné d'avoir. Pour reprendre les mots de Shakespeare: « C'était un homme, sur tous les plans. Je ne retrouverai pas son pareil. »

C'était un homme, en effet, dans tout ce qu'il entreprenait, comme si ce qui vous importait le plus était également le centre de ses préoccupations. Et il était sincère. Chacune de ses décisions était guidée par le même altruisme. Il ne s'est pas engagé dans l'armée pour être vu en uniforme et étoffer son CV. Il n'en avait pas besoin. Il s'est engagé parce qu'il estimait que c'était son devoir.

Il n'est pas parti en Irak pour obtenir une Bronze Star. Il est parti là-bas parce qu'il estimait que c'était son devoir.

S'est-il seulement vanté auprès d'un seul d'entre vous d'avoir reçu une Bronze Star ?

L'un de ses meilleurs amis me disait l'autre jour : « Je n'arrive pas à y croire. Je n'ai jamais su qu'il avait reçu une médaille. » Tout simplement parce que Beau pensait que servir son pays était un privilège.

Ceux qui ne connaissaient pas mon frère s'imaginent qu'il est entré en politique parce qu'il s'appelait Beau Biden. Pas du tout. Mon frère est entré en politique parce que c'était son devoir. Parce que c'était le plus sûr moyen d'aider le plus grand nombre de gens possible. De ce point de vue, je sais de qui mon frère a hérité. Il tient ça de notre père. Il a appris de lui que l'action publique ne consiste pas à servir ses propres intérêts, mais qu'elle est le privilège de celui qui entend aider tous ceux qui n'ont pas les moyens de s'aider eux-mêmes.

Quelqu'un a dit : « N'attendez pas pour faire de votre fils un grand homme. Commencez par faire de lui un grand petit garçon. »

Du jour où nous avons quitté l'hôpital, mon père s'est astreint à passer le plus de temps possible avec nous. Il n'y avait pas d'occasion trop médiocre, ou trop importante. Il nous a emmenés avec lui d'un bout à l'autre de cet État, et dans le monde entier.

Nous l'avons entendu prononcer des milliers de discours, assister à des milliers de banquets et de débats. Nous avons parcouru en train des milliers de kilomètres. Il nous emmenait partout. Nous étions persuadés qu'il était normal de vouloir être avec son père plus que tout au monde.

Son exemple nous a éclairés, le plus petit geste pouvait compter.

Il nous emmenait au Sénat. Je crois bien que jamais aucun enfant de sénateur n'y sera allé aussi souvent. Dans le métro, le contrôleur nous disait : « Votre papa est le meilleur, vous savez. » Dans l'ascenseur, le liftier nous disait : « On adore votre papa, vous savez. » C'est ce qui nous donnait le plus de fierté. On trouvait génial d'avoir un père sénateur, mais on trouvait plus génial encore qu'il connaisse tous les employés du Charcoal Pit.

La véritable boussole de Beau, son intégrité, sa droiture, son sens de l'honneur, il les tenait de l'amour que nous a donné notre père. Je suis convaincu que l'amour se pèse, qu'il existe une limite à ce que l'on peut donner et recevoir. Chez Beau, cette limite n'existait pas.

L'essentiel chez lui n'était pas de savoir quelle quantité d'amour il pouvait recevoir, mais quelle quantité il pouvait donner. Il le distribuait sans compter. Il distribuait son amour par sa façon de rire, de nous toucher, de parler et, avant tout, d'agir. C'est ce qui rendait son amour si unique. Donner de l'amour n'était jamais un fardeau pour lui, c'était une joie.

Cet amour s'est épanoui chez chacun d'entre nous. Parfois très profondément. La lumière de cet amour illuminait nos heures les plus sombres. Aux yeux de beaucoup, c'était un amour discret, subtil. Un amour d'une pureté absolue qui se manifestait à travers la façon dont sa présence nous réchauffait. Un amour si profond qu'il lui suffisait de nous tenir la main.

Il a tenu tellement de mains. Les mains de ceux qui ont survécu à la maltraitance, les mains des parents de ses frères et sœurs d'armes, les mains des victimes de violences dans cette ville de Wilmington qu'il aimait tant.

L'histoire de mon frère est celle-là. Une histoire que des milliers de gens racontent aujourd'hui. Toujours la même histoire, celle de Beau Biden leur tenant la main.

Mon seul avantage sur eux est d'avoir été le premier dont mon frère a tenu la main. Il y a quarante-deux ans, Dieu nous a fait un cadeau. Celui d'épargner la vie de mon frère, suffisamment longtemps pour qu'il donne tout l'amour que l'on pourrait réunir en plusieurs milliers de vies. Dieu nous a donné un garçon capable de porter à lui seul tout l'amour du monde.

Cette histoire s'est achevée de la façon dont elle avait commencé. Beau était entouré par sa famille et chacun d'entre nous s'accrochait désespérément à lui. Chacun d'entre nous lui disait : « Je t'aime, je t'aime, je t'aime. » Et je lui ai tenu la main, et j'ai recueilli son dernier souffle, et j'avais conscience d'avoir été aimé.

Je sais surtout que sa main ne quittera jamais la mienne.

Table

Cet ouvrage a été composé
Par ATLANT'COMMUNICATION au Bernard (Vendée)

Impression réalisée par
CPI France
en février 2021
pour le compte des Éditions de l'Archipel
département éditorial
de la S.A.S. Écriture-Communication.

IMPRIM'VERT
Votre imprimeur agit pour l'environnement

Imprimé en France
N° d'impression : 3042454
Dépôt légal : mars 2021